普通高等院校"十三五"规划教材·工商管理类

管理基础与实务

（第二版）

主　编　韩燕雄

副主编　李建峰　赵立义

南京大学出版社

内容简介

本书从管理学课程的特点出发,本着精讲多练、能力本位的教学要求,对管理学的内容体系进行了融合、优化、精炼,突出了案例教学。

全书设计了 13 项工作任务,即管理学导论;管理理论的形成与发展;管理道德与企业社会责任;计划;决策;组织;领导;激励;沟通;控制;创新;组织文化;组织变革与发展。内容全面,形式新颖,具有较强的科学性、系统性、理论性及实用性。

本书可作为高等学校管理类、经济类专业教材使用,亦可供工商业界人士参考。

图书在版编目(CIP)数据

管理基础与实务 / 韩燕雄主编. —2 版. —南
京 :南京大学出版社,2017.7 (2018.1 重印)
普通高等院校"十三五"规划教材. 工商管理类
ISBN 978-7-305-19027-8

Ⅰ. ①管… Ⅱ. ①韩… Ⅲ. ①管理学—高等
学校—教材 Ⅳ. ①C93

中国版本图书馆 CIP 数据核字(2017) 第 158176 号

出版发行　南京大学出版社
社　　址　南京市汉口路 22 号　　　　邮　编　210093
出 版 人　金鑫荣

丛 书 名　普通高等院校"十三五"规划教材·工商管理类
书　　名　管理基础与实务(第二版)
主　　编　韩燕雄
责任编辑　张晋华　唐甜甜　　　　编辑热线　025-83592123

印　　刷　常州市武进第三印刷有限公司
开　　本　787×1092　1/16　印张 17　字数 372 千
版　　次　2017 年 7 月第 2 版　2018 年 1 月第 2 次印刷
ISBN 978-7-305-19027-8
定　　价　39.00 元

网　　址:http://www.njupco.com
官方微博:http://weibo.com/njupco
官方微信号:njupress
销售咨询热线:(025) 83594756

前　言

　　管理学是一门理论与实践紧密结合的课程,是管理学科的一门基础课程。管理学旨在使学生树立现代管理思想观念,掌握和运用管理学的基本原理和方法,培养和提高学生的理论素质和实践技能,提高自身的管理素质,并通过实践技能训练,提高学生的实践能力、创新能力和职业能力,为学生就业打下坚实的理论基础和职业基础。

　　本书从高等学校管理学课程的特点出发,对管理学理论内容进行融合、优化和精炼。通过介绍典型的有参考价值的管理案例,使学生掌握现代管理学的基本理论、基础知识和基本方法,提高学生对企业管理活动的分析、判断和决策能力。为此,本书以管理活动为主线进行编写,对管理学所涉及的理论与实务进行了一系列阐述。

　　本书内容全面,形式新颖,具有较强的科学性、实用性和系统性。全书共设计了13项工作任务,即管理学导论;管理理论的形成与发展;管理道德与企业社会责任;计划;决策;组织;领导;激励;沟通;控制;创新;组织文化;组织变革与发展。每项任务都以"学习目标"、"导读"开篇,帮助读者确定学习目标并激发学习兴趣;正文穿插了"相关链接",已增加信息量;结尾处还编写了"任务小结"、"课堂讨论"、"业务自测"、"案例分析"和"实训建议",帮助读者巩固和拓展所学知识。

　　本书由陕西服装工程学院韩燕雄担任主编,陕西财经职业技术学院李建峰和陕西国际商贸学院赵立义担任副主编,陕西工业职业技术学院陈晶和陕西国际商贸学院武宏伟、王霞、贾敏参与了编写。具体分工如下:赵立义编写任务1和任务5;韩燕雄编写任务2、任务12和任务13;武宏伟编写任务3和任务10;李建峰编写任务4;王霞编写任务6;陈晶编写任务7、任务8和任务9;贾敏编写任务11。

　　在本书的编写过程中,参考了国内外同行的研究成果,得到了南京大学出版社、陕西服装工程学院等单位的大力支持和帮助,在此一并表示衷心的感谢!

　　由于编者水平有限,本书难免有疏漏和不妥之处,敬请广大读者提出宝贵意见。

编　者

2017 年 4 月

课件PPT

目　录

任务 1　管理学导论

学习目标

1. 掌握管理的概念，理解管理的性质和管理的基本职能；
2. 理解"什么是管理者"；
3. 熟悉管理者的分类，管理者的素质、角色；
4. 掌握管理的基本技能；
5. 了解管理的环境、特点和作用；
6. 掌握组织内部管理环境与组织外部管理环境的内容及其相互之间的关系。

任务导读

有一位小男孩，在他十岁生日那一天，他得到了一条梦寐以求的新裤子，那是父亲送给他的生日礼物，小男孩很高兴地把它穿上。但他却发现裤脚长了一截，他找到正在房间纳鞋的奶奶，央求奶奶帮他剪掉一截，奶奶却说先等她把鞋纳好再说，让他先把裤子放在衣柜里。小男孩急着要穿，等不及，于是又跑去找正在洗碗的妈妈，又央求妈妈帮他把裤脚改短一点，妈妈说先等一下，让她洗完碗再说。小男孩又跑去找正在房间做作业的姐姐，姐姐说她还有一大堆功课没做完，等她做完再说。小男孩连遭三次拒绝，带着失望的心情去睡觉。

奶奶忙完事情后想起小孙子的央求，于是走到衣柜旁拿起剪刀对准裤脚"咔嚓"一刀，又放回原处。妈妈忙完自己的事情后想起乖儿子的央求也跑到衣柜旁拿起剪刀对准裤脚"咔嚓"一刀，再放回原处。姐姐做完作业后又走过去拿起剪刀对准裤脚"咔嚓"一刀，又放回原处。结果可想而知，裤子当然是穿不上了。

1.1　管理概述

1.1.1　管理的必然性

管理活动伴随着人类的整个进化过程，目的是服务于人类的生存、繁衍和发展。起初管理活动比较简单，随着人类的发展，特别是工业革命以来，管理活动越来越复杂，也推动了管理的科学化、信息化。那么，管理为什么能够存在和发展？管理的必然性也就是管理能解决人类社会发展的基本矛盾。人类社会发展始终面临着两个基本的矛盾。一是资源的有效性问题：即资源的效率问题，用何种手段使用资源——正确地做事；二是资源的配置问题：即效果问题，使用资源实现自己的目标——正确地做正确的事情。所以人类社会离不开管理。

1.1.2 管理的定义

人们在日常生活上对管理的理解，通常被解释为主持或负责某项工作。从管理进入人类的观念形态以来，几乎每一个从人类的共同劳动中思考管理问题的人，都会对管理现象做出一番描述和概括。人类从来就不曾取得对于管理定义的一致理解。

由于管理概念本身具有多义性，还因时代、社会制度和专业的不同，产生不同的解释和理解。随着生产方式社会化程度的提高和人类认识领域的拓展，人们对管理现象的认识和理解的差别还会更为明显。长期以来，许多中外学者从不同的角度出发，对管理作出了不同的解释，直到目前为止，管理还没有一个统一的定义。特别是 20 世纪以来，各种不同的管理学派，由于理论观点的不同，对管理概念的解释更是众说纷纭。下面是一些中外著名管理学家对管理的定义：

泰勒：确切知道要别人去干什么，并注意他们用最好最经济的方法去干。

法约尔：管理就是实行计划、组织、指挥、协调和控制。

哈罗得·孔茨：管理是设计并保持一种良好的环境，使人在群体中高效率地完成既定目标的过程（强调"环境"，内外环境区别）。

小詹姆斯·唐纳利：管理就是由一个或更多的人来协调他人活动，以便收到个人单独活动所不能收到的效果而进行的各种活动。

斯蒂芬·P·罗宾斯：指同别人一起，或通过别人使活动完成得更有效的过程。

西蒙：管理就是决策。

德鲁克：管理是一种实践，其本质不在于"知"而在于"行"，其验证不在于逻辑，而在于成果；其唯一权威就是成就。

徐国华、杨文士、张雁：组织中的管理者，通过实施计划、组织、人员配备、指导与领导、控制等职能来协调他人的活动，使别人同自己一起实现既定目标的过程。

周三多：管理是社会活动中，为了实现预期的目标，以人为中心进行的协调活动。

综合定义：管理就是为了有效地实现组织的既定目标，通过决策发挥计划、组织、领导、控制等职能，对组织的资源和活动进行有目的地分配和协调的过程。包括以下几层含义：

(1) 管理的载体是组织。

(2) 管理的本质是分配、协调活动或过程。

(3) 管理的对象是包括人力资源在内的一切可以调用的资源。

(4) 管理的职能是决策、计划、组织、领导、控制。

(5) 管理的目的是为了实现既定的目标。

(6) 管理的作用在于它的有效性，既要讲究效率，又要讲究效益。

(7) 管理的核心是协调。

1.1.3 管理的属性与特征

1. 管理的二重性

管理的性质就是管理的二重性，它是马克思主义关于管理问题的基本观点。马克思在分析管理的性质和职能时指出：凡是直接生产过程具有结合过程的形态，而不表现为独立生产者的孤立劳动的地方，都必然会产生监督劳动和指挥劳动。它的主要内容有：①任何管理都存在管理的自然属性和社会属性二重性；②管理二重性表现为合理组织生产力和维护生产关系；③指挥劳动与生产力有关，由共同劳动的社会化性质所决定，体现管理的自然属性；④监督劳动与生产关系有关，由共同劳动所采取的社会结合方式的性质决定，体现管理的社会属性。

(1) 自然属性。管理的自然属性是由共同劳动的社会化性质决定的、与生产力有关的、不以人的意志为转移的一种客观存在的性质。它取决于生产力的水平和劳动社会化程度，反映了管理是社会化大生产组织共同劳动和协作的一系列科学方法的总结。管理活动要不断适应社会化大生产的要求，及时引进科学技术，使用先进的管理方法和和手段，借鉴和吸收先进的管理经验、思想和理论。只有运用这些科学方法，才能不断提高管理的现代化水平，促进生产的发展和社会的进步。管理具有自身的规律，必须遵循，管理要讲求科学的态度。

管理是生产力。人类社会任何活动都需要管理，管理是人类社会活动的客观要求。如果没有管理，社会的生产、交换和分配活动就不可能正常进行，社会劳动过程就会发生混乱。

管理要解决社会劳动的基本矛盾：即人类社会对资源的需求无限性与资源的相对稀缺性的矛盾。这就涉及两个具体方面：资源的有效性和资源配置问题。资源的有效性即资源的效率问题，用何种手段使用资源，达到以较少的投入获得较大的产出，例如生产效率；如何正确地使用资源——正确地做事。资源配置问题即效果问题，利用资源实现目标，使用资源的正确性——做正确的事，二者的关系就是采用正确的方法做正确的事。

(2) 社会属性。管理作为一种社会活动，它只能在一定的社会历史条件下和一定的社会关系中进行并为之服务。管理的社会属性实际上体现的是"为谁管理"的问题。管理既要体现社会生产关系，同时也必然要维护这一生产关系。

管理的二重性理论体现了生产力和生产关系的辩证统一关系，两者相互联系、相互制约。学习管理的二重性有利于人们认识和掌握管理的特点和规律。这样才能认清不同社会制度下管理的共性和个性，便于学习和创新。管理的二重性如图 1.1 所示。

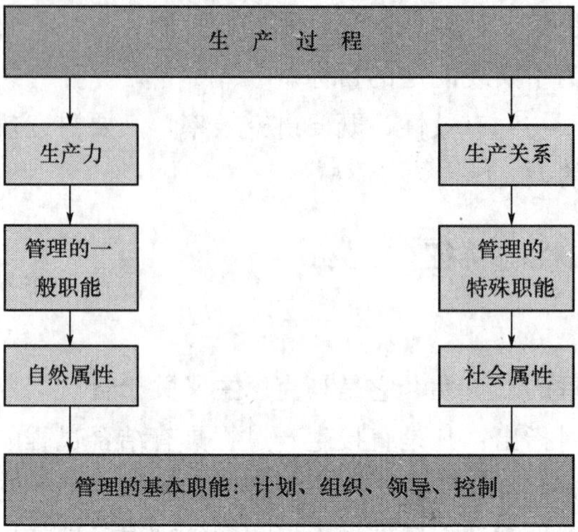

```
┌─────────────────────────────────┐
│           生 产 过 程            │
└─────────────────────────────────┘
        │                   │
        ▼                   ▼
   ┌────────┐          ┌────────┐
   │ 生产力 │          │ 生产关系│
   └────────┘          └────────┘
        │                   │
        ▼                   ▼
  ┌──────────┐        ┌──────────┐
  │ 管理的一 │        │ 管理的   │
  │ 般职能   │        │ 特殊职能 │
  └──────────┘        └──────────┘
        │                   │
        ▼                   ▼
  ┌──────────┐        ┌──────────┐
  │ 自然属性 │        │ 社会属性 │
  └──────────┘        └──────────┘
        │                   │
        ▼                   ▼
┌─────────────────────────────────────┐
│ 管理的基本职能：计划、组织、领导、控制 │
└─────────────────────────────────────┘
```

图 1.1　管理二重性之间的关系

2. 管理的特征

（1）管理的目的性。管理活动伴随着人类社会的发展而存在，就是要解决人类社会发展面临的基本矛盾。这就说明管理作为人类一种有意识、有目的的活动，就是要实现一定的目标。管理工作就是通过有效的管理活动，把分散的资源和力量整合起来，使各种资源得到有效配置，以利于实现组织的目标。离开了目的性，管理就失去了存在的基础。

（2）管理的组织性。管理的组织性表现在两个方面：一方面，管理实现的目标是为特定的组织服务的；另一方面，管理行为体现的是一种组织行为，管理者代表组织，以组织而不是自己的名义实施管理行为。这也就意味着管理者进行的一切管理行为应当是有利于组织的，而不得是损害组织的。离开了组织，管理就失去了活动的载体。

（3）管理的科学性。管理是人类重要的社会活动，存在一定的客观规律。伴随着人类社会的发展，管理形成了一整套较为完整的思想、原则、方法、原理和理论。管理活动不是一个无章可循的神秘活动，而是可以通过理论学习、指导下的一种实践活动。管理者一旦掌握了系统的科学管理理论，就有更大的可能准确把握管理活动，提高管理效率和管理质量。管理的科学性可以概括为两个方面：管理实践可以归纳成理论，管理理论又可以指导实践。

（4）管理的艺术性。管理的艺术性是管理者在面对复杂多变的管理实践中所表现出灵活运用管理理论、方法的技巧和能力。管理是否有效不在于使用理论的正确与否，而在于管理的效果。只有把管理的原则、原理、方法、理论和具体实践结合起来，管理才能发挥它的价值。如果说管理很难，那是因为把管理的理论、方法很好地运用到具体的管理实践中，需要管理者不断学习和总结管理的经验，提高管理的艺术水平。

1.2　管理者

1.2.1　管理者的含义

一般认为管理者就是在一个组织中担任某一职务，为实现组织的既定目标，有权力和责任指挥别人完成任务的人。

美国管理大师德鲁克对"管理人员"有自己独特的见解，他认为，在一个现代的组织里，每一个工作者如果能够由于他们的职位和知识，对组织负有贡献的责任，因而能够实质性地影响该组织经营及达成成果的能力者，即为管理人员。这一定义强调管理者是对目标负有贡献责任的人，而不是拥有权力的人；对管理者的判断以是否对目标成果有贡献，而不是是否有下属为依据。按照德鲁克的观点，只要在工作中履行管理职能，对组织实现目标有贡献者都是管理者。

这两种关于管理者的观点各有侧重、各有道理。第一种以权力为基础，侧重责任和职位，排斥了最基层人员作为管理者的可能；第二种以目标责任为基础，侧重管理职能，肯定了任何层次的人都可能成为管理者。

1.2.2　管理者的类型

1. 按管理者在组织中所处的地位划分

（1）高层管理者（top manager），是组织中最高层次的管理者，对组织的成败负全面的责任，侧重于决定有关组织的大政方针和指挥、监督中层管理者有效使用资源完成组织目标。因此，高层管理者也称"决策层"，侧重方向、效果和创新。企业中的 CEO 和公司中的副总、学校中的校长和副校长都属于高层管理者。

（2）中层管理者（middle manager），贯彻高层管理者所指定的大政方针，指挥和监督基层管理者的活动。因此，中层管理者也称"执行层"，侧重方案、方式和效率。

（3）基层管理者（first-line manager），通常也称"主管"，是直接指挥和监督现场作业的人员，保证完成上级下达的计划和指令。基层管理者也称"操作层"，侧重执行、操作和效率。基层管理者包括工厂的生产车间主任、工长，餐饮行业里的领班，医院里的护士长，大学里的教研室主任，行政机关里的科长等。

2. 按管理者在组织中扮演的角色划分

20 世纪 60 年代末期，亨利·明茨伯格通过对 5 位总经理的工作进行了仔细研究后得出结论：管理者只扮演 10 种不同的但却高度相关的角色，可以归结为以下三个方面。

（1）人际关系。

①代表者：履行许多法律性的或社会性的例行义务。例如，我国由国家主席签署人大

通过的法律文件。

②领导者：负责激励和动员下属，负责人员配备、培训职责。

③联络者：维护自行发展起来的外部接触和联系网络，向人们提供信息。

（2）信息传递。

①监督者：寻求和获取各种特定信息，以便透彻地了解组织与环境，作为组织内部和外部信息的神经中枢。如阅读报告，保持私人接触。

②传播者：将从外部人员和下级获得的信息传递给组织的其他成员。

③发言人：向外界发布有关组织的计划、政策、行动、结果等信息。如向媒体发布信息。

（3）决策角色。

①企业家：寻求组织和环境中的机会，运筹，策划，如制定战略。

②混乱驾驭者（干扰对付者）：组织面向重大的内外动乱时，负责采取补救行动。

③资源分配者：批准所有重要的组织决策，如调度、询问、授权。

④谈判者：在重要的谈判中作为组织代表，如与工会进行合同谈判。

3. 按管理者在组织中所起的作用划分

（1）业务管理者。通常包括市场管理和生产管理方面的人员。市场管理者主要和市场调查、市场推广、产品促销、营销策划、广告宣传、顾客服务等有关；生产管理者主要负责建立为市场制造产品或提供服务的管理系统。

（2）人事管理者。人事管理者主要从事人力资源的管理工作。具体包括：人力资源的计划、招聘、培训和有效地使用，建立一套科学的业务评估、晋升奖罚制度。现在的社会竞争越来越依靠人才，寻找合适的人才、运用好人才、培训人才是人事部门最主要的工作。

（3）财务管理者。他们的主要工作是资金筹措、预算、核算和投资管理。

（4）行政管理者。在一个组织中，行政人员的作用十分重要，其工作庞杂，要求他们的知识面应更广。

（5）其他管理者。除以上的管理者之外，都属于其他管理者。

1.2.3 管理者的素质和技能

在现实中，想成为一个成功的管理者不是一件简单的事情。管理者的工作需要高度地协调，是一个有规律的过程，管理者要能够理性地做计划，有效地利用资源，进而实现组织目标。他们往往在信息有限或不确定的情况下进行决策，担负着巨大的责任，这就对管理者提出了很高的要求。进行管理知识的教育和实践经验的积累有利于管理者提高自身的素质和技能。

1. 管理者的素质

（1）政治素质。政治素质是管理者的灵魂，往往起到主导的作用。它包括良好的品德修养、较高的政治意识、较强的政策水平以及良好的思想作风。

（2）心理素质。由于管理者面对的是庞杂的工作，承担巨大的责任和风险，所以，作为一个管理者要具备坚强的意志力和健康的情感。

（3）知识素质。管理涉及的范围广泛，拥有丰富的知识是提高管理者的智慧和能力的基础，也是搞好管理的基础。管理者应拥有较广社会科学知识和自然科学知识，同时，也应拥有一定的相关专业知识和管理学方面的知识。知识是学不完的，管理者要注意建立有利于自己发展的良好知识结构。

（4）能力素质。知识的多少并不能说明一个人的能力，管理者要有意识地把自己所学的知识、自己的经验升华为解决实际问题的能力。能力主要指决策能力、判断分析能力、指挥能力、协调能力、沟通能力。

（5）身体素质。良好的身体素质是做好管理者的条件之一，是胜任繁重管理工作必不可少的。

相关链接 1-1

管理者素质的新认识

在西方国家，随着社会的进步，管理理论和管理思想也出现了新的发展，对管理者素质还有一些新的认识。

社会责任感与道德素质也对一个管理者是否成功产生很大的影响。美国一所大学对600 名学生进行了调查，其中 78％的学生承认曾至少作弊 1 次，19％的学生承认曾作弊4 次。

西方学者还对管理者的智商和情商进行了研究。智商是指一个人的智力水平的高低，它决定一个人的学习理解能力、记忆力、思维力、判断力和反应能力。情商是一种理解、把握和运用自己及他人情绪的能力。它包括认识、管理自己情绪的能力，自我激励的能力，认知他人的能力，人际关系管理的能力等等。他们研究认为，决定一个人成功的是情商而不是智商，前者占 80％，后者占 20％。这就可以解释为什么智商高的人不成功。

2. 管理者的技能

管理者拥有一定的素质只是做好管理工作的基础，还需要管理者在实践中把这些素质转化成实用的管理技能。管理学者卡兹在他的著作《能干的管理者应具有的技能》中，把管理者的技能分为技术技能、人际技能和概念技能三种，如图 1.2 所示。

（1）技术技能。技术技能是指管理者掌握与运用某一专业领域内的知识、技术和方法的能力，执行一项特定的任务所必须的能力，一般与管理者所从事的工作有关。技术技能包括相关的专业知识、经验、技术、技巧、程序、方法、操作与工具的熟练运用程度等，这是管理者进行有效管理的最重要技能，特别是对基层管理者，也就是说基层的管理就是

"内行管理"，基层的管理者往往要解答下属的具体问题，给予示范。

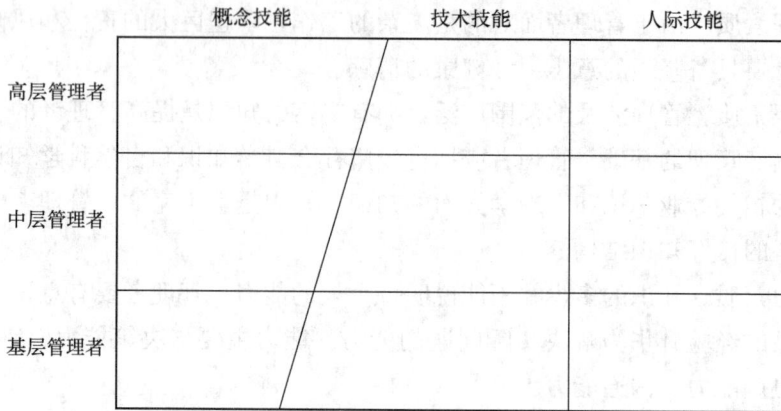

概念技能　　　　　　技术技能　　　　　　人际技能

高层管理者

中层管理者

基层管理者

图 1.2　不同层次的管理者对管理技能的需要

（2）人际技能。人际技能是指与人共事，激励或指导组织中的各类员工或群体的能力，具体包括与人沟通的能力、协调能力、激励人的能力等。这是任何从事管理的人都必须拥有的一项基本技能。

（3）概念技能。洞察既定环境复杂程度和减少这种复杂性的能力。它的核心是管理者的观察力和思维力，具体包括对复杂环境的观察分析能力；处理问题时的全局性、战略性的决策能力；对突发事件处理的应变能力。这种能力对组织的发展具有极其重要的作用，是高层管理者必备的最为重要的一种能力。

1.3　管理对象与环境

1.3.1　管理对象

管理对象是指管理的客体，也称管理的要素。广义地讲，组织内的一切人、物和活动都是管理的对象。正因为如此，管理在实践中所面对的对象具有多变性和复杂性。只有知道谁是管理的对象，才能有的放矢；只有了解了管理的对象，才有可能实施有效性管理。为此需要把管理对象进行分类研究，研究侧重点不同，对管理对象就有不同的分类。管理对象分为三个类别：人、组织和物化资源。

1. 人

人是所有生产要素中最活跃的因素。人是管理者，也是被管理者，是管理主体，也是管理客体。尽管许多要素越来越受到管理者的重视，但管理的核心还是人。只有激发了人的积极性，发挥人的潜力和创造性，才能使管理的其他要素最终达到理想的效果。

2. 组织

管理的载体是组织。离开了组织管理就不能发挥作用。任何一个组织都是一个系统，都由无数个更小的组织构成。社会是由无数组织构成的。管理既依附于组织，又要把组织作为管理的对象，如企业、政府、家庭、学校、医院等。对组织的管理都是综合性管理。

3. 物化资源

物化资源是指除了人力资源和组织之外的所有资源，包括资金、物资、目标、市场、设备、信息等等。

1.3.2 管理环境

任何组织都处在一定的环境中，都是一个与外界不断进行资源和信息交换的开放系统。组织的生存和组织的活动都要受到环境的制约和影响。要想实现组织的目标，任何管理者必须面对组织的环境。管理者只有了解环境、研究分析环境、利用掌控环境，才能使组织的管理活动不断与环境相适应，减少环境的负面影响。所谓管理环境，就是指能够直接或间接影响一个组织活动的各种条件和因素的综合。

1. 管理环境的特征

构成管理环境的因素很庞杂，它们从不同的方面直接或间接影响、制约或决定组织的管理活动。管理环境又是不断变化的，它的不确定性让人难以把握。因此，管理者有必要了解、研究和掌握管理环境的特征。管理环境的不确定性有以下基本特征：

（1）复杂性。管理环境有组织内部环境和组织外部环境，包括人的因素，也包括物的因素，还包括政治、经济、法律、技术、文化以及自然条件等多方面的因素。环境复杂性程度可用环境中包括因素的种类和数量来表示。环境的复杂性越低，不确定性就越小；反之，不确定性就越大。管理者在复杂的环境中，只有尽可能全面地了解、研究和掌握这些因素，才能做出正确的决策。

（2）交叉性。管理环境不仅复杂，而且这些因素往往交织在一起，相互依存、相互制约。其中一种因素的变化，就会直接或间接引起其他因素的变化。有时很难判断是哪些因素在起作用，哪些因素在起关键作用。例如，从 2008 年下半年起，中国的房地产出现低迷状态，到底是受汶川大地震后人们对中国房屋建筑质量的担忧影响，还是与美国次贷危机始于房地产有关或是和中国十年来房地产商品化改革不当政策的自然积累有关？管理者只有在研究分析这些因素的基础上，才能做出科学的判断，进而进行决策。

（3）变动性。管理环境因素并非都是稳定的，它是不断变化的。这些因素有些（或有时）是显性的变化，容易被发现；有些（或有时）是隐性变化的，一时还难以觉察和认识；有些（或有时）是缓慢地变化，还有时间研究对策，有些（或有时）呈突发性变化，使人措手不及，难以掌控。哪些因素是稳定的，哪些是不稳定的？每种因素变化的特点如何？这都要求管理者加强预见性，掌握环境变化的趋势和特点，及时调整管理对策。

2. 管理环境的作用

环境对管理活动的作用主要表现在以下几个方面：

第一，环境对管理绩效具有影响作用。不同的社会文化、经济、技术条件、政治、法律和人口状况等环境因素都对管理活动绩效产生显著影响。同时，组织内部的人力、财力、物力等资源及组织文化也影响着管理活动的绩效。

第二，环境对管理绩效具有制约作用。组织的发展必然需要有利的外部环境和内部环境的有力支撑，当这两方面的资源、条件或信息对组织来说不利时，就会制约组织的进一步的发展。一个优秀的管理者，只能根据组织所面对的内外部环境情况进行决策，不可能超越环境。

第三，环境对管理绩效具有决定作用。任何组织的存在都不可能脱离特定的生存土壤。如果说环境对管理绩效的影响作用指的是组织能不能发展得很好，它的制约作用指的是组织能不能发展的问题，那么环境对管理绩效的决定作用则指的是组织会不会生存的问题，更谈不上发展了。

鉴于环境对管理活动的重要性，任何优秀的管理者都会重视对环境的了解、熟悉和研究。要想实现组织的目标，组织的管理活动要尽可能地适应环境的变化。当然，管理者也可通过有意识的努力影响环境向有利于组织的方向发展。

1.3.3　组织内部管理环境

组织的内部环境包括物质环境和组织文化环境。

1. 物质环境

任何组织都拥有一定的物质条件，这些物质条件的拥有情况和利用情况，决定着组织活动的规模和效率。这些物质条件就构成了组织的物质环境，它主要包括组织中的人员、资金和硬件设施三个方面。

（1）人员。人是组织中最重要的资源，也是管理的主要对象。马克思说，人是生产力中最积极、最活跃的因素。所以有人说，管理活动的起点就是人，重点也是人。人员构成一般可分为管理人员、技术人员和操作人员三种。管理者应重视对这三种人员在数量、比例和质量上的管理。

（2）资金。资金是从事一切管理活动的基础和前提条件。组织能否生存、发展速度和规模大小都离不开对资金的依赖。资金的拥有数量、构成情况、周转速度、筹措难易和利用效率都对组织目标的实现至关重要。所以，应加强对资金的管理。

（3）硬件设施。硬件设施是指组织进行活动的基本物质条件之一，它包括组织活动的场所、建筑设施、生产设备、生产工具、原材料等。这些硬件设施拥有的多少、装备技术情况、利用情况都需要管理者进行了解和分析。

2. 组织文化环境

在组织内部，管理活动除了受组织的物质条件的影响外，更重要的是受组织文化环境的影响。在物质条件一定的情况下，对组织发展起关键性作用的就是组织的文化环境了。组织的文化环境主要强调的是组织文化情况。一个组织在运行当中，内部一旦形成一种习惯，一种思维，这就形成了这个组织的文化。组织文化包括组织所拥有的价值观、组织精神、伦理道德、组织风格、行为规范和组织的群体意识。

现代系统论认为，组织文化由器物文化、制度文化和观念文化三个不同层次构成。器物文化是组织的表面特征，是看得见、摸得着的组织形象，如组织的标识、色彩等；制度文化是指组织的形态、规章制度、沟通渠道等方面的内容；观念文化主要指组织的价值观、组织精神、伦理道德、组织风格等。观念文化是基础，是核心和灵魂，它无形中影响、制约和调整着组织及其成员的行为倾向和行为方式。观念文化决定着制度文化和器物文化，制度文化和器物文化又体现了组织的观念文化。

组织文化对管理会产生极大的影响，越来越受到管理者的重视。它的积极作用表现在以下几个方面：第一，凝聚组织人心；第二，激励组织成员；第三，规范组织行为；第四，塑造组织形象。

1.3.4　组织外部管理环境

组织的外部管理环境根据环境因素对管理活动的影响程度不同，可分为一般环境和具体环境。

1. 一般环境

一般环境也可称为管理的宏观环境，是指对组织的活动不直接产生影响，但会对组织的具体环境有显著影响的因素。它一般包括社会文化、政治法律、经济、技术、人口、自然地理等因素。这些因素对组织而言是不可控的，甚至具有强制性的约束力。组织和管理者往往只能适应这些环境。

（1）社会文化因素。社会文化因素是指可以影响组织运营方式和管理者行为的特定社会结构和民族文化。社会结构是社会对其中的个人和群体关系的一种安排。它体现一个社会的分层程度。英国、法国和印度的社会分层就很明显。在法国和印度，高层管理者大多数来自上层社会；而在中国和美国高层管理者却来自于社会各个层次。民族文化是在一个社会中被认为十分重要的价值观和被广泛赞同或认可的行为准则的集合体。民族文化对个人或群体具有很强的约束力，这将影响着组织的运营方式和管理者的行为方式。例如，在东方国家更多强调集体主义观念，而欧美国家更注重个人主义观念。

（2）政治法律因素。政治法律因素是指由社会内部政治和法律的发展变化引发的，对组织和管理者都会产生显著影响的因素。这些因素主要包括国家的政权性质、社会制度、政治形势、国家的大政方针和政策、法律等。

（3）经济因素。经济因素是指影响一个国家或地区整体健康和福利的因素。包括经济体制、经济增长、失业、通货膨胀、经济政策和经济区域化或全球化等方面。经济因素能为管理者创造许多机遇，也会给组织带来威胁。

（4）技术因素。技术因素主要包括国家的技术水平，科技体制与政策，新技术、新材料、新工艺的开发和采用，科学技术是组织生存与发展的物质保证。技术变革整体呈现加速状态。

（5）人口因素。人口因素主要指人口的数量、性别、年龄、民族、教育程度及社会阶层等方面的变化情况及社会对这种变化的态度。

（6）自然地理因素。自然地理因素主要包括地理位置、气候条件和自然资源状况等。管理者要根据自然地理的状况，研究原材料、能源、销售、贸易取向和生产、交通物流条件，来进行各种生产经营活动。

2. 具体环境

具体环境也可称为任务环境，是指具体管理活动所直接面对组织的外部环境。比如企业管理面对的供货商、分销商、顾客、竞争对手。

（1）供应商。供应商就是指为组织生产或服务提供各种资源的组织和个人。供应商能给组织提供包括原材料、初级产品、信息、技术、服务或人员等资源。供应商的数量、实力、信誉以及提供的产品或服务质量、价格、准时性会影响组织的发展，甚至生存。

（2）分销商。分销商就是能帮助其他企业向消费者出售所提供产品或服务的组织或个人。任何组织的经营活动只有它的产品或服务最终被消费者所熟知和认可，这个组织才具有生存的理由。而在这个过程中，往往仅靠组织自身的力量是不够的，也是不现实的。在一个专业化程度越来越高、产业链越来越长的社会里，组织和消费者之间往往需要分销商作为桥梁，甚至可以说分销商就是组织直接面对的顾客。

分销商的性质和销售方法或方式的变化同样给管理者带来机遇和威胁。如果分销商实力强大，具有控制消费者购买的能力，它就会向供货商提出更为苛刻的要求，严重威胁供应商的利益。例如，苏宁和国美在中国家电零售行业就有强大的优势，它们就有条件对部分家电生产企业要求降低价格，以获得更高的利润。

（3）顾客。顾客是指那些购买组织产品或服务的个人或组织。一个产品或一项服务只有被顾客消费才能给组织带来效益，顾客是组织生存的基础。在这个越来越由卖方市场转向买方市场的社会，顾客的地位越来越高。因此，在西方就有了"顾客就是上帝"的观念。

不同的组织面对的顾客也不同。它可以是个人，也可以是组织；它可以是批发商、零售商，也可以是最终的消费者。对学校而言，顾客就是学生，对医院而言，顾客就是病人。

顾客的数量、偏好、需求的变化都能够给组织带来机遇和威胁。一个组织要成功地拥有顾客，就必须针对顾客的需求变化和需求特点做出正确的反应。即使像学校这样的组织也需要改变传统观念和做法以适应学生的需求。例如，就业压力越来越大，学校就需要重视就业工作，提升就业中心在学校的地位，扩大就业中心的人员编制。

（4）竞争对手。竞争对手就是与本组织争夺资源、顾客或服务对象的个人或组织。俗话说，同行是冤家。竞争对手的存在虽然有利于提高组织的忧患意识，但过度的竞争往往导致经营成本增加，价格下降，利润减少。管理者认识、研究竞争对手十分必要。竞争对手一般分为以下三类：

一是现实的竞争对手。现实竞争对手是组织面临的最具直接威胁的因素。管理者需要研究竞争对手的数量、实力和分布，进而确定主要竞争对手，目的是了解影响对手优势的决定性因素以及发展动态，制定相应的竞争策略。

二是潜在的竞争对手。潜在竞争对手不是现存的竞争者，而是指极有可能进入竞争行业的个人或组织。潜在进入者会进一步加剧市场竞争，产品价格就会下降。管理者要研究潜在竞争者进入行业的可能性大小，主要通过现有企业的优势、产品或服务内在的差异性、规模经济的情况以及现有企业可能做出的反应等因素，来判断潜在竞争者进入的可能性。

三是替代品竞争对手。由于现代科学技术发展迅速，新材料、新工艺、新能源的运用，为新产品的使用提供了极大的空间。例如，数码相机和具有高像素摄像头手机的出现会对生产传统相机和胶卷的企业产生巨大影响。如果管理者不能提前认识到这种威胁，就可能有被淘汰的危险。

小　　结

1. 管理就是为了有效地实现组织的既定目标，通过决策发挥计划、组织、领导、控制等职能，对组织的资源和活动进行有目的地分配和协调的过程。

2. 管理的二重性，即自然属性和社会属性。

3. 管理者就是在一个组织中担任某一职务，为实现组织的既定目标，有权力和责任指挥别人完成任务的人。

4. 管理对象是指管理的客体，也称管理的要素。广义地讲，组织内的一切人、物和活动都是管理的对象。管理对象分为三个类别：人、组织和物化资源。

5. 管理环境就是指能够直接或间接影响一个组织活动的各种条件和因素的综合。

▶▶▶ **课堂讨论**

根据大学里的辅导员的工作讨论：辅导员是不是管理者。

▶▶▶ **业务自测**

一、单项选择题

1. 按管理层次划分 CEO 属于（　　）管理者。

A. 高层　　　　　　B. 中层　　　　　　C. 职能　　　　　　D. 综合

2. 管理环境的基本特征包括复杂性、交叉性和（　　　）。

　　A. 变动性　　　　　　B. 社会性　　　　　　C. 弹性　　　　　　D. 有用性

3. 在所有管理对象中，最核心的是（　　　）。

　　A. 资金　　　　　　　B. 物资设备　　　　　C. 人　　　　　　　D. 信息

4. 管理的特征有目标性、组织性、科学性和（　　　）。

　　A. 艺术性　　　　　　B. 历史性　　　　　　C. 一般性　　　　　D. 信息性

二、简答题

1. 管理者和操作者如何区分？

2. 简述管理的二重性。

3. 简述管理者的三种技能。

4. 选择一个管理者，和他交谈从非管理岗位到管理岗位后，哪些管理职能与技能发生了变化？怎样才能获得这些技能？

三、论述题

根据自己生活中遇到的问题，思考学习管理学的意义。

▶ 案例分析

心急吃不了热豆腐

朋友买了新车，兴冲冲地打电话给我，让我陪他去试车。我知道，朋友刚刚拿到驾照，开车技术还不是很熟练，本不想去的，但碍于朋友情面，不好扫了他的兴，只好前往。坐在朋友的车上，看着他一边念念叨叨地说着操作要领，一边动作僵化地摆弄着他的宝贝车，我的心里还真是有点舍命陪君子的悲壮。兜了一圈，朋友把我送回家。也许是太紧张的缘故，在小区里他居然提前转弯，走错了路。只好掉转车头回来，可是小区这条马路，不是朋友大有作为的广阔天地，一点一点地倒车，又一点一点地掉头。这个时候又过来一辆车，由于朋友把车挡在路中间，它也过不去。10 秒钟，还不到 10 秒钟，对方就开始急促地按喇叭。让对方这么一催，朋友这个二把刀，更加不知道该如何操作，结果好不容易转过来点又都退回去了。

大约一分钟以后，朋友急得满头大汗，可车子还是没有太大的变化。后来的车子更急了，一个劲儿地按喇叭，按得我都心烦了。这个时候，又一辆车过来了，停了下来。敲了敲先到车的窗户说："兄弟，别催了，这一看就是个新手，你越催他他越急，更转不过来了。"说着，走到我们的车前，问道："用不用我帮忙把车转过来？"朋友如遇救星，立刻下车让人家来帮忙。在高手的操作下，车子很快转过来了，道路也畅通了。

事后，朋友和我讲："其实我能把车转过来，可让那个司机一催，我学的那点东西一下子给忘了，脑袋一片空白，手脚都不听使唤了。"我在嘲笑朋友菜鸟的同时，却在想：如果那个司机不按喇叭催我的朋友，事情又会是什么样子？我想朋友真的会如他所讲的把车头掉转过来，因为他只是一着急有点紧张而已，并不是他没有这个能力完成这项"艰巨的任务"。其实，按喇叭的司机如果不按喇叭，可能最多 30 秒朋友就能找到感觉，而很快掉转车头了。心急吃不了热豆腐，按喇叭对掉转车头毫无益处，别人并不是不想快些转过来，只是由于紧张的原因而笨手笨脚。因而，要多给别人一些时间，适应过来也就好了。要是真赶时间的话，就做些真正有利于解决问题的事情，例如，像第二位车主一样帮忙把车掉过头来。如果只知道催，对解决问题是没有任何帮助的。

其实在企业中，有很多管理者也是急性子，每天都像上满了发条的闹钟一样，催促着下属赶快完成工作。但催促能否就解决问题？能否就保证工作按时或者提前完成？恐怕工作何时完成，和催促与否并没有实际的关联。因为工作的效率是同下属的能力和完成工作的意愿相联系的。试问，如果下属没有能力完成或者不想去完成某项工作，是催他就能完成的吗？

某企业的区域销售经理赵先生，就是典型的急性子。最近，他更是着急，因为他所负责的区域销售业绩直线下降。主要的原因是某竞争品牌加大了在该区域市场的市场投入，品牌广告做得是铺天盖地，促销活动一个接着一个。招募了大批的业务员，同时制定了相当优惠的代理条件，销售渠道很快就建立起来，在各个卖场都可以看到竞争品牌的身影。同时，该竞争对手还招募了大批的促销员，在各个卖场开展终端拦截。在如此猛烈的强攻之下，赵经理有些招架不住了，销售总部也对赵经理进行了点名批评。

于是，赵经理天天给业务员和促销员下达任务，每天早会都是一句话："你们有没有把销售量做上来？""没有？你们都是怎么做事的？如果你们再不把销售量做上来，就准备回家吧。""这是一场战争，战争就是你死我活。把你们的潜力都给我发挥出来，给我往前冲，头破血流也得往前冲！"冲锋号吹得很响亮！但冲锋号响亮并不代表就一定能打胜仗，赵经理的兵越来越少，很多人都受不了这种压力而纷纷辞职了。看得出，赵经理的压力确实很大，否则冲锋号也不会如此响亮。但下属之所以纷纷辞职，就是因为这冲锋号成为了"催疯号"。

赵经理有业绩压力，但业务员何尝又没有业绩压力呢？要知道，业务员是靠销售量吃饭的，没有销售提成，那几百元的底薪连一个月的生活费都不够。因此，这些业务员并不是不想努力工作，不用赵经理催，他们也会玩了命地去抢市场。可有意愿做但没有做好，就只能说是工作能力和工作方法的问题。因为被对手打了个措手不及，这些业务员还没有适应这种竞争的频率，有些跟不上市场节奏，才会有如此惨淡的销售业绩。这个时候，赵经理需要做的不是教训业务员，而是应该帮助业务员分析市场发生了怎样的变化、竞争对手有哪些特点、敌我双方各有什么优势和劣势、该采取什么样的方法来解决问题。可赵经理还是一个劲儿地在那里催促，这并不能帮助下属找到制胜的武器，对下属来讲也是没有任何帮助的。而由于赵经理的一催再催，让下属的压力陡然增加。他们不仅工作不适应，连心理都不适应了，这时候很容易产生对工作的厌倦感，辞职也就是很正常的选择了。身为管理者，如果总是催促别人，说明他自己都快承受不了压力了，催别人是为了给自己减压，这是他乱了阵脚的最直接体现。如果主帅都已经六神无主，下面的人当然也就丢盔弃甲了。

管理是以解决问题为目标的，既然催促无益于解决问题，那就少些催促。事急则缓，否则就容易做出错误的决定和行为，也就会得到严重的后果。给别人一点时间，也给自己一点时间，也许就会找到解决问题的办法。

请分析：

1. 根据"冲锋号响亮并不代表就一定能打胜仗"，谈谈管理的重要性。
2. 思考赵经理作为管理者存在的不足。

▥▶实训建议▏▏▏

实训项目：讨论管理学对自己是否有用。

实训目的：认识学习管理学的重要性。

任务 2　管理理论的形成与发展

学习目标

1. 了解管理理论的产生和发展；
2. 掌握泰罗科学管理理论、法约尔一般管理理论、韦伯组织管理理论、梅奥行为科学理论；
3. 了解现代管理理论发展的趋势。

任务导读

管理学诞生的时刻有一个令人难忘的意象：弗雷德里克·泰勒手拿跑表，对一个名叫施米特的铲装工人的操作进行分解试验。泰勒对施米特的每一个操作细节都做了具体规定，通过对无效部分的去除和对技术的改进，使施米特的劳动生产率大为提高。泰勒和他的《科学管理原理》开创了一个管理新时代，也在其后百年中激励和启示了无数管理者。即便在今天，全球经济都在继续鼓励能带来效率提高的管理行为。有人说，现代管理理论的发展无非就是对两样东西的追求：让管理更加科学，让管理更富人性色彩。

管理理论是从管理实践中总结出来的，从古至今经历了长时间的发展，其间凝结了无数管理实践者与思想者的汗水与心血，而我们正是站在巨人的肩膀上，才可能发展创新。正如丹尼尔·雷恩所言："下面让我们翻开过去的历史，为将来作好准备"。

2.1　中国传统管理思想

中国是一个具有五千年悠久历史的文明古国，我们的先人曾经为人类文明的发展做出过重要的贡献。我国古代的管理思想是人类思想宝库中的最早记载，有些管理思想要先于西方几千年提出，至今仍闪烁着璀璨的光芒。

2.1.1　中国传统管理思想的形成与发展过程

渊源于华夏文化的中国传统管理思想，具有极为丰富的内容和东方文化特色，并曾产生出光辉灿烂的古代物质文明和精神文明。中国古典管理思想是中国两千多年农业宗法社会国家管理的指针，它的原生形态早在春秋战国时期就已成形。那时，恰逢诸子竞起，百家争鸣。各学派无不提出自己的一套经邦济世的理论、谋略，形成了强大的文化震撼力。这次思想大解放是中国传统管理思想成熟的标志。这些管理思想主要记录在一些代表人物的著作中，儒家、道家、法家、兵家、商家以及许多古典的经典著作都有我国古代成功的管理思想和经验。其中形成系统的管理理论并对两千多年中国传统社会具有广泛渗透力的却只有儒、道、法三家。西汉以后，"罢黜百家，独尊儒术"，中国传统管理思想也从此划一时代，确立了以儒学为主干兼纳它派的理论体系。

2.1.2 中国传统管理思想的内容

中国传统管理思想博大精深，可以分为三个部分：治国、治生和治身。治国，是适应中央集权的封建国家的需要，处理整个社会、国家管理关系的活动，即"治国之道"，是对行政军事管理、人事生产管理、财政赋税管理、人口田制管理、市场管理、货币管理、漕运驿递管理、国家行政管理等方面的管理学问。治生，是在生产发展和经济运行的基础上通过官、民的实践经验逐步积累起来的管理学问，它包括农副业、手工业、运输、建筑业、市场经营诸方面。治身主要是研究谋略、用人、激励、修身博弈、奖惩方面的学问。作为管理的指导思想可以归纳为以下几点。

1. 顺应客观规律以治国

管子是我国古代杰出的政治家、军事家和思想家。《管子》认为自然界和社会都有自身的运动规律，"天不变其常，地不易其则，春秋冬夏，不更其节"（《管子·形势》）。任何社会活动都有"轨"可循，"不通于轨数而欲为国，不可"（《管子·山国轨》）。人们在社会活动中要取得成果，一定要顺乎万物之"轨"，实际上就是我们现在所讲的"做事符合客观规律"，违背客观规律做事，必然要受到惩罚。"万物之于人也，无私近也，无私远也"，你的行为顺乎它，它必"助之"，你的事业就会"有其功"，"虽小必大"；反之，你如逆它，它对你也必"违之"，你必"怀其凶"，"虽成必败"，"不可复振也"（《管子·形势》）。

在治国理论中，我国的"以法治国"的法制思想也是在《管子》中最先提出的。《管子》认为只要国君集中权力，实行"法治"，就可轻而易举地治理好国家。即所谓"威不两错，政不二门，以法治国，则举错而已"。后来随着社会的不断发展进步，逐渐演变成一整套法制体系，包括田土法制、财税法制、军事法制、人才法制、行政管理法制、市场法制等等。君主有了"法"，也就有了行赏施罚的客观标准。不但可以"兴功惧暴"、"定分止争"，使国家富强，社会安定；而且可以得到臣民的拥护，使"下之事上也，如响之应声也；臣之事主也，如影之从形也"。

在战国时期，我们的先人对国家管理体制的设计就达到了较理想化水平。周公所著的《周礼》一书内容涉及政治、经济、财政、教育、军事、司法和工程等方面，为周朝制定了一套官僚组织制度。墨翟（约公元前 468～前 376 年）"譬如筑墙然，能筑者筑，能实壤者实壤，能欣者欣，然后墙成"，几乎是在管理思想中很早就提出了劳动过程分工的思想。

司马迁"贱之征贵，贵之征贱"，人们为求自身利益，"以得所欲"，"任其张，竭其力，各劝其业，乐其表，若水之趋下，日夜无休时，不召而自来，不求而出之，岂非道之所符，而自然之验邪？"，司马迁把社会经济活动视为由个人为了满足自身的欲望而进行的自然过程，既然是自然过程，他就认为国家应顺其自然，少加干预，"故善者因之"，顺应客观规律，符合其"道"，乃治国之善政（《史记·货殖列传》）。

2. 选贤任能，以人为本

我国历来讲究得人之道，用人之道。"以人为本"思想在我国最早是由管仲提出的，只有解决好人的问题，才能达到"本理国固"的目的，中国传统的民本思想基本上就是沿此传承下来的。

德是治国之本，欲得必先为谋利。《管子》说："政之所兴，在顺心；政之所废，在逆心"，国家心须"令顺心"，"从所欲，去所恶"，乃为"政之宝"（《管子·牧》）。他把从事变革事业，注重经济建设，为人办实事，视为聚拢优秀人才的先决条件，叫做"德以合人"、"人以德使"（《管子·五辅、枢言篇》）。先秦儒家提倡"行仁德之政"，"因之所利而利之"（《论语·尧曰》），"修文德以来之"（《论语·季氏》），使"天下之归心"，"天下大悦而将归己。"（《孟子·离娄上》）。

中国古代用人素有"选贤任能"、"任人唯贤"的主张，寻访英才名士又有"求贤若渴"之说，这足以证明他们对人才的重视程度。若得贤能之助，关系到国家的兴衰和事业的成败。"得贤人，国无不安广……失贤人，国无不危"（《吕氏春秋·求人》），"亲贤臣，远小人，此先汉之所以兴隆也；亲小人，远贤臣，此后汉之所以倾颓也"（《前出师表》），这是一代名相诸葛亮总结汉的历史经验而言。《晏子春秋》则把对人才"贤而不知"、"知而不用"、"用而不任"视为国家的"三不祥"，其害无穷。

《尧典》记录了尧在选拔贤能方面的主张：凡担任职务有功绩的人都作为委以重任的条件；而品德恶劣，不能采纳善言、违抗命令、残害好人的人，都不能重用。《尧典》还记载了人员任用中试用和考绩的制度，昏庸的降职，贤能的提升。

3. 和气兴邦生财

中国传统的管理思想中非常重视"人和"，对治国来说，和能兴邦，对治生来说，和气生财。"天时不如地利，地利不如人和"可以显现古人对"人和"的重视程度。孔子说："礼之用，和为贵"（《论语。学而》）。《管子》说："上下不和，虽安必危"（《管子·形势》）。"上下和同"、"和协辑睦"（《管子·五辅》），是事业成功的关键。求和的关键在于当权者，当权者要做到"正人先正己"。管理是一个"修己安人"的过程，一切管理都以"修己"作为起点，最终达到"安人"的目标。我国古代管理非常强调当权者道德素质的重要性，崇尚"道德教化"和"正己正人"的管理方式。李觏说国家的统治者必须"无偏无党"，"循公而灭私"，"天子无私人，唐太宗重用反对过自己的人，对魏征不计前隙，且平时能"从谏如流"，"爱谏诤"，思己短，知己过，使群臣乐于献策，齐心治国，才有贞观盛世。

4. 运筹帷幄的经营理论

"运筹策帷帐之中，决胜于千里之外。"（《史记·高祖本纪》）是我们古人对人类活动中事先统筹谋划，制定正确方案，以智取胜策略的精辟表述。《孙子》认为："知彼知己，百战不殆；不知彼而知己，一胜一负；不知彼，不知己，每战必殆"。我们的古人认为凡事如此，经营亦然。

著名的经营理论有范蠡、计然的待乏原则和积著之理。待乏原则提到"水则资车，旱则资舟，夏则资裘，冬则资絺"是指市场上的物资应预测未来的需要，方有利可图。水灾时制做车，因为灾后车将成为短缺急需商品，价格将上涨；天旱经营舟船，夏天贩运皮货，冬天销售葛麻，都是预测将来的需求，道理相同。"积著之理"是指获取利润的方式。司马迁在《史记》中透过经济社会活动的现状，得出"天下熙熙，皆为利来；天下攘攘，皆为利往"。

《史记·货殖列传》载"务完物，无息布，以物相贸易，腐败而食之货勿留，无敢居贵。论其有余不足，则知贵贱。贵上极则反贱，贱下极则反贵。贵出如粪土，贱取如珠玉，财币欲其行如流水。"这是指所经营的物品必须质量完好，货币不能停滞不用；对易腐烂的食物，切勿长期存贮、贪图高价。通过商品数量的多寡，预测其价格贵贱。其商品价太贵必转而下跌，太贱则又会回涨。货物和货币要像流水一样经常流动和运行，才能得到经济效益。

5. 守信诚实

我国从来有提倡"诚工"、"诚贾"的传统，商而不诚，苟取一时，终致瓦解，成功的商人多是商业信誉度高的人。《管子》十分强调守信，提出国家行政应遵循一条原则："不行不可复"。人们只能被欺骗一次，第二次就不信你了，"不行不可复者"，"不欺其也"。"言而不可复者，君不言也；行而不可再者，君不行也。凡言而不可复，行而不可再者，有国者之大禁也"（《管子·形势》）。在人们的社会经济活动中同样如此，商品质量、价格、交货期，借贷往来，都要讲究一个"信"字。

相关链接 2-1

古代诚信故事

明代徽州府籍商人唐祁，他的父亲曾经向别人借钱，对方不慎将借据丢失，唐祁照样偿还了父亲的欠债，后来有人捡到了借据，向唐祁讨债，他又照付。别人嘲笑他傻，他说，前者实在是欠人家钱了，应该偿还，而后来要欠钱的欠条也是真的呀，理应还钱。

6. 开源节流，科学理财

勤俭建国、勤俭持家是中华民族的优良传统。孔子主张"节用而爱人，使以时"（《论语·述而》）。墨子说："其财用节，其自养俭，富国治"（《墨子·节用上》）。节俭是致富的要素。司马迁说："薄饮食，忍嗜欲，节衣服"，"纤啬筋力，治生之正道也"（《史记·货殖列传》）。纵观历史，凡国用有度，为政清廉，不伤财害，则会国泰民安。反之，凡国用无度，荒淫奢费，横征暴敛，必滋生贪官污吏，戕害民生，招致天下大乱。

中国古代曾实行会计制度和审计制度。《九章算术》是中国古代培训管理人员及供他们日常应用的手册，其中三分之二的题目可与财政或工程官员职能相对应。郑伯谦（南宋）在《太平经国之书》中提出出纳和会计分离是会计管理的基本原则："出纳移用之权"（主管财务行政官吏的职能）和"纠察钩考之权"（主管会计官吏的职能）要分别由不同的"官司"掌管。还主张将司会和司书（掌管簿书图籍）分开，便于实行会计监督。在成本核算方面，魏源（公元 1794～1857 年）在他的改革建议中提出，在经营盐务、漕运、造船和外贸等方面要降低成本；汉代司马迁在《史记·货殖列传》中指出，利润如果达不到20%，就不是值得经营的好行业。在统计分析方面，明代邱浚（公元 1420～1495 年），曾将元朝从至元二十年（公元 1283 年）到天历二年（公元 1329 年）共 47 年的海运、漕运记录逐年按起运实收和损失数量做了详细的统计，从而得出了海运损耗较河运为小的结论。

2.2　西方传统管理思想

2.2.1　古代管理思想

在国外古代管理思想中，最具代表性的管理思想是古巴比伦人的管理思想、古埃及人的管理思想、希伯来人的管理思想、古希腊人的管理思想、古罗马人的管理思想。早期的管理对象是国家、军队、部落、教会和家庭，也有对小规模、初级经济活动的管理。

古埃及人建立起以法老为最高统治者的中央集权的专制政权。法老是全国土地的最高所有者，拥有对埃及国家财产的全部支配权，法老政权制定了土地制度、税收制度、档案制度，把权利和财富都集中在自己手上。古埃及人在工程和军事管理方面表现出高超的组织管理能力。在建造金字塔的过程中，精心计划、组织和控制，安排和解决食物、住房、运输问题，表现出了非凡的管理和组织能力。在工程管理中，每个监工大约管理 10 名奴仆，反映出他们已知道每个管理者所能监督人数的管理跨度是"以十为限"。埃及人是首先意识到"管理跨度"的实践者。丹尼尔·雷恩说："用来说明职业管理角色的最古老的一词是宰相。"

相关链接 2-2

埃及金字塔

埃及的金字塔平均每座要动用 230 万块石料，平均每块石料约重两吨半，需 10 万多个劳动力干 20 年，这样巨大的工程在生产力不发达的古代，从设计、施工到组织管理都是了不起的杰作。

在古巴比伦，古巴比伦王国第六代王汉谟拉比，约在公元前 1792～前 1750 年在位，因统一两河流域与颁行法典的历史活动而著称。他对内推行缓和阶级矛盾、加强王权和发展经济措施，抑制债务奴隶制，使其在长期对外用兵中有相对稳定的后方，促成国家繁荣，巴比伦城变为西亚最大的政治、经济、文化中心。根据社会经济形势与阶级等级关系的状况，在位期间制定了一部反映奴隶主统治阶级利益的法典《汉谟拉比法典》，为后人研究古巴比伦社会经济关系和西亚法律史提供了珍贵材料。《汉谟拉比法典》集中体现了古巴比伦的管理思想。在汉谟拉比之后，也出现了许多有效管理的实例，如被誉为古代世界七大奇观之一的"空中花园"和高 650 英尺的"巴比伦塔"。

古希腊人的管理思想中充满着知识和思维的力量，他们崇尚民主管理，建立了有一定民主成分的政府。认识到了专业化与合理分工的原则以及管理的普遍性原则，提出管理是一种独特的技艺。他们用音乐来调节艰苦、单调、重复性的工作，把财富是否得到增加作为检验管理水平高低的标准，认为加强人的管理是管理的中心任务。

古希腊人发展出了一种新型的城市政府——城邦。城邦鼓励自由交换意见，提供了自由讨论的实践经验。伯里克利（公元前 461～前 429 年）时代是雅典民主政制的全盛时期。公民大会享有立法权以及批准新会议提议等权利；组建公民陪审团，每一个陪审团都有一个法庭，有法官的权利，对它的判决不能上诉。

相关链接 2-3

《汉谟拉比法典》

《汉谟拉比法典》是世界上所发现的最早的成文的法律条文，由序言、条文（282 条）和结语三部分组成，内容包括诉讼程序、盗窃处理、租佃、雇佣、商业高利贷、婚姻、继承、伤害、债务、奴隶等等。法典的基本特点如下：首先，它明显地维护奴隶主阶级的利益，保护奴隶制的私有制；其次，法典还保存某些习惯法残余，例如"以牙还牙，以眼还眼"的同态复仇原则（第 196、200 条）和神判习惯（第 2、132 条）等；再次，从现代意义上说，《汉谟拉比法典》并未区分公法、私法（民法）和刑法，诸法合一，法律条例既从民法角度也从刑法角度来确定。《汉谟拉比法典》石雕，高约 71 厘米，石碑全长 213 厘米，现收藏于巴黎卢浮宫。整个石雕画面庄严而稳重，表现了"君权神授"的观点。这种把国家典律和艺术结合起来的形式，后来成为古代纪功碑的一种范例。

希腊人早就认识到按规定速度应用统一的方法能使产量最大化这一原则。他们用音乐来规定时间，用笛子和管乐器来规定动作。这样，他们配合着音乐来工作，引进了节奏、标准动作和工作速度。其结果是产量增加而浪费和疲劳却减少。

苏格拉底提出了管理具有普遍性，认为一个好商人的职责和一个好将军的职责事实上是相同的。

柏拉图在其《理想国》一书中首先提出了经济科学中的专业化和劳动分工原理。在《理想国》中他把人分为三等：第一等是治国贤哲，第二等是卫国的武士，第三等是民间艺工。

色诺芬提出了管理的对象、目标和中心。他认为"家庭管理"研究的是优秀的主人如何管理好自己的财产。这里的"家庭管理"应该是囊括了奴隶主阶级对生产资料和劳动力（奴隶）的各种组织与管理问题。检验管理水平高低的标准是财富是否得到增加。认识到了管理的中心任务是加强人的管理。他认为分工可以提高产品的质量，因为一个人不可能精通一切技艺，所以劳动分工是必要的。认为管理是一种独特的技艺，有相同的规律。

2.2.2　中世纪管理思想

"中世纪"指的是从罗马帝国的衰亡到文艺复兴前这段时间，是欧洲进入封建社会的时代，从公元 600 年一直延续到公元 1500 年。

中世纪的社会有一套严格的封建等级制度。国王是封建社会最大的封建主，土地是维系其统治关系的主要生产资料，他把一大部分土地分封给大封建主，大封建主把一部分土地分封给较小的封建主，较小的封建主又把一小部分土地分封给下面的封建主。每一个封建主相当于一个小国君，他们拥有自己的武装力量割据一方，各自为政，并时常为扩大自己的领地与其他封建主甚至领主发生战争，混乱不堪。这个时期生产力的发展受到束缚。尽管如此，随着城市的兴起、行会的建立、贸易的发展和大学的兴办，管理思想也得到了发展。在中世纪初期，尽管没有关于管理思想的专门著作，但是，在一些思想家的论述中还是可以发现许多重要的管理思想，如格札里对领导者提出必须保有四种品质：公正、智慧、耐心、谦虚。

托马斯·阿奎那提出消费的适可原则，生产上的二因素论——劳动和土地；经济活动的干预主义、公平价格论、货币论、利息论、商业论等。

帕西奥利于 1494 年发表了一篇关于复式簿记制的论文，建议要把备忘录、日记账和分类账编上号码并注明日期，所有的交易文件都要详尽完备并长期存档，定期核查，以便及时了解和控制现金和存货的状况。

此外，中世纪也出现了十分出色的工厂管理实践。威尼斯兵工厂的管理代表了这一时期的管理水平。威尼斯兵工厂在成品部件的编号和储存、安装舰只的装配线、人事管理、部件的标准化、会计控制、存货控制、成本控制等方面积累了成型的管理经验。

2.2.3　文艺复兴时期的管理思想

文艺复兴运动为管理思想的发展开辟了广阔空间。人文主义精神的弘扬，使人类的思想和社会生产力获得了空前的解放，为管理从经验走向科学提供了可能，以人为本的思想渗透到管理之中。宗教改革促进了思想的解放。

这个时期的贸易、航运、海外旅行的空前发展开阔了人们的视野，使局限在狭隘范围内的地中海贸易扩展成为世界性的经济活动，商业额和消费品的种类大量增加，银行业迅速发展，信贷业务发展到异地支付、兑现的水平，国际贸易、跨国经营、股份公司成为管理的新领域、新模式，从而使管理的内容、范围、方式、途径均发生了极大变化，为迎接工业革命的到来做好了准备。这一时期，有许多管理思想出现，如 16 世纪托马斯·莫尔的《乌托邦》和尼科罗·马基雅维利的《君主论》。新的宗教伦理观、市场伦理观和个人自由伦理观的建立有助于管理思想的发展。

2.2.4　18 世纪～19 世纪末的管理思想

18 世纪末期，英国及其他资本主义国家相继发生了产业革命。机器大工业代替了工场手工业。机器大工业和工厂制度的出现，客观上要求采用科学的管理方法。因而，18 世纪末期开始，在西方特别在欧洲，出现了管理实践和思想的革命性发展。

1. 詹姆士·斯图亚特的劳动分工概念

詹姆士·斯图亚特是英国的经济学家，重商主义后期代表人物。他提出劳动分工的概念，指出了工作方法和刺激工资的作用："如果给一个人每天的劳动规定一定的量，他就会以一种固定的速度工作，永远不想改进它的方法；如果他是计件付酬的，他就会想一千种办法来增加其产量……我就用这点来解释古代和现代工业之间的差异。"马克思称其为"第一个试图建立经济学体系的不列颠人，是亚当·斯密进入经济殿堂的领路人"。

2. 阿克莱特的管理实践

理查德·阿克莱特以他的努力和智慧而成为富有代表性的制造业者，同时，他也是一个近代大工业的创立者。1768 年，阿克莱特制作了纺织机械。1771 年在达维的近郊科罗姆福德建立了最早使用机械的纺织工厂。从建厂的厂址计划，到生产、机器、材料、人员和资本的协调以及工厂纪律、劳动分工等方面都提出了一套完整的独创的管理制度，显示了他的组织、协调和计划的才能。

3. 亚当·斯密

英国古典经济学家亚当·斯密是经济学的主要创立者。他在 1776 年发表的《国民财富的性质和原因的研究》（简称《国富论》）中系统地提出了劳动价值理论和劳动分工理论。其主要观点如下：

（1）认为劳动是国民财富的源泉，只有减少非生产性的劳动，增加生产性劳动，同时提高劳动者的技能，才能增加国民财富。

（2）列举了劳动分工的优点，强调了劳动分工对劳动生产力提高的重要性。

（3）提出了"经济人"的观点。

（4）社会利益是以个人利益为基础的。亚当·斯密的这一观点后来成为资本主义管理理论的重要依据之一。

4. 罗伯特·欧文

罗伯特·欧文是 19 世纪初英国著名的空想社会主义者。欧文对管理学中的贡献是摒弃了过去那种把工人当作工具的做法，欧文于 1800～1828 年在苏格兰自己的几个纺织厂内进行了空前的试验，试验的目的是探索对工人和工厂所有者双方都有利的方法和制度。欧文开创了在企业中重视人的地位和作用的先河，有人因此称他为现代人事管理之父。

从 18 世纪末到 20 世纪初这段时间里，管理理论基本上处于积累实际经验的阶段。这个阶段称为经验管理阶段，但这个阶段管理方法和管理实践的成功为后来泰勒等人创立科学管理体系打下了良好的基础，因而开始了从经验管理向科学管理的过渡。

2.3　古典管理理论

古典管理理论诞生于 20 世纪初期的美国，是与美国当时的经济、社会、文化的发展状况密切相关的，这时资本主义的生产力和生产关系都发生了重大的变化，企业规模不断扩大，生产技术更加复杂，竞争空前激烈。资本主义的发展迫切要求提高企业的管理水平，要求把过去积累起来的管理经验进一步标准化、制度化和科学化，用科学的管理理论代替传统的经验管理。古典管理理论主要是指以泰勒为代表的科学管理理论，以法约尔为代表的一般管理理论，以韦伯为代表的组织管理理论，以梅奥为代表的行为科学理论，即新古典管理理论。

2.3.1　科学管理理论

弗雷德里克·温斯洛·泰勒（Frederick W. Taylor，1856～1915 年）出生于美国费城一个律师家庭，中学毕业后考上哈佛大学法律系，但不幸因眼疾而被迫辍学。1875 年，他进入工厂当学徒工、机械工人，先后被提升为车间管理员、工长、技师和总工程师。当时的美国正处于南北战争结束后不久的资本主义蓬勃发展时期，工厂管理仍是家长式的行政制，单凭粗糙的传统经验办事，效率低，浪费大，企业的潜力得不到发挥，工人怠工现象比比皆是。根据文献记载，当时美国只有少数几个工厂的产量达到它们生产能力的60%。于是，提高工厂生产效率、改善经营管理、寻找合理组织生产的方法成了许多工程师和管理实践家急需探索的课题。在实践中，泰勒发现工人缺少训练，没有正确的操作方法和适用的工具，这影响了劳动生产率的提高。泰勒在管理理论方面做了许多重要的开拓性工作，为现代管理理论奠定了基础。为了改进管理，他在工厂进行了各种实验和管理方面的研究，陆续出版了《计件工资制》、《车间管理》、《科学管理原理》等一系列著作，形成了"科学管理"的理论。泰勒的科学管理主要有两大贡献：一是管理要走向科学，即在管理实践和管理问题研究中首次采用利用观察、记录、调查、实验等手段的近代分析科学方法；二是劳资双方的精神革命。前者是有效管理的必要条件，后者是有效管理的必要心理。因此，泰勒成为名副其实的"科学管理之父"，这个称号被铭刻在他的墓碑上。

泰勒科学管理理论的内容可分为三个方面：作业管理、组织管理和管理哲学。主要概括为下面几点：

（1）科学管理的中心问题是提高劳动效率。泰勒认为，科学管理的根本就在于提高劳动生产效率，管理就是要提高每一单位劳动力的产量。企业提高劳动生产率的潜力非常大。要制订出有科学依据的工人的"合理的日工作量"，就必须进行时间和动作研究。据此制订一个工人的"合理的日工作量"，这就是工作定额原理。

（2）挑选第一流的工人，提高劳动生产效率。泰勒指出，健全的人事管理的基本原则是使工人的能力同工作相适应，企业管理当局的责任在于为雇员找到最合适的工作，培训他们成为第一流的工人，激励他们尽最大的力量来工作。再对第一流的人利用作业原理和时间原理进行动作优化，以使其达到最高效率。还必须做到人尽其才。泰勒指出，人具有不同的天赋和才能，只要工作合适，都能成为第一流的工人。

（3）实践与理论结合进行标准化管理。泰勒认为，在科学管理的情况下，要想用科学知识代替个人经验，一个很重要的措施就是实行工具标准化、操作标准化、劳动动作标准化、劳动环境标准化等标准化管理。他把工人多年积累的经验知识和传统的技巧归纳整理并结合起来，然后进行分析比较，从中找出其具有共性和规律性的东西，利用上述原理将其标准化，这样就形成了科学的标准化管理方法。

（4）实行差别计件工资制。所谓"差别计件工资制"，是指计件工资率随完成定额的程度而上下浮动。泰勒认为，实行差别计件工资制会大大提高工人的积极性，从而大大提高劳动生产率。

（5）计划职能与执行职能分离，实行职能工长制。泰勒主张把计划职能同执行职能分开，由专门的计划部门承担计划职能，由所有的工人和部分工长承担执行职能。

（6）对组织机构的管理控制实行例外原则。例外原则就是，企业的高级管理人员把一般的日常事务授权给下级管理人员去处理，自己只保留对例外事项（即重要事项）的决策和监督权。"例外原理"对于帮助经理人员摆脱日常具体事务，以集中精力对重大问题进行决策监督，是必要且有利的。

相关链接 2-4

泰勒三大实验

在泰勒大大小小的实验中，工人搬运铁块实验、铁砂和煤炭的挖掘实验以及金属切削实验最为著名。下面我们来看看他所做的工人搬运铁块的实验：这个工厂的原材料是由一组记日工搬运的，工人每天挣 1.15 美元，这在当时是标准工资，每天搬运铁块的重量是 12～13 吨，对工人的奖励和惩罚的方法就是找工人谈话或者开除，有时也可以选拔一些较好的工人到车间里做等级工，并且可得到略高的工资。泰勒观察研究了 75 名工人，从中挑出了四个，又对这四个人进行了研究，调查了他们的背景习惯和抱负，最后挑了一个叫施密特的人，这个人非常爱财并且很小气。泰勒要求这个人按照新的要求工作，每天给他 1.85 美元的报酬。通过仔细研究，使其转换各种工作因素，来观察不同的因素对生产效率的影响。例如，弯腰搬运、直腰搬运、行走速度、握持铁块的位置等因素，通过精细的观察实验，并把劳动时间和休息时间很好地搭配起来，泰勒认为，工人每天的工作量可以由现在的 12～13 吨提高到 47 吨，同时工人并不会感到疲劳。他还采用了计件工资制，工人每天搬运量达到 47 吨后，工资也会升到 1.85 美元。这样施密特按照泰勒科学实验的方式工作后，第一天很早就搬完了 47.5 吨，拿到了 1.85 美元的工资。其他工人也渐渐按照这种方法来搬运了，劳动生产率提高了很多。泰勒把这项实验的成功归结为四个核心点：精心挑选工人；让工人了解到这样做的好处，让他们接受新方法；对他们进行训练和帮助，使他们获得足够的技能；按科学的方法工作会节省体力。

通过搬运生铁的实验，泰勒研究了工人的日合理工作量，从而为实行定额管理奠定了基础；通过挖掘实验，探索出铁锹多大铲物效率最高，从而为实行工具标准化奠定了基础；在进行金属切削实验中，泰勒前后共花了 26 年的时间、15 万美元的费用，写出了 3 万多份试验报告，仅形成的切屑就达 80 万磅，最后，取得了有关车床、刨床、钻床、铣床在车速、进刀、材料等方面的丰富资料，为制定各种机床进行高速切削和精密加工的操作规程提供了科学依据。这些实验将他的科学管理思想理论深深地扎根在科学实验的基础上，使之成为一门真正的科学。

科学管理理论也有一定的局限性。比如，它研究的范围只是生产作业管理。对于现代企业的经营管理、市场、营销、财务等都没有涉及。更为重要的是它把人仅仅看作是一种经济人，认为工人的主要动机是经济的，工人最关心的是提高自己的金钱收入，与这种假设相适应的管理方法，是用金钱收买工人的劳动，用权力和制度去控制工人。这样不能激发工人的献身精神和主人翁的责任感，而只能产生"给多少钱干多少活"的雇佣观点。所以，科学管理不是万能的，需要泰勒之后的管理大师们创建新的管理方式来对他的理论加以完善。

2.3.2　组织管理理论

组织管理理论着重研究管理职能和整个组织结构。其主要代表人物有亨利·法约尔、马克斯·韦伯、林德尔·厄威克和切斯特·Z. 巴纳德等。

1. 法约尔的一般管理理论

亨利·法约尔（Henri Fayol，1841～1925），法国人，早期就参与企业的管理工作，并长期担任企业高级领导职务。泰勒的研究是从"车床前的工人"开始，重点内容是企业内部具体工作的效率。法约尔的研究则是从"办公桌前的总经理"出发的，以企业整体作为研究对象。他认为，管理理论是"指有关管理的、得到普遍承认的理论，是经过普遍经验检验并得到论证的一套有关原则、标准、方法、程序等内容的完整体系"；有关管理的理论和方法不仅适用于公私企业，也适用于军政机关和社会团体。这正是其一般管理理论的基石。

法约尔的著述很多，1916 年出版的《工业管理和一般管理》是其最主要的代表作，标志着一般管理理论的形成，其主要内容如下：

（1）从企业经营活动中提炼出管理活动。法约尔区别了经营和管理，认为这是两个不同的概念，管理包括在经营之中。通过对企业全部活动的分析，将管理活动从经营职能（包括技术、商业、业务、安全和会计等五大职能）中提炼出来，成为经营的第六项职能，如图 2.1 所示。进一步得出了普遍意义上的管理定义，即"管理是普遍的一种单独活动，有自己的一套知识体系，由各种职能构成，管理者通过完成各种职能来实现目标的一个过程。"

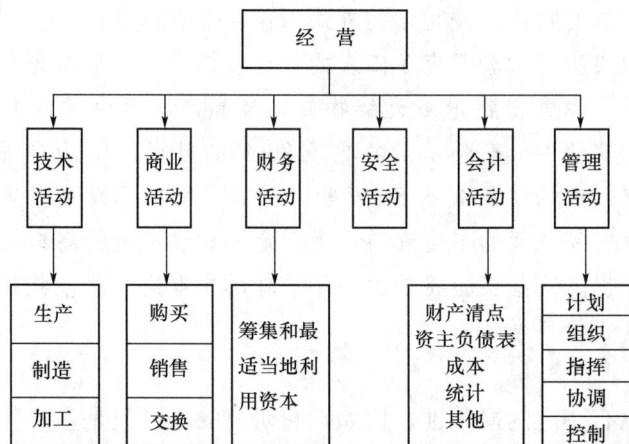

图 2.1　法约尔划分的六大类企业经营活动

法约尔还分析了处于不同管理层次的管理者其各种能力的相对要求，随着企业由小到大、职位由低到高，管理能力在管理者必要能力中的相对重要性不断增加，而其他诸如技术、商业、财务、安全、会计等能力的重要性则会相对下降。

（2）倡导管理教育。法约尔认为管理能力可以通过教育来获得，"缺少管理教育"是由于"没有管理理论"，每一个管理者都按照他自己的方法、原则和个人的经验行事，但是谁也不曾设法使那些被人们接受的规则和经验变成普遍的管理理论。

（3）提出五大管理职能。法约尔将管理活动分为计划、组织、指挥、协调和控制等五大管理职能，并进行了相应的分析和讨论。

管理的五大职能并不是企业管理者个人的责任，它同企业经营的其它五大活动一样，是分配于领导人与整个组织成员之间的工作。

(4) 提出十四项管理原则。法约尔提出了一般管理的 14 项原则：劳动分工；权力与责任；纪律；统一指挥；统一领导；个人利益服从整体利益；人员报酬；集中；等级制度；秩序；公平；人员稳定；首创精神；团队精神。

法约尔的一般管理理论是西方古典管理思想的重要代表，后来成为管理过程学派的理论基础（该学派将法约尔尊奉为开山祖师），也是以后各种管理理论和管理实践的重要依据，对管理理论的发展和企业管理的历程均有着深刻的影响。一般管理思想的系统性和理论性强，对管理五大职能的分析为管理科学提供了一套科学的理论构架，来源于长期实践经验的管理原则给实际管理人员巨大的帮助，其中某些原则甚至以"公理"的形式为人们接受和使用。因此，继泰勒的科学管理之后，一般管理被誉为管理史上的第二座丰碑。

相天链接 2-5

彼得原理

每个组织都是由各种不同的职位、等级或阶层的排列所组成，每个人都隶属于其中的某个等级。彼得原理是美国学者劳伦斯·彼得在对组织中人员晋升的相关现象研究后，得出的一个结论：在各种组织中，雇员总是趋向于晋升到其不称职的地位。彼得原理有时也被称为向上爬的原理。这种现象在现实生活中无处不在：一名称职的教授被提升为大学校长后，却无法胜任；一个优秀的运动员被提升为主管体育的官员，而无所作为。对一个组织而言，一旦相当部分人员被推到其不称职的级别，就会造成组织的人浮于事，效率低下，导致平庸者出人头地，发展停滞。因此，这就要求改变单纯的根据贡献决定晋升的企业员工晋升机制，不能因某人在某个岗位上干得很出色，就推断此人一定能够胜任更高一级的职务。将一名职工晋升到一个无法很好发挥才能的岗位，不仅不是对本人的奖励，反而使其无法很好地发挥才能，也给企业带来损失。

2. 韦伯的组织管理理论

马克斯·韦伯（Max Weber，1864～1920 年）是德国著名社会学家、经济学家和政治家，提出了行政组织体系理论，被管理学界称为"组织理论之父"，与泰勒、法约尔并列为西方古典管理理论的三位先驱。韦伯对组织理论的伟大贡献在于明确而系统地指出，理想的组织应以合理合法的权力为基础，这样才能有效地维系组织的连续和目标的达成。为此，韦伯首推官僚组织，并且阐述了规章制度是组织得以良性运作的基础和保证。这里，官僚组织不能狭义地理解，它是一种中性的、不带任何感情基调的组织体系。

韦伯认为，社会上有三种权力：一是传统权力，依传统惯例或世袭而拥有；二是超凡权力，来源于自然崇拜或追随；三是法定权力，通过法律或制度规定的权力。对经济组织而言，应以合理合法的权力为基础，才能保障组织连续持久的经营目标。而规章制度是组织得以良性运作的保证,是组织中合法权力的基础。

韦伯构建的理想官僚组织模式为:组织依据合法程序产生,有明确的目标和完整的规章制度;组织的结构是层控体系,组织中的人依据其职位的高低和正式的工作职责行使职权;人与人的关系是人对工作的关系,而不是人对人的关系;按职位需求,公开甄选适岗人才;对人员进行合理分工,并进行专业培训,以提高生产效率;按职位和贡献付酬,并建立升迁奖惩制度,以提高工人的事业心和成就感。

韦伯认为,理想的行政组织体系最符合理性原则,效率最高,能适用于各种管理工作和各种大型组织,如教会、国家机构、军队和各种团体。韦伯的组织理论后来成为其他管理学家对组织进行正式分析的重要依据。雷恩在《管理思想的演变》一书中说:"韦伯是对组织结构进行正式分析的明智的前辈,他想设计一个有关权力和活动之间关系的有助于实现组织目标的结构蓝图。"尽管他的主要著作都是在后来的年代和他死后发表的,但无碍韦伯成为德国乃至世界最伟大的学者之一。著名经济学家熊彼特用一句话赞扬韦伯:他是"历来登上学术舞台的角色中最有影响的一个。"

2.3.3　行为科学理论

1. 早期行为科学理论——人际关系学说

人际关系学说的代表人物是乔治·埃尔顿·梅奥(Qeroge Eton Mayo,1880~1949年)出生于澳大利亚,1922年移居美国,是美国行为科学家、人际关系理论的创始人,美国艺术与科学院院士,主要代表著作有《工业文明中的人性问题》和《工业文明中的社会问题》。梅奥在美国西方电器公司霍桑工厂进行长达八年的实验研究——霍桑实验,真正揭开了作为组织中的人的行为研究的序幕。霍桑实验的研究结果表明,影响生产效率的最重要因素不是待遇和工作条件,而是工作中的人际关系,因此,否定了科学管理理论对于人的假设。梅奥的观点主要有以下几种:

(1) 工人是"社会人"而不是"经济人"。梅奥认为,人们的行为并不单纯出自追求金钱的动机,还追求人与人之间的友情、安全感、归属感和受人尊敬等,而后者更为重要。

(2) 企业中存在着非正式组织。梅奥认为,企业中存在着非正式组织,这种非正式组织的作用在于维护其成员的共同利益,非正式组织中有自己的核心人物和领袖,有大家共同遵循的观念、价值标准、行为准则和道德规范等。

(3) 管理的关键在于提高工人的满意度。工人的满意度是决定劳动生产率的首位因素,而生产条件、工资报酬只是第二位的。高的满意度来源于工人个人需求的有效满足,不仅包括物质需求,还包括精神需求。职工的满意度越高,其士气就越高,从而产生效率就越高。行为科学是指运用心理学、社会学等理论和方法,从人的工作动机、情绪,行为与工作、工作环境之间的关系出发,探索影响劳动生产率因素的科学。

梅奥的人际关系理论在20世纪30、40年代对西方管理理论发展有重大贡献,并促成了40年代末行为科学的正式诞生。

相关链接 2-6

霍桑实验

梅奥在美国西方电器公司霍桑工厂进行了长达九年的实验研究——霍桑实验。该实验分四个阶段。

第一阶段：工作场所照明实验（1924～1927 年）。研究人员选择一批工人，并把他们分成两组：一组是试验组，变换工作场所的照明强度，从而使工人在不同照明强度下工作；另一组是控制组，工人在照明强度保持不变的条件下工作。研究人员希望通过实验得出照明强度对生产率的影响，但实验结果却发现，照明强度的变化对生产率几乎没有什么影响。

第二阶段：继电器装配室实验（1927 年 8 月～1928 年 4 月）。从这一阶段起，梅奥参加了实验。研究人员选择了 5 名女装配工和 1 名画线工在单独的一间工作室内工作（一名观察员被指派加入这个工人小组，以记录室内发生的一切），以便对影响工作效果的因素进行控制。在实验中分期改善工作条件，如改进材料供应方式、增加工间休息、供应午餐和茶点、缩短工作时间、实行集体计件工资制等。这些女工们在工作时间可以自由交谈，观察员对她们的态度也很和蔼。这些条件的变化使产量上升。但一年半后，取消了工间休息和供应的午餐和茶点，恢复每周工作六天，产量仍维持在高水平上。经过研究，发现其他因素对产量无多大影响，而监督和指导方式的改善能促使工人改变工作态度、增加产量，于是决定进一步研究工人的工作态度和可能影响工人工作态度的其他因素。这成为霍桑试验的一个转折点。

第三阶段：大规模访谈（1928～1931 年）。研究人员在上述实验的基础上进一步在全公司范围内进行访问和调查，达 2 万多人次。结果发现，影响生产力的最重要因素是工作中发展起来的人际关系，而不是待遇和工作环境。每个工人工作效率的高低，不仅取决于他们自身的情况，还与其所在小组中的同事有关，任何一个人的工作效率都要受他的同事们的影响。

2. 麦格雷戈的 X 理论—Y 理论

美国心理学家道格拉斯·麦格雷戈（Douglas Mcgregor，1906～1964 年）在 1957 年提出了"X 理论—Y 理论"，麦格雷戈认为，每一位管理人员对职工的管理都基于一种对人性看法的哲学，或者就有一套假定。他把传统管理对人的观点和管理方法叫做 X 理论，Y 理论是建立在对人性和人的行为的动机更为恰当的认识基础上的新理论。

X 理论是麦格雷戈对把人的工作动机视为获得经济报酬的"实利人"的人性假设理论的命名。主要观点是：人类本性懒惰，厌恶工作，尽可能逃避；绝大多数人没有雄心壮志，怕负责任，宁可被领导骂；多数人必须用强制办法乃至惩罚、威胁，使他们为达到组织目标而努力；激励只在生理和安全需要层次上起作用；绝大多数人只有极少的创造力。因此，企业管理的唯一激励办法，就是以经济报酬来激励生产，只要增加金钱奖励，便能取得更高的产量。所以这种理论特别重视满足职工生理及安全的需要，同时也很重视惩罚，认为惩罚是最有效的管理工具。麦格雷戈是以批评的态度对待 X 理论的，指出：传统的管理理论脱离现代化的政治、社会与经济来看人，是极为片面的。这种软硬兼施的管理办法，其后果是导致职工的敌视与反抗。

他针对 X 理论的错误假设，提出了相反的 Y 理论。Y 理论指将个人目标与组织目标融合的观点，与 X 理论相对立。Y 理论的主要观点是：一般人本性不是厌恶工作，如果给予适当机会，人们喜欢工作，并渴望发挥其才能；多数人愿意对工作负责，寻求发挥能力的机会；能力的限制和惩罚不是使人去为组织目标而努力的唯一办法；激励在需要的各个层次上都起作用；想象力和创造力是人类广泛具有的。因此，人是"自动人"。激励的办法是：扩大工作范围；尽可能把职工工作安排得富有意义，并具挑战性；工作之后引起自豪，满足其自尊和自我实现的需要；使职工达到自我激励。只要启发内因，实行自我控制和自我指导，在条件适合的情况下就能实现组织目标与个人需要统一起来的最理想状态。

相关链接 2-7

管理中人的因素

深圳有家电子企业很重视员工的技能培训，几年下来便拥有一批得力的技工，成为生产骨干，很能解决问题，一时间订单不断，利润大增。老板欣喜若狂，对这批骨干宠爱有加，频频加薪宴请，嘘寒问暖，劳资双方真个如胶似漆，宛如蜜月情侣。老板颇为得意：一手抓金钱，一手抓酒瓶，还怕你们不卖命？

谁知好景不长，那个技工头本是老实人，但几年下来满脑子只有钞票美酒，本分的他逐渐变得自私贪婪，眼珠子整天贼溜溜地转。和老板酒酣耳熟之际竟萌生了歪念：我有一批骨干，老板没我不行，何不敲他一杠？开始时借意暗示，果然得手；继而便公开叫板，得寸进尺，私欲一发不可收拾。稍不遂意便带头怠工，再以集体跳槽相威胁，最后竟然在外商验货之际做了手脚，使企业损失惨重。老板怒不可遏，把这批技工全部炒掉，企业元气大伤。遭此一创，老板心中阴影难消，再招技工时竟颇为踌躇。而那批被炒的人今后要改邪归正，做个有技术有品德的好员工，恐怕也不易了。

2.4　现代管理理论

第二次世界大战以后，随着科学技术日新月异的发展，生产和组织规模的急剧扩大，生产力迅速发展，生产的社会化程度日益提高，市场竞争更加激烈，企业经营管理问题越来越复杂。这一时期，新的科学领域不断拓展，特别是系统论、控制论、信息论和计算机等最新研究成果，在企业管理中得到广泛的应用。不仅从事实际管理工作的人和管理学家在研究管理，而且一些心理学家、社会学家、人类学家、经济学家、生物学家、哲学家、数学家等也从各自不同的背景、角度，用不同的方法对现代管理问题进行研究，这带来了管理理论的空前繁荣，出现了各种各样的学派。已故美国著名管理学家哈罗德·孔茨把这种现象称为管理理论的"丛林"。孔茨在 1961 年 12 月发表的《管理理论的丛林》一文中，把当时的管理理论丛林划分出为六个主要学派：管理过程学派，经验学派，人类行为学派，社会系统学派，决策理论学派，数学学派。1980 年孔茨又发表了《再论管理理论的丛林》，文中指出：管理理论学派已不止六个，而是发展到了十一个。包括：经验学派，人际关系学派，群体行为学派，社会协作系统学派，社会技术系统学派，系统学派，数学（或管理科学）学派，决策理论学派，经理角色学派，管理过程学派，权变理论学派。到今天，时间又过去了 30 多年，管理所面临的环境、形势和任务发生了很大的变化，在管理理论丛林中又出现了一些新的学派，如企业文化学派、战略理论学派等等，并出现了许多新的管理思潮。我们重点介绍以下几种管理学派。

2.4.1　管理过程理论

管理过程学派是 20 世纪 50 年代后在法约尔一般管理理论的基础上发展起来的，其主要代表人物是孔茨。管理过程学派强调对管理过程和职能进行研究。认为管理是一个在组织中通过别人并同别人一起去完成任务的过程。管理理论是通过对管理过程或管理职能的研究总结出基本的原理和规律性的东西而形成的。管理理论应该通过管理实践形成管理的科学体系。这个体系吸取其他科学领域中有关管理的知识，确立一种兼收并蓄的科学理论。

2.4.2　经验主义理论

这个学派的学者把对管理理论的研究放在对实际管理工作者的管理经验教训的研究上，强调从企业管理的实际经验而不是从一般原理出发来进行研究，强调用比较的方法来研究和概括管理经验。代表人物有美国的彼得·德鲁克和戴尔等。经验管理学派认为，古典管理理论和行为科学都不能完全适应企业管理的实际需要，有关企业管理的科学应该从企业管理的实际出发，以大企业的管理经验为主要研究对象，加以概括和理论化，向企业管理人员提供实际的建议。他们主张通过案例研究经验，不必企图去确定一些原则，只要通过研究分析一些经理人员的各种成功与失败的管理案例和他们解决特殊问题的方法，就能理解管理问题，就可以在相仿的情况下进行有效地管理。

2.4.3　系统管理理论

系统管理学派侧重以系统观点考察组织结构及管理基本职能，代表人物是美国的卡斯特和罗森茨韦克，其理论思想要领主要概括为以下三个方面：

（1）组织是由多个子系统组成的。组织作为一个开放的社会-技术系统，是由五个不同的分系统构成的整体。这五个分系统包括目标与价值分系统、技术分系统、社会心理分系统、组织结构分系统和管理分系统。

（2）企业是由人、物资、机器和其他资源在一定的目标下组成的一体化系统，它的成长和发展同时受到这些组成要素的影响。在这些要素的相互关系中，人是主体，其他要素则是被动的。

（3）如果运用系统观点来考察管理的基本职能，可以把企业看成是一个投入-产出系统，投入的是物资、劳动力和各种信息，产出的是各种产品或服务。

2.4.4　决策理论

决策理论学派的主要代表人物是曾获 1978 年度诺贝尔经济学奖的赫伯特·西蒙。主要著作有《管理行为》、《组织》、《管理决策的新科学》等。其理论要点如下：

（1）决策贯穿管理的全过程，决策是管理的核心。组织中经理人员的重要职能就是做出决策。

（2）系统阐述了决策原理。西蒙对决策的程序、准则、程序化决策和非程序化决策的异同及其决策技术等作了分析。西蒙提出决策过程包括 4 个阶段：搜集情况阶段；拟定计划阶段；选定计划阶段；评价计划阶段。这四个阶段中的每一个阶段本身就是一个复杂的决策过程。

（3）在决策标准上，用"令人满意"的准则代替"最优化"准则。

（4）一个组织的决策根据其活动是否反复出现可分为程序化决策和非程序决策。经常性的活动的决策应程序化以降低决策过程的成本，只有非经常性的活动，才需要进行非程序化的决策。

2.4.5　权变理论

权变理论学派的代表人物有卢桑斯、菲德勒、豪斯等人。美国学者卢桑斯在 1976 年出版的《管理导论：一种权变学》一书中系统地概括了权变管理理论。

权变理论认为，在企业管理中要根据企业所处的内外条件随机应变，没有什么一成不变、普遍适用的"最好的"管理理论和方法。该学派是从系统观点来考虑问题的，它的理论核心就是通过组织的各子系统内部和各子系统之间的相互联系，以及组织和它所处的环境之间的联系，来确定各种变数的关系类型和结构类型。它强调在管理中要根据组织所处的内外部条件随机应变，针对不同的具体条件寻求不同的最合适的管理模式、方案或方法。其主要观点如下：

（1）权变理论就是要把环境对管理的作用具体化，并使管理理论与管理实践紧密地联系起来。

（2）环境是自变量，而管理的观念和技术是因变量。这就是说，如果存在某种环境条件，对于更快地达到目标，就要采用某种管理原理、方法和技术。比如，如果在经济衰退时期，企业在供过于求的市场中经营，采用集权的组织结构，就更适于达到组织目标；如果在经济繁荣时期，在供不应求的市场中经营，那么采用分权的组织结构可能会更好一些。

（3）权变管理理论的核心内容是环境变量与管理变量之间的函数关系，即权变关系。环境可分为外部环境和内部环境。外部环境又可以分为两种：一种是由社会、技术、经济和政治、法律等组成的；另一种是由供应者、顾客、竞争者、雇员、股东等组成的。内部环境基本上是正式组织系统，它的各个变量与外部环境各变量之间是相互关联的。

2.4.6　企业再造理论

美国著名管理专家迈克尔·哈默和詹姆斯·钱皮在合著《再造公司——企业革命宣言》一书中提出了企业再造理论。所谓企业再造，是指为了获取可以用诸如成本、质量、服务和速度等方面的绩效进行衡量的显著的成就，对企业的经营过程进行根本性的再思考和关键性的再设计。这一定义揭示了企业流程再造的核心。

企业再造的原则与方法如下：

（1）紧密配合市场需求确定企业的业务流程。

（2）根据企业的业务流程确定企业的组织结构。

（3）以新的、柔性的、扁平化的和以团队为基础的企业组织结构取代传统的企业组织结构。

（4）强调信息技术与信息的及时获取，加强企业与顾客、企业内部经营部门与职能部门的沟通与联系。

企业再造是围绕业务流程展开的。业务流程再造的关键是重新设计业务流程。再造不是对现有的东西稍作改良。要治本，重新做，要脱胎换骨。要做到脱胎换骨，就要求从根本上改变思路。

2.4.7　学习型组织理论

学习型组织是指通过营造整个组织的学习气氛充分发挥员工的创造性思维能力而建立起来的一种有机的、高度柔性的、横向网络式的、符合人性的、能持续发展的组织。美国的管理大师彼得·圣吉于 1990 年出版了《第五项修炼——学习型组织的艺术与实践》一书，指出未来组织所应具备的最根本性的品质是学习。试图推动人们刻苦修炼，学习和掌握新的系统思维方法。要使组织变成一个学习型组织，必须做到以下五个方面：

1. 系统思考

系统思考是五项修炼的核心，强调把各个独立、片断的实践联系起来看，以发现其内在的互动关系。

2. 自我超越

自我超越是五项修炼的基础，强调要认识真实世界并关注于创造自己最理想境界，并由这两者之间的差距产生不断学习的意愿，不断地自我创造和自我超越。

3. 改善心智模式

人们要学习如何改变自己多年来养成的思维习惯，摒弃陋习，下力气强制和约束自己进入新的心智模式，破旧立新。

4. 建立共同愿景

所谓共同愿景，是指能鼓舞组织成员共同努力的愿望和远景，或者说是共同的目标和理想。共同愿景主要包括三个要素：共同的目标、价值观与使命感。"愿景"强调的是大家共同愿意去做的远景。因此组织需要建立共同的理想、共同的文化、共同的使命，能使员工看到组织近期、中期和远期的发展目标和方向，从而使员工心往一处想，劲往一处使，使每个人的聪明才智得以充分发挥，使组织形成一种合力。

5. 团队学习

团队学习就是组织化的学习或交互式的学习。团队学习是适应环境突变的最佳方式。唯有大家一起学习、成长、超越和进步，才能让组织免遭冲击，创造持续佳绩。

学习型组织突破了原有方法论的模式，以系统思考代替机械思考，以整体思考代替片断思考，以动态思考代替静止思考。该理论试图通过一套修炼方法提升人类组织整体动作的"群体智力"。现代企业和其他许多组织面临复杂多变的环境，只有增强学习能力，才能适应种种变化，未来真正出色的组织将是能够设法使组织各阶层人员全心投入，并有能力不断学习的组织，也就是"学习型组织"。

进入 20 世纪 90 年代，特别是进入 21 世纪的后工业社会，科学技术飞速发展，经济全球化的趋势愈发明显，对管理提出了更高的要求，管理学领域也涌现出了大量新的学派和思潮，我们在后面的章节中还要陆续向大家介绍。

小　　结

1. 中国传统管理思想博大精深，可以分为三个部分：治国、治生和治身。

2. 古典管理理论主要是指以泰勒为代表的科学管理理论，以法约尔为代表的一般管理理论，以韦伯为代表的组织管理理论，以梅奥为代表的行为科学理论，即新古典管理理论。

3. 孔茨在 1961 年 12 月发表的《管理理论的丛林》一文中，把当时的管理理论丛林划分为六个主要学派：管理过程学派，经验学派，人类行为学派，社会系统学派，决策理论学派，数学学派。

课堂讨论

1. 法约尔提出了 14 项管理原则，哪些原则在当代企业管理中仍然适用？
2. 如何理解韦伯的理想行政组织体系？它是完美的组织理论吗？

业务自测

一、单项选择题

1. 被誉为现代经营管理之父的是（　　　）。

A. 法约尔　　　　　　B. 韦伯　　　　　　C. 梅奥　　　　　　D. 德鲁克

2. 把管理理论的各个学派称为"管理理论丛林"的管理学家是（　　　）。

A. 泰勒　　　　　　B. 马斯洛　　　　　　C. 孔茨　　　　　　D. 韦伯

3. 决策理论学派的代表性人物是（　　　）。

A. 赫兹伯格　　　　　　　　　　　　B. 穆顿

C. 西蒙　　　　　　　　　　　　　　D. 梅奥

4. 下列管理思想，不属于泰勒科学管理思想的有（　　　）。

A. 管理的根本目的是谋求最高的工作效率

B. 劳资双方要把注意力从赢利的分配转到赢利的增加上来

C. 组织结构应是直线式，指挥要统一

D. 实行职能分工

5. （　　　）认为没有一成不变的、最好的管理理论和方法。

A. 管理过程学派　　　　　　　　　　B. 权变理论学派

C. 决策理论学派　　　　　　　　　　D. 管理科学学派

6. 古典管理理论认为，人是（　　　）。

A. 经济人　　　　　　　　　　　　　B. 自我实现人

C. 社会人　　　　　　　　　　　　　D. 复杂人

二、简答题

1. 简述泰勒科学管理理论的要点及现实意义？
2. 行为科学管理思想的主要特点是什么？
3. 简述系统理论学派的主要观点。

三、论述题

1. 试述中国古代管理思想在现代管理理论中有哪些应用？
2. 试述泰勒的科学管理理论与梅奥的人际关系学说的区别。

案例分析

UPS 的管理方式

联合邮包服务公司（UPS）雇佣了 15 万员工，平均每天将 900 万个包裹发送到美国各地和 180 个国家。为了实现他们的宗旨——在邮运业中办理最快捷的运送，UPS 的管理当局系统地培训他们的员工，使他们以尽可能高的效率从事工作。下面以送货司机的工作为例，UPS 的工业工程师们对每一位司机的行驶路线都进行了时间研究，并对每种送货、暂停和取货活动都设立了标准。这些工程师们记录了红灯、通行、按门铃、穿过院子、上楼梯、中间休息喝咖啡甚至上厕所的时间，将这些数据输入计算机中，从而给出每位司机每天工作的详细时间标准。为了完成每天取送 130 件包裹的目标，司机们必须严格遵循工程师设定的程序。当他们接近发送站时，他们松开安全带、按喇叭、关发动机、拉起紧急制动，为送货完毕的启动离开做好准备。这一系列动作严丝合缝。然后，司机离开驾驶室，右臂夹着文件夹，左手拿着包裹，右手拿着车钥匙。他们看一眼包裹上的地址把它记在脑子里，然后以每秒钟 3 英尺的速度快步走到顾客的门前，先敲一下门以免浪费时间找门铃。送货完毕后，他们在回到卡车上的路途中完成登记工作。

生产效率专家公认，UPS 是世界上效率最高的公司之一。一般快运公司平均每人每天不过取送 80 件包裹，而 UPS 却是 130 件。（资料来源：http：//www.ups.com.）

请分析：

本案例中 UPS 的管理方式主要体现了哪种管理理论？这一管理理论主要有哪些内容？你如何评价这一管理理论？

任务 3 管理道德与社会责任

学习目标

1. 伦理道德与管理道德的概念；
2. 管理道德的发展阶段与管理道德的特征；
3. 影响管理道德的因素；
4. 管理道德失衡的表现及原因；
5. 管理的社会责任的含义。

任务导读

　　河北省石家庄市的三鹿集团股份有限公司是集奶牛饲养、乳制品加工、科学研开发为一体的大型企业集团，也是中国食品工业百强企业，中国企业 500 强之一，农业产业化国家重点龙头企业，还是河北省石家庄市重点支持的企业集团。企业先后荣获全国"五一"劳动奖状、全国先进基层党组织、全国轻工业十佳企业、全国质量管理先进企业、科技创新型星火龙头企业、中国食品工业优秀企业等省级以上荣誉称号二百余项。

　　然而，盛名之下，一场毒奶粉事件却让这一切荡然无存，最终三鹿还是走上了破产的不归路。我们不禁要问：为什么一个经营了长达半个多世纪且享有一定知名度也曾有过一定美誉度的企业却这样迅速地轰然坍塌了呢？

　　一个组织，管理道德在其中到底起到了多大的作用？我们能从三鹿集团事件得到什么样的启示和警醒呢？

3.1　管理道德概述

3.1.1　道德及其分类

　　道德是依靠社会舆论、传统习惯、教育和人的信念的力量去调整人与人、人与物、人与社会以及人与自然之间关系的一种特殊的且被普遍接受的行为规范和准则，同时，也是规定行为是非的惯例和原则。一般来说，道德是社会基本价值观的约定俗成的表现，人们一般也都会根据自己对社会现象的理解、社会形态的认同，形成与社会大众普遍接受和一致的道德观念。

　　道德一般可分为社会公德、家庭美德、职业道德三大类。社会公德是指在人类长期社会实践中逐渐形成的、要求每个社会公民在履行社会义务或涉及社会公众利益的活动中应当遵循的道德准则。在本质上是一个国家、一个民族或者一个群体，在历史长河中、在社会实践活动中积淀下来的道德准则，文化观念和思想传统。家庭美德是指人们在家庭生活中调整家庭成员间关系、处理家庭问题时所遵循的高尚的道德规范。家庭美德的内容主要包括尊老爱幼、男女平等、夫妻和睦、勤俭持家、邻里团结等。职业道德是指与人们的职业活动紧密联系的符合职业特点要求的道德准则、道德情操、道德品质的总和，是从事一定职业的人在职业劳动和工作过程中应遵守的与其职业活动相适应的行为规范。职业道德是从业人员在从事职业活动中应该遵守或履行行为的标准和要求以及应承担的责任和义务。

3.1.2　管理道德及其发展

　　管理道德作为一种特殊的职业道德，是组织中从事管理工作的管理者的行为准则与规范的总和，是特殊的职业道德规范，是对管理者提出的要求。对管理者自身而言，可以说是管理者的立身之本、行为之基、发展之源；对组织而言，是对组织进行管理价值指引的标尺，是组织健康持续发展所需要的一种重要资源，是组织提高管理效率和效益以及提升综合竞争力的重要手段。同时，管理道德也是管理者与组织的重要精神财富。

　　管理道德发展所经历的三个阶段见表 3.1。斯蒂芬·P. 罗宾斯在他所著的《管理学》中列举了影响管理道德的各种因素。他认为"一个管理者的行为合乎道德与否，是管理者道德发展阶段与个人特征、组织结构设计、组织文化和道德问题强度的调节之间复杂地相互作用的结果"。管理者达到的阶段越高，就越倾向于采取符合道德的行为。

表 3.1　管理道德发展的三个阶段

阶段	特点	领导模式	员工行为
前管理阶段	只受个人利益的影响。决策的依据是个人的利益，这种利益是由不同行为方式带来的奖赏和惩罚决定的	独裁、强制	严格遵守规则以避免受到惩罚。只在符合直接利益时才遵守规则
管理阶段	受他人期望的影响，包括对法律的遵守，对重要人物期望的反应，以及对他人期望的一般感觉	引导、激励、团队导向	做自己周围的人所期望的事。通过履行自己所允诺的义务来维持平常秩序
原则阶段	个人的道德原则，它们可以与社会的准则、法律一致或不一致	变革或服务型领导	尊重他人的权利。遵守自己选择的伦理准则

3.1.3　管理道德的内容

1. 组织管理目标的道德性

任何管理都是组织的管理。但是，组织管理者的思想道德水平如何，又直接关系到管理水平的高低和管理目标的实现。因为组织者在制定管理目标时，不仅要考虑到管理目标的可行性，而且要考虑到管理目标的实现是否应该遵循道德规范，唯有此才能使管理目标成为有效的目标。组织管理者为了使其管理目标可行，或多或少地都要考虑它的目标的道德性。原始社会的氏族公共事务管理，其目标是为了获取必要的物质生活资料，其道德目标是为了维护氏族组织成员的生存。进入到阶级社会，组织的管理目标被打上了阶级的烙印，不同阶级的组织管理，其管理目标也有不同的道德要求。奴隶主阶级和封建地主阶级在强化国家管理中的镇压职能时，其社会管理目标也考虑到要把阶级冲突保持在一定的"秩序"范围内，用"礼"或"仁"规范人们的行为，使民众懂得如何"安分守己"，不要"犯上作乱"。他们还把有效实现对国家的管理看作是有效管理社会的目标，认为治理好国家就是治理好社会，其道德目标就是保卫国家利益，也就是维护剥削阶级的利益。正如古希腊思想家德谟克利特所说："应当认定国家的利益高于一切，以便把国家治理好。决不能让争吵破坏公道，也不能让暴力损害公益。因为治理得好的国家是最可靠的保证，一切都系于国家。国家健全就是一切兴盛，国家腐败就一切完蛋"。大凡中国封建社会时期著名的盛世，都是与统治阶级在制定和实施国家管理目标的过程中所采取的德政措施分不开。所以，后来的许多统治者在国家治理中也进一步强调"以德治国"，提倡德政。

与以往剥削阶级强化国家管理目标不同，资本主义从其产生的那一天起，就致力于生产力的发展，因此资产阶级进行社会管理的最基本方面是进行生产管理。但是，资产阶级在制定其生产管理目标时，基于追逐更多的剩余价值，实现更多的利润，往往很少考虑其目标的道德性，所以总是达不到其应该达到的有效管理。对此，马克思曾揭露过资产阶级这种管理目标的道德弱化的本质。

在社会主义社会里，由于消灭了剥削制度和剥削阶级，劳动人民能够当家作主了，因此，社会一切管理的本质和目标也就发生了根本的变化。社会主义生产的管理目标是为了发展生产力，提高劳动生产率，达到最佳的经济效益，与此相适应的道德目标是为了实现人民群众的共同富裕。这种管理目标与道德要求的一致性，只有在社会主义条件下才能真正实现。

2. 实现组织管理目标的手段的道德性

手段是为实现一定目的或目标而采取的一定的途径、方式、方法、办法和策略的总和。任何组织管理目标的实现，都要通过一定的手段。至于采取什么样的手段，达到什么样的效果，则取决于组织管理者对手段的选择。而所选择的手段是否正当，即手段是否具有道德性，会直接影响管理目标的实现和最终的管理结果。

在阶级社会里，不同的阶级在实现其管理目标时采取的手段各不相同。奴隶主阶级民主派曾要求对奴隶采取一些怀柔的、宽容的政策，以利于稳定社会秩序。但奴隶主阶级贵族派却继续坚持严厉的压迫政策，激起了奴隶们的极大反抗。封建地主阶级在反对奴隶主阶级专制制度的革命斗争中，曾经采取过一些小恩小惠的政策，给农民一些好处，对吸引农民参加革命确实起了较好的作用。但封建地主阶级掌权之后，又采取更加严厉的手段剥削和压迫农民，结果导致农民起义连绵不断。资产阶级高举"自由、民主、平等、博爱"的革命大旗，对封建专制制度采取了无情揭露和批判的斗争手段，这对于吸引广大工人阶级和劳动群众参加革命，也起到了积极的作用。但是，资产阶级掌权之后，由于仍然奉行极端利己主义的道德原则，因而在其实现生产管理的目标过程中，又采取了各种各样的不正当手段，如延长工时、增加劳动强度、招收童工、压低工资等，残酷地压迫和剥削工人，以此来达到其追求高额剩余价值和利润的目的。正如恩格斯所说，资产阶级总是"采取不道德的手段达到不道德的目的。"与资产阶级不同，无产阶级在掌握国家政权之后，要求一切组织管理者在为实现其管理目标而选择的所有手段，都必须是正当的，具有道德性的，必须符合社会主义道德的要求。它坚决反对一些组织管理者为达到其私利而采取不正当手段的做法。它还要求人们对诸如偷工减料、偷税漏税、走私贩私、制假造劣、哄抬物价、进行虚假广告宣传等不正当行为，必须给予严厉的打击和谴责。

3. 人际关系管理的道德性

人际关系管理是社会管理的重要内容。一定社会的人际关系管理，除受社会性质决定之外，还受血缘、姻缘、地缘、业缘等因素的影响，从而造成这种管理的复杂性和管理层次的多样性。调整和协调不同的人际关系或同一种人际关系中的不同层次或不同方面的人际关系需要有不同维度的道德规范，即处理和协调邻里人际关系、老乡人际关系与处理和协调家庭人际关系、夫妻人际关系的道德规范是各不相同的。

中国长期流传的"清官难断家务事"的说法，虽是老话，却说明了人际关系管理的复杂性。特别是在社会主义市场经济的条件下，有的人滥用等价交换的原则，使人际交往中出现许多"关系网"现象。如"人情大于公理"的现象，以及"杀熟"现象，即在经济交往中既"吃里"又"扒外"的现象，使人们感到信用危机、世风日下、道德滑坡。在这种情况下，如何规范人们的交往关系，使社会上的人际关系沿着平等、和睦、协调和有序的方向健康发展，就成为管理道德建设中的一项重要内容。

4. 人事管理的道德性

任何组织管理，都是通过人来执行其管理职能，通过人的活动来实施的。因此，如何管理好人，如何用人，不仅要考虑人的知识、经验和能力，而且要考虑人的思想道德素质。中国自古以来一直流传着"人存政存，人亡政息"，"天下治乱，往往系于用人"的说法。这种说法都在某种程度上包含着较为深刻的道理。

事实上，中国历代的许多国家管理的决策都非常重视用人的德才。从战国时代的客卿、贵族养士的风气，到汉代的举贤士；从魏的九品官中正制，到隋唐的科举制，明清的八股取士等等，取才、用人制度都要求所选拔的人不仅要有才，而且要有德，即忠君爱国、举孝廉、不犯上。当代西方资产阶级在网罗人才的过程中，也很重视其所用人才的政治、宗教和道德的素养。在社会主义社会里，我们的用人制度，更应该重视德的要求，必须坚持选人、用人德才兼备和知人善任的原则，反对任人唯亲、以权谋私的做法，使我们的人事管理更加科学化、规范化、民主化、道德化、现代化。

5. 财物管理的道德性

物资钱财是实现组织管理目标的物质基础。没有物资钱财的组织是根本不可能进行有效管理的。但是，有了物资钱财的组织，也不一定能实现有效的管理目标，因为物资钱财总是要交给组织机构的人员去掌握和运用的。这时，财物管理人员的道德素质的高低与财物的道德风险就会成正比。同时，物资钱财也经常被视为检验管理人员品质的试金石。如果管钱管物的人连"君子爱财，取之有道"、"非我之物勿用"等最起码的道德意识都没有，必然会利欲熏心，贪污挪用，化公为私，这就必然动摇或削弱组织管理的物质基础。近年来，我国连续出现了许多巨大的贪污案件，以及贪污人员的低龄化，都足以说明我国财物管理制度的薄弱和财物管理人员道德意识的缺失。因此，如何规范财物管理人员的行为，加强财物管理方面的道德建设和道德教育，也是管理道德的一项非常重要的内容。

3.1.4　企业管理与伦理道德

企业的经营活动，一方面涉及对具体事务的科学管理；另一方面涉及对人的有效管理和对社会承担相应的责任的问题。这些管理活动不可避免地受到价值判断的影响，而其中的道德和社会责任就是非常重要的评判领域。

随着经济的发展，在利益的诱使下，许多企业为了追逐利润而不惜以丧失道德为代价，一系列企业道德的沦丧和违背社会责任事件的层出不穷，使得要求加强道德建设和承担社会责任的重要性得到越来越多人的认同。社会呼唤既能实现利润目标、又能遵守法律的"阳光"企业不断增多。

实际上，道德与社会责任一向都是管理中的重要范畴，近年来加强组织、企业道德建设的呼声越来越响亮，加强道德建设的重要性也得到了更为广泛的认同。就企业中的管理主体而言，他们应该了解并崇尚伦理道德，不断提升自身的道德修养，在帮助企业员工提高业务技能的同时，积极致力于提高员工的道德素质。唯有此，企业才能将伦理道德一以贯之，才能塑造优秀的企业文化，才有可能以伦理道德为约束和依规来提高其知名度、信誉度和美誉度。

相关链接 3-1

"问题奶粉"拷问企业道德

头大，嘴小，浮肿，低烧。鲜花般娇嫩的幼小生命，刚来到世间几个月就枯萎、凋谢，罪魁祸首竟是本应为他们提供充足"养料"的奶粉。一度泛滥安徽阜阳农村市场、由全国各地不良商人制造的"无营养"劣质婴儿奶粉，已经残害婴儿六七十名，至少已有13名婴儿死亡，给这里还相当贫困的一个个农民家庭以无情的打击。

3.2　管理道德的特征与影响因素

3.2.1　管理道德的特征

管理道德的特征概括起来主要包括以下几个方面：

1. 普遍性

管理道德是人们在参与管理活动中依据一定的社会道德原则和基本规范为指导而提升、概括出来的管理行为的规范，它适用于各个领域的管理。无论是行政管理、经济管理、企业管理、文化管理，还是单位、部门、家庭和邻里的人际关系管理，都应当遵守一定的管理道德的原则和要求。

2. 非强制性

人类最初的管理属于公权的、人人都可以平等参加的管理，没有强制性。与之相应的，调整管理行为的规范，即管理道德也没有强制性。正如恩格斯所指出的："酋长在氏族内部的权力，是父亲般的、纯粹道德性质的，他手里没有强制的手段。"

人类社会进入阶级社会以后，管理被打上阶级的烙印，具有阶级的性质和内容。它依靠国家或组织的权力实行管理活动，具有强制的性质。但是，与此相适应的管理道德并没有改变其非强制的特征。不过，管理道德在内容上侧重于调整和约束组织管理者的管理行为，在社会作用上则侧重于依靠被管理者和公众的舆论来影响管理者的行为，从而调整管理者与被管理者及公众之间的关系，使其具有特殊性。

3. 变动性

人类的管理活动是随着人类社会实践的发展而不断变化发展的，作为调整管理行为和管理关系的管理道德规范，也必然随着管理的变化发展而不断改变自己的内容和形式。原始社会的公共事务管理性质单纯、形式单一、内容简单、发展非常缓慢，与之相应的管理道德的内容简单、规范相对较少、发展缓慢。到了近代，随着管理内容的复杂化、管理方式的制度化和管理目标的多样化，与此相应的管理道德的内容也随之增加和丰富，形式也多样化。特别是当代科学管理的迅速发展，进一步推动了管理道德的变化和发展。因此，如何在这种变动性中适时调整道德的结构和层次，概括出反映新的时代特点和当代科学管理水平的新的管理道德规范，以满足具有中国特色的社会主义管理发展的需要，这是摆在我们面前的一项新的任务。

4. 社会教化性

道德教化是一个古老的概念，重视教化是中国传统文化的一个优良传统。中国古代的思想家大都重视德治，所以都强调道德教化的作用。孔子主张用"仁爱"的道德原则教化人，认为人只要做到"仁"，就能自爱，就能"爱人"，对人宽容、忠恕。孟子发展了孔子的仁爱思想，提出"亲亲而仁民，仁民而爱物"的思想，认为"仁"就是"爱之理，心之德"。此外，儒家还把公正、廉洁、重行、修养、举贤任能等等，都看作"仁爱"教化的结果，要求管理者都应具备这些道德品质。

当代中国的社会主义管理道德，应当吸收中国传统文化中的合理的道德教化的思想精髓，高度重视管理道德的教化作用。尤其应当强调和发挥组织中管理者的道德示范和引导作用，使管理道德的意识、意志、信念、情感更加深入人心，并转化为人们的自觉行为，这对于有效促进社会主义管理目标的实现，提高管理效益、效果、效能都具有非常重要的作用。

3.2.2　管理道德的影响因素

影响一个组织或管理主体的管理伦理道德因素很多，主要包括影响组织的管理道德因素、影响管理主体的伦理道德因素、其他影响因素等三个方面。

1. 影响组织的管理道德因素

（1）管理制度与体制因素。企业的管理制度与体制是否有利于企业发展，企业领导者是否为管理者创造和营造一个良好的工作发展平台，企业是否做到组织结构科学合理、规章制度是否健全完善、人才培训培养激励机制是否有效等等，都对管理道德的形成有较大影响。正如张瑞敏评价他在海尔充当的角色时，认为"第一是设计师，在企业发展中如何使组织结构适应市场和企业的发展；第二是牧师，不断地布道，使员工接受企业文化，把员工自身价值的体现和企业目标的实现结合起来。"

（2）企业文化因素。一个企业有较强的、积极向上的企业文化就可以抵御外来风险，化解内部冲突。在市场经济大潮中，许多企业注重实施企业文化建设，形成具有企业自身特色的文化。如海尔文化，不仅使海尔的知名度进一步提升，而且使企业的凝聚力进一步增强，员工的亲和力进一步强化，从而形成了海尔人良好的职业道德、行为准则。

（3）社会大环境因素。一定时期社会上大多数人的世界观和价值观也会受到外部影响，甚至改变管理主体的管理伦理道德观。尤其是在社会转型期，多种因素综合导致了一些人的道德观危机，如社会不同层次的管理道德问题、职业圈子中的管理道德问题、组织内部日常管理中面临的管理道德问题等等。

2. 影响管理主体的伦理道德因素

影响管理主体的伦理道德因素主要包括教育和个人特征因素，个人的意志、能力和信念因素，个人责任感因素等。

（1）教育和个人特征因素的影响。管理主体个人早期所受到的教育、生活环境，尤其是在其幼年、童年时期所处环境的熏陶，所受教育的程度对其今后的观念的形成起到至关重要的影响，通过这时期感知、认知事物，其个人的道德观初步形成。"孔融让梨"就是早期教育对其道德影响的重要表现。成熟的人一般都有相当稳定的个人价值准则，即关于正确与错误、善与恶、勤奋与懒惰、公平与偏倚、诚信与虚假等基本信条的认识。这些认识是个人在长期生活实践中发展起来的，也是教育训练的结果。管理者一般有不同的个人准则，它构成了管理者道德行为的个人特征。由于管理者的特殊地位，这些个人特征很可能转化为组织的道德理念与道德准则。心理学研究发现，自我强度变量和控制中心变量对个人行为影响较大。前提是衡量个人自信心强度的个性变量。自我强度高的人具有较大的自信心，会更多地做他们认为正确的事。后者则是衡量人们相信自己能掌控命运程度的个性变量。具有内在控制能力的人认为自己对命运具有绝对控制力。自我强度高的人和具有内在控制能力的人在伦理道德判断和伦理道德行为之间能取得更多的一致性。

（2）个人意志、能力和信念因素的影响。个人意志坚强、个人能力较强、个人信念坚定的管理者对事物判断比较准确，无论身处顺境还是逆境，无论外部诱惑如何，其大多数会在道德准则判断与道德行为之间保持较强的一致性，不会因一时之事、一念之差而作出不正确的选择；反之则会在道德准则判断与道德行为之间作出不正确的选择。

（3）个人责任感因素的影响。责任感是每个人对工作、企业、社会等所作出行为的负责态度，有较强责任感的人是一个能自觉承担社会责任、积极履行职责和正确行使职权的管理者，敢于、勇于对自己行为负责，很少出现违背道德准则的情况；反之，缺乏责任感的人，对自己行为的后果不愿承担责任，甚至认为"事不关己"，推卸责任，缺乏最基本的道德素质。

3. 其他影响因素

上述几种因素基本上决定了管理道德观的形成，不同的道德观导致了不同的管理行为，产生了各种各样的管理道德问题。除此之外，结构变量、问题强度等也会在不同程度上对管理道德产生影响。

（1）结构变量。结构变量的核心是组织设计。从管理伦理角度讲，组织设计最重要的内容是对个体道德行为有明确的指导、评价、奖励的原则。合理的管理组织结构对组织中的个体道德行为具有明确的指导、评价、奖励的作用，对管理者的道德行为也有约束作用，从而有助于形成管理者的道德行为。组织设计的关键是减少模糊性。"模糊性最小的设计有助于促进管理者道德行为"。清晰的职务说明、规范的规章制度、明文规定的各种道德准则、奖惩政策、完善的组织绩效评价体系等等，都能对管理者、员工的行为产生正面的、积极的影响。

（2）问题的强度。问题的强度是关于道德对于管理者重要性的程度。美国管理学家斯蒂芬认为伦理道德问题的强度取决于以下六个要素：

①危害的严重性：某种伦理行为对受害者的伤害有多大或对受益者的利益有多大。

②邪恶的议论：有多少人认为这种行为是邪恶的（或善良的）。

③危害的可能性：行为实际发生并造成实际伤害（或带来实际利益）的可能性有多大。

④效果的集中程度：在行为和预期后果之间的时间间隔有多长。

⑤受害程度：你决定行为的受害者（或受益者）与你（在社会上、心理上或身体上）挨得有多近。

⑥后果的直接性：伦理道德行为对有关人员的影响的集中程度如何。

这六个因素决定了管理伦理道德问题的重要性。管理伦理道德问题越重要，管理者越有可能采取符合管理道德标准的行为。

3.3　改善企业行为的途径

3.3.1　企业管理道德失衡的表现及成因

在市场经济体制转轨过程中，激烈的市场竞争使得一些单纯以经济利益为导向的企业唯利是图。因此，在企业经营管理活动中，经常出现应该遵守的道德规范与实际上不讲道德经营的高度分裂，由此产生了企业管理的道德失衡。

1. 企业管理道德失衡的具体表现

（1）企业与顾客的关系方面：欺骗性的广告宣传，在营销和推广上夸大其词，生产不安全或有损健康的产品。有些经营者明知产品含有危害人体健康的成份，但故意向消费者隐瞒真相，而大力宣传其对消费者有利的方面，或信口开河、擅自夸大产品的功效。

（2）企业与竞争者的关系方面：假冒其他企业的商标、品牌，生产假冒伪劣产品，侵犯他人商业权利，损害竞争对手商业声誉，不遵守市场游戏规则，挖墙脚等等。特别是企业间不讲信誉、彼此拖欠和赖账、不履行合同。

（3）企业与员工的关系方面：有些企业盲目追求利润，不顾员工的生存和工作环境，侵犯员工的健康权利；有些企业在招聘、提升和报酬上采取性别、种族歧视，侵犯隐私；有些企业对员工的工作评价不公正、克扣薪水等。

（4）企业与政府的关系方面：财务欺诈、偷税漏税、官商勾结、权利腐败、商业贿赂、地方保护主义、国有企业改革中的"内部人"控制现象等等。

（5）企业与自然环境的关系方面：企业为追求高利润，对治理污染采取消极态度。对排放"三废"等造成的污染不实施治理而是继续加大排放，特别是一些化工、印染、造纸等工厂，对"三废"缺乏必要的处理，严重污染环境。

2. 我国现阶段管理道德失衡的成因

（1）经济体制不完善。在我国，由于市场经济体制还不完善，容易造成竞争无序，使企业管理行为缺乏道德的约束。甚至出现经营活动缺乏公平竞争制度，经营规则混乱的局面。在此情况下，由于国家政策控制的原因，造成地区、行业、单位的竞争起点不同，从源头上造成了无序竞争；加上市场体系不完善，未能形成众多统一开放的全国大市场，使得地方保护主义泛滥，一些官员从当地经济发展和自身政绩、利益需要出发，非但没有取缔无序竞争，反而搞地区封锁和部门分割，鼓励、纵容包庇无序竞争、违法经营。

（2）信息不对称。信息传递的滞后和扭曲，使企业管理失衡成为可能。经营活动中出现一些欺骗、失信现象的最直接原因就是信息不对称。在市场经济条件下，市场信息变幻莫测，使得信息难于控制。拥有信息多的一方就可能欺骗另一方，加上媒体广告片面宣传的推波助澜作用，为不法企业欺诈行为开了方便之门。只要有利可图，或者欺诈带来的收益大于为进行欺诈所付出的成本投入，欺骗、失信就乐此不彼。这样就会造成企业管理道德的失衡。

（3）企业价值取向的偏颇。建立社会主义市场经济的目的是满足人民群众日益增长的物质文化需要。社会主义市场经济的道德价值观，仍然是坚持集体主义原则，以全心全意为人民服务为核心。然而，在经济转型的特殊环境下，部分企业价值取向出现了偏颇，过分强调企业利润最大化，功利主义的倾向严重，忽视甚至侵害他人的利益。这些企业为了私利，不择手段，违法经营，使企业丧失道德，逃避责任，造成企业管理道德的失衡。

（4）消费者自我保护意识薄弱。相对经营者而言，消费者处于弱势地位。为此国家颁布了一整套法律制度，目的是保护消费者的人身财产安全，维护公平交易和消费者切身利益。然而由于消费者法制观念落后，自我保护意识极其薄弱，许多消费者面对迅速形成的立法内容无从掌握和运用。越来越多的法律规定难于起到维护消费者权益的作用，而是成为一纸空文。这样消费者的行为往往迁就了企业不道德的经营行为。

3.3.2　改善企业行为的途径

改善企业行为的方式、方法与途径很多，但主要通过认真培育管理道德和对管理道德不断地进行改善这两方面的工作来完成。

1. 管理道德的培育

管理道德是一门探讨管理中道德责任与义务以及管理中好与坏等带有价值评判性质问题的学科。管理道德是指企业在调节与社会、与自然、与其他企业的生产关系、生产与营销的关系等管理活动中应遵循的职业原则和道德规范。管理道德体现了组织的价值观，决定组织在承担社会责任方面的态度和意愿。

树立正确的管理道德观，有利于协调组织和社会的关系；可以激励内部人员的积极性和创造性，减少组织的管理成本，提高管理效率；管理者把遵守道德规范视作组织获取利益的手段和应承担的社会责任；合乎伦理道德的管理以组织的价值观为行为导向；合乎伦理道德的管理能从组织自身角度和社会整体角度看问题；合乎伦理道德的管理尊重所有利益相关者的利益原则；合乎伦理道德的管理不仅把人看作手段，更把人看作目的原则；合乎伦理道德的管理超越了法律的要求，能让组织取得卓越的成效；合乎伦理道德的管理具有自律的特征。

（1）抓好管理道德教育，提高管理道德认识。包括管理者对其管理的地位、性质、作用、服务对象、服务手段等方面的认识。对管理道德价值的认识是培育管理者管理道德的前提，就是要认识管理道德的实质、内涵，充分认识到管理道德对个人、企业乃至社会的重要性。只有提高对管理道德的认识，才能在思想上重视、在行动上实施、在发展中提升。

培养管理道德情感。这就是管理者在处理自己和职业的关系及评价管理行为过程中形成的荣辱好恶等情绪和态度。主要包括对所从事管理工作荣誉感、责任感，对服务对象的亲切感，热爱本职工作，敬业乐业等。管理道德情感一经形成，就会成为一种稳定而强大的力量，积极影响人们管理道德行为的形成和发展。

锻炼管理道德意志。就是人们在履行管理义务的过程中所表现出来的自觉地克服一切困难和障碍，作出抉择的力量和精神。是否具有坚毅果敢的管理道德意志，是衡量管理者管理道德素质高低的重要标志。

坚定管理道德信念。这是指管理者对所从事管理工作应具备的道德观念、道德准则和道德理想并发自内心的真诚信仰。管理者一旦牢固地确定了管理道德信念，就能自觉地坚定不移地履行自己的义务，并能据此来鉴别自己或他人的行为。培养和确立终身不渝的管理道德信念。这也是每个管理者管理道德修养的中心环节。

（2）提炼、规范管理道德准则。管理道德建设的过程，就是管理者管理道德素质形成和不断完善的过程，这需要管理者把管理道德认识、管理道德情感、管理道德意志和管理道德信念等与所从事的管理工作、企业的实际情况等结合起来，注重吸收西方道德观中合理的成分，广泛继承中华民族传统道德观中的精华，提炼出体现管理特色的管理道德准则，使管理者了解、明确管理道德规范，认清管理道德的标准和行为准则，以利于管理者形成良好的管理道德。

通过提炼管理道德标准，实行管理道德的规范化管理，使管理者自觉地对照管理道德准则，时刻检查、规范自己的行为，将管理道德准则内化成管理道德认识，从而培养良好的管理道德行为习惯，既有利于管理者自身建设与发展，又有利于企业管理水平提高与发展。

（3）树立典型，加强引导。在管理道德建设过程中，树立典型、发挥榜样示范的作用是重要的。典型和榜样是引导和激励人们自觉规范道德行为的有效途径。

注重发挥企业领导者管理道德的表率示范作用。企业领导者是企业的精英，是高层管理者，其表率、模范行为对其他管理者管理道德的形成具有更直接的效果。对企业领导者来说，管理价值、道德价值高于物质利益，企业领导者应该把国家和企业员工赋予的职位当作为国家为企业作贡献，为员工提供服务的契机。"先天下之忧而忧，后天下之乐而乐"，勇于负责，不计得失，自强不息，以身作则，讲真话、办实事，"言必信、行必果"，树立领导者良好的管理道德，这对推动整个层面管理道德的形成起着举足轻重的作用。

树立典型人物形象，做好舆论导向，发挥引导作用。在现实生活中积极向涌现出来的道德标兵等典型人物学习，他们的感人事迹、表现出来的道德品质是为人们所景仰的，在这些典型人物身上也充分体现出了优秀的管理道德。因此，大力宣传典型，把道德规范人格化，有利于使管理者以典型人物为榜样，学习典型人物的人格，激发自身去追求典型人物所拥有的优秀的理想人格，并且以这种理想人格为标准来塑造自己，促进管理道德水平的提高和完善。

（4）管理道德行为列入岗位考核内容。管理者是否具有管理道德，不是看其是否会背诵多少管理道德的规范条款，而要看他是否能理解管理道德，把管理道德要求与自己的工作相结合，落实到实际行动、具体工作中，形成稳定的职业行为。管理道德规范化、制度化，就会成为管理者的习惯行为，就会在管理工作中发挥巨大作用，也必将在企业内形成良好的道德风尚，使企业步入良性的发展轨道。因此，企业应将管理道德建设纳入管理者岗位考核内容之一，加强检查、考核、奖惩，使每一个管理者都不断地自我对照准则进行检查，不断地修正自己的行为方向，最终形成良好的管理道德。

管理者是管理道德的主体，管理道德是对管理者行为的规范和制约，一个合格的管理者也必然是一个有道德的管理者，做有道德的管理者，应该是每一个管理者的职业准则。在当今时代，管理者和企业应注重开展和加强管理道德培育，提高管理者的管理道德，使管理者有所为、有所不为，形成良好的管理道德行为，才能有效地提升企业管理水平，获取更大的效益，实现长效发展。

2. 管理道德的改善

管理理论最终是由管理者的伦理道德、组织内部的伦理道德在其职位、岗位等行为活动中表现出来而最终形成组织伦理道德的。所以，改善管理道德必须从管理者、组织成员和组织的道德准则等方面做起。

（1）选择道德标准。有什么样的道德标准就会产生什么样的道德行为。成功的公司都有一套具体、明确的道德准则。如美国麦道公司的道德准则明确规定作为公司成员，必须努力做到以下方面的内容：在所有交往中诚实可信；要可靠地完成所交办的任务；说话和书写要真实和准确；在所有工作中要与人合作并做出自己的贡献；对待同事、顾客和其他人要公平和体贴；在所有活动中要遵守法律；承诺以较好的方式完成所有任务；节约使用公司资源；为公司服务，并尽力提高我们生活的世界的生活质量。

（2）挑选道德素质高的管理者和员工并对他们进行道德伦理教育和培训。要改善管理道德，就要提高管理人员的素质。一方面，管理者具有较大的职权，而组织对权力往往难以进行严密、细致、及时、有效的监督，所以权利能否正确运用，在很大程度上只能取决于管理者的良知。另一方面，组织的道德在很大程度上受其主要管理者个人修养的影响。管理者素质低下极有可能转向腐败或极易造成决策失误，甚至导致组织夭折。法约尔认为，一个人在组织阶梯上的位置越高，明确其责任范围就越难。避免滥用权力的最好办法是提高个人素质，尤其要提高道德素质。同时，要挑选道德素质高的员工，要建立组织的培训机制。

（3）管理人员要以身作则。管理者通过他们的言行和奖惩对员工起到示范和导向作用。

（4）建立合理的工作目标。工作目标应该合理、明确。如果目标要求不切实际，即使目标明确，也会产生伦理道德失范问题。

（5）进行独立的社会审计与监督。根据组织的伦理守则对决策和管理行为进行评价的独立审计，对发现的不符合管理道德的行为进行纠正，从而减少这种行为发生的可能性。

（6）提供正式的保护机制。正式的保护机制可以使那些面临管理道德困境的员工在不用担心受到呵斥的情况下自主行事。另外，组织应建立专门的渠道，使员工敢于举报伦理道德问题或告发践踏伦理道德守则的坏人、坏事。

3.4   企业的社会责任

3.4.1   管理的社会责任

1. 管理社会责任的含义

管理的社会责任是指管理主体确保组织履行相应的社会义务，实现良性互动发展的相关制度安排与组织建设。建立组织社会责任管理体系是事关组织的远景、使命、文化、发展战略的重大任务。企业的社会责任则是指企业决策者在追求自身利益发展的同时，所必须承担的一种义务，即保护和改善公众利益的义务。它同时也是组织应尽的一种长远的社会义务。

在美国，大多数人认为企业社会责任是企业合法和可实现的目标，此外还必须考虑企业的使命。根据对 429 名管理人员的调查显示，有 68% 的管理人员都同意："企业的社会责任就是认真地考虑公司的行动措施对社会的影响"。这里的所谓"责任"不仅仅局限于法律意义上的法律责任，它不完全具有强制性，而是一种社会规范，属于广泛社会意义上的范畴。实践证明，有社会责任感的组织、管理者及员工能获得较高的社会声誉，有利于实现较高的社会效益和经济效益。

2. 企业为什么要承担社会责任

社会责任是与管理伦理道德紧密联系的一个概念。现代管理理论要求组织必须而且也应该承担相应的责任，主要有以下方面的原因：

（1）工业化进程带来许多社会问题。现代工业的发展，产生了大量的废水、废气、废渣等，形成了烟尘、迷雾、噪声等恶劣的社会劳动条件，高强度的体力劳动和疾病流行等诸多问题。进入 20 世纪，特别是 20 世纪 40 年代以来，现代科学技术在能量电子化合成及交通运输等方面的广泛应用，一方面使人类的生产与消耗水平迅速提高；另一方面企业对物资资源的需求量和废物的排放量也达到了空前的程度。可见，现代社会中企业的经营管理与环境问题、社会问题、政治问题乃至国际关系问题都融合到一起，而且许多问题都直接关系到一个国家、一个地区的经济发展、社会安定、人民的健康幸福，乃至整个人类社会的生存与发展。

（2）企业的发展离不开其他社会组织。现代经济是高度分工的全球性经济，人和社会组织的生存发展都需要更多的社会组织、集团等大力支持与合作，以实现互利双赢。如公司与供应商、顾客、政府部门、媒体、股东、社区、经销商等的合作就充分地体现了这一点。社会组织之间的相互支持合作就是组织对其他组织承担社会责任的具体表现。

（3）管理伦理道德的客观要求。企业承担社会责任是管理伦理道德的客观要求，它有利于改善企业与公众的关系，是树立企业的社会形象，提升企业"三度"（知名度、信誉度、美誉度）和提高企业竞争力的重要手段。

3.4.2　企业社会责任的主要内容

企业社会责任的内容与范围十分丰富和广泛，涉及方方面面的内容，其中主要包括了以下几个方面。

1. 企业对政府的社会责任

合法经营；依法纳税；响应政府号召；执行政府政策，支持政府工作。企业作为社会经济组织的一份子应该遵守政府有关法律、法规的要求，照章纳税和承担政府规定的其他责任与义务并依法自觉接受政府的监督。

2. 企业对职工的社会责任

按时支付职工工资和奖金；在招聘中，坚持"三公"（公正、公平、公开）原则；不进行性别、民族、肤色、年龄、文化水平、技术才能、社会背景等歧视；保障员工享有合法的权益；提供和不断改善工作和生活条件；对职工进行必要的业务培训；关心职工的身心健康；等等。

3. 企业对消费者的社会责任

企业对消费者的社会责任的核心是保护消费者的合法权益。消费者权益包括消费者权利和利益两层含义。消费者权利是指经法律认证并由法律保护的，消费者在实现其消费目的的活动过程中的行为尺度；而消费者利益是消费者通过权力的履行而实现的消费需求的满足。消费者的权利和利益相互依赖，前者是基础，后者是目的。维护消费者权利，就必须履行法律规定的义务。

消费者权益的实质内容是消费者消费需求的满足。因此，企业要按照我国《消费者权益保护法》及其相关法律（如《产品质量法》、《广告法》）的规定，端正经营态度，加强经营道德建设，承担相应的社会责任，维护消费者的权益。

相关链接 3-2

消费者的权利与经营者的义务

我国《消费者权益保护法》规定，消费者的主要权利是：安全保障权；知悉真情权；自主选择权；公平交易权；求偿权；结社权；获得知识权；受尊重的权利；监督批评权。

我国《消费者权益保护法》规定，经营者在保护消费者权益方面要承担的主要义务是：依法履行义务；听取意见和接受批评；保证商品和服务安全；提供真实信息；出具购货凭证和服务单据；保证质量；不从事不公平、不合理的交易；不侵犯消费者的人格权。

4. 企业对生态环境的社会责任

现代工业化、商业化社会，企业经营中存在着对大自然的征服与损害的尖锐矛盾。近几年来，我国一些大江、大河、湖泊遭受污染，严重地影响了当地经济发展和人民生活，也影响了国家的可持续发展战略。所以，企业对维护生态平衡、保护环境有义不容辞的责任。维护生态平衡，主要是指保护自然环境和控制工业污染。

（1）严格遵守一切有关维护生态平衡的法规，减轻噪声和减少"三废"排放量，尽可能减轻对生态环境的污染。

（2）重视物质资源的开发利用，提高原材料、燃料的利用率，节约社会资源。

（3）以积极的态度与政府相配合，承担起保护环境的社会责任。

（4）用科学发展观的思想指导企业的生产、经营、管理等活动。

5. 企业对社区的社会责任

企业处在具体的社会环境之中，这就产生了企业与社会的关系问题。工商企业的员工大部分来自所在的地区；商店的顾客主要是社区居民。因此，重视社区利益是企业永恒的社会责任。

企业作为社区的居民，在社区内从事生产经营活动，凭借社区的资源、环境实现其经营目标，自然也应当尽社区的社会责任。企业要响应社区政府的号召，为公益事业做出力所能及的贡献，为社区居民承担义务，不损害社区环境、不影响社区居民的正常生活等。

6. 企业对合作者的社会责任

企业对合作者的社会责任包括：诚实守信；履行合同；平等互利等。

3.4.3　管理社会责任的构建

1. 完善企业民主管理制度

企业民主管理制度建设是民主法治社会建设的重要组成部分，企业民主管理制度的建设，离不开现代企业制度的建设与完善。产权清晰、权责明确、政企分开、管理科学，民主管理是建立现代企业制度的重要内容。现代企业制度下的企业民主管理主要有职工代表大会、厂务公开制度、职工董事制度、职工监事制度等。随着社会主义市场经济的完善，企业民主管理的方法也在发生变革，这种变革意味着企业民主管理朝着制度化、法治化的方向迈进。在当前企业民主管理制度建设中，如何确立股东大会与职工代表大会职责权限，企业法人治理结构中的员工参与职工董事制度、职工监事制度的建立，厂务公开与企业内部沟通制度的建立和完善等显得尤为重要和紧迫。

2. 消除就业歧视

和谐社会建设要求逐步建立以权利公平、机会公平、规则公平、分配公平等为主要内容的社会公平保障体系，使全体人民共享发展的成果。近年来在企业管理方面除积极进行ISO9000 标准、ISO14000 标准认证外，SA8000 体系标准认证已成为认证的热点之一。SA8000 标准中关于就业歧视方面明确规定，在涉及聘用、报酬、培训机会、升迁、解职或退休等事项上，公司不得从事基于种族、社会等级、国籍、身体残疾、性别、性取向、工会会员、政治、归属或年龄上的歧视。目前，在我国各种各样的就业歧视主要表现有：年龄歧视，很多单位设定 35 岁以下为招聘年龄的门槛，使得年龄稍大一些人员流动性难、择业难，出现了中国特有的"4050"现象；性别歧视，目前招聘市场上并不是出于职业资格的缘故而限定招聘的性别，重男轻女现象严重，形成目前就业市场上女大学生就业难和女性下岗职工再就业困难普遍存在的现象；户籍歧视，招聘中人为划定本地户口与外地户口，农村户口与城市户口被分别对待，制定了一系列排斥和禁止外来人员正常就业的歧视措施；学历歧视，招聘中不论工作性质及岗位要求，一味要求高学历，有些以岗位学历不好用为由，将研究生、博士生拒之门外。此外，疾病歧视、血型歧视、经验歧视、姓氏歧视、籍贯歧视、身高歧视、相貌歧视在不同地区、行业中不同程度存在，这些现象的产生从根本上来讲违反了我国劳动法的相关规定，是企业不负责任的表现，同当前提倡构建社会主义和谐社会的要求相距甚远。消除就业歧视，为就业者提供一个平等的机会，对于树立企业良好的社会形象及构建和谐社会都具有一定的现实意义。

3. 加强企业诚信文化建设

诚信要求社会成员应该自觉遵守社会规则、规章制度和公共秩序并按这些规范行事。企业诚信文化是整个社会诚信文化的主要组成部分，对整个社会诚信的建立起着重要的促进作用。在市场经济条件下企业作为经济活动的主体，诚信经营显得尤为关键和必要。企业诚信建立主要体现在管理诚信、市场诚信、财务诚信、技术诚信及道德诚信几个方面。企业信用的缺失，严重影响社会稳定，干扰了统一、有序、公平竞争的市场秩序，制约了经济的健康发展。当前我国企业信用缺失在很大程度上就是由于企业没有树立符合市场经济要求的诚信观，没有意识到市场经济的实质是信用经济，加之由于产权不明晰、信息不对称、政府的干预、法律环境不完善等诸多方面因素引起和导致了这种企业信用缺失的社会现象。诚信友爱的和谐社会需要企业把诚信作为社会主义精神文明建设、企业文化建设的一项重要内容，要让企业的员工懂得以诚信为本是企业的经营之道，要把企业诚信看作是企业对社会的一种责任，一种义务。依靠诚信文化建设，促进诚信经营，树立企业良好的社会形象，提升企业竞争力已成为企业发展的当务之急和重要任务。

4. 建立和谐的劳动关系

党的十六届四中全会在提出如何构建和谐社会时，第一条讲的就是"全面贯彻尊重劳动、尊重知识、尊重人才、尊重创造的方针，不断增强全社会的创造活力"，第二条讲的是"妥善协调各方面的利益关系，正确处理人民内部矛盾"。这是对劳动关系与社会和谐之间内在联系的深刻阐述与准确把握。从一定意义上说，劳动关系是现代社会是否和谐的晴雨表、风向标。劳动关系稳定是社会和谐的基础与前提，而社会和谐又是劳动关系稳定的体现与保证。劳动关系动荡之日，就是社会不和谐之时。苏联、东欧剧变无不是从劳动关系发端的，教训极为深刻。提高构建和谐社会的能力，首先应表现为协调稳定劳动关系的能力。在我国企业劳动关系基本状况表现在企业多种所有制劳动关系并存格局已经形成，企业劳动合同和集体合同制得到大力推行，企业工资收入分配制度改革进一步完善，全国已有许多地区确定了最低工资保障制度，劳动关系协调机制初步建立。当然中国企业劳动关系也存在很多问题，如国企改制中产生大量下岗职工，造成社会就业压力大；拖欠民工工资问题依然严峻，劳动关系紧张。企业经营者对建立良好的劳动关系重视不够，产权不清，责任不明，或过多地考虑企业利益而忽视了职工的劳动分配或不顾国家利益而发工资、奖金等等。在当前，规范企业用工行为，保障劳动者合法权益显得尤为重要。

5. 加强职业安全与健康

生产力要素中，人是最活跃也是最具决定性的因素，劳动者的健康是创造财富的基本条件，也是社会进步与发展的基本要求。职业安全健康是以保障职工在职业活动过程中的安全与健康为目的的，在法律、技术、设备、组织制度和教育等方面采取相应措施也是十分必要的。OHSAS18000 将职业安全健康定义为：影响场所内员工、临时工、合同工、外来人员和其他人员安全和健康的条件和因素。SA8000 对企业在职业安全健康方面的责任提出了较完善的要求。如企业应该提供一个健康与安全的工作环境，并采取适当措施，在可能条件下最大限度地降低工作环境中的危害隐患，以避免在工作中发生事故而危害健康。近来年，伴随着经济高速增长的同时，各种危害职工安全与健康的事件有增无减，影响越来越大，其背后的根源在于企业只注重经济利益，忽视企业社会责任制度的建立，尤其是在职业安全与健康方面表现得更为突出。加强职业安全与健康，不仅仅是 SA8000 标准的要求，更是企业长期发展和社会健康稳定发展的需要。

6. 创建企业可持续发展战略

可持续发展的核心是改变不可持续的生产方式和浪费型的消费模式，建立新的有利于环境保护的资源节约型生产方式和消费模式。随着人们对环境问题的关注和对绿色产品的认同，产品的环境指标、环境标志、生命周期评价等已成为企业和产品竞争力的重要因素，环境质量已经变成企业利润的一个新的重要来源。企业新的竞争优势已经开始体现在绿色企业形象、清洁生产、产品的处理和再利用等与生态和环境保护、资源有效利用等一系列体现可持续发展原则的技术开发与管理方面。对于企业来讲，将可持续发展意识纳入企业发展战略和管理过程是现实的要求。在战略选择上，企业必须从"不得做什么"转向"应该做什么"，应该认识到推进可持续发展的过程中，企业并不仅仅是付出，或被动地控制污染，为环境保护尽义务，而应该主动地选择清洁生产和环境无害化技术和工艺，最终达到降低成本、提高企业素质和现代化管理水平、增强企业竞争力的目的。在管理过程中管理粗糙、经营方式粗放是造成企业污染严重的重要原因，应当将可持续发展战略的思想纳入企业的生产管理、质量管理和营销管理等各个方面，建立科学合理的清洁生产管理制度。有人预言可持续发展必将成为 21 世纪新的经济增长点，发达国家一些企业的实践也表明经济增长与环境保护的目标是可以兼容相互促进的。

构建和谐社会需要企业承担相应的社会责任，通过企业民主管理制度的完善，消除就业歧视，加强企业诚信文化建设，建立和谐的劳动关系，创建企业可持续发展战略，促进企业社会责任体系的建设，这些是构建和谐社会对企业的必然要求。

小　　结

1. 道德是依靠社会舆论、传统习惯、教育和人的信念的力量去调整人与人、人与物、人与社会以及人与自然之间关系的一种特殊的且被普遍接受的行为规范和准则，同时也是规定行为是非的惯例和原则。管理道德作为一种特殊的职业道德，是组织中从事管理工作的管理者的行为准则与规范的总和，是特殊的职业道德规范，是对管理者提出的要求。

2. 管理道德的内容主要包括：组织管理目标的道德性；实现组织管理目标的手段的道德性；人际关系管理的道德性；人事管理的道德性；财物管理的道德性。管理道德的影响因素主要包括影响组织的管理道德因素；影响管理主体的伦理道德因素；其他影响因素。

3. 管理道德的培育与改善包括管理道德的培育与管理道德的改善两个方面。

4. 管理的社会责任是指管理主体确保组织履行相应的社会义务，实现良性互动发展的相关制度安排与组织建设。建立组织社会责任管理体系是事关组织的远景、使命、文化、发展战略的重大任务。

5. 企业社会责任的主要内容包括企业对政府的社会责任、企业对职工的社会责任、企业对消费者的社会责任、企业对生态环境的社会责任、企业对社区的社会责任、企业对合作者的社会责任。

6. 管理社会责任的构建主要包括消除就业歧视、加强企业诚信文化建设、建立和谐的劳动关系、加强职业安全与健康、创建企业可持续发展战略等方面。

▶▶ 课堂讨论

1. 结合身边的例子,谈一谈你对企业管理道德和社会责任的理解。

2. 结合现实讨论一下三鹿奶粉事件、河南瘦肉精事件与企业伦理道德有怎样的联系? 给我们什么样的警示?

▶▶ 业务自测

一、单项选择题

1. 道德引入企业管理,引发了理论上的诸多争议,以下(　　)不属于争议范畴。

　　A. 主张企业具有人格特征,能够进行道德褒贬

　　B. 企业是法律实体,无须考虑法律之外的社会责任

　　C. 企业内在追求是利润而非道德

　　D. 道德与企业管理存在正相关关系

2. 社会责任的历史起源,对企业管理者的重要启示有(　　)。

　　A. 企业天然是追求利润,而不担负服务于国家和社会的重任

　　B. 企业履行社会责任,更多的是内化为企业的额外成本

　　C. 企业利益实质上内含在国家和社会利益之中,应保持同步

　　D. 企业对社会责任的承担,更多的是依据企业自身实力来确定

3. 以下(　　)企业管理行为不属于社会责任所涉及的内容。

　　A. 公开披露的企业财务信息,准确可靠

　　B. 重视对企业员工的精神和物质激励

　　C. 面临自然灾害带来的破坏,倡导企业的所有人员参与支持

　　D. 加强企业产品研发,提高产品的市场占有率

4. 以下(　　)行为属于企业追求社会经济责任的路径。

　　A. 提供更多的就业机会,给予更多的职业培训机会

　　B. 提供科学的安保产品,维护员工的身心健康

　　C. 执行行业规范、行业标准和行业的道德准则

　　D. 维护企业所有者对企业管理效率的监督

二、简答题

1. 什么是管理道德?

2. 管理道德经历了哪几个发展阶段? 它的具体内容是什么?

3. 管理道德有何特点?

4. 什么是管理的社会责任?

5. 管理的社会责任有哪些?

三、论述题

1. 如何建设和改善企业管理的伦理道德？
2. 如何激励企业承担其社会责任？

▶ 案例分析

瘦肉精事件

河南省孟州市等地养猪场采用违禁动物药品"瘦肉精"饲养生猪，有毒猪肉流入著名企业——双汇食品有限公司。事件经相关媒体曝光后，引发广泛关注和激烈争论。2011年3月25日，相关记者从"瘦肉精"事件国务院联合工作组获悉，河南"瘦肉精"事件所涉案件调查取得重要突破，截至目前，肇事"瘦肉精"来源基本查明，并发现3个"瘦肉精"制造窝点。

"瘦肉精"这个多年屡禁不绝的餐桌"毒瘤"，地下链条是怎样秘密生成的呢？随着河南公安机关侦破"瘦肉精"案件，一条完整的"瘦肉精"地下产业链条浮出水面。2011年3月15日，河南"瘦肉精"事件发生后，为查清"瘦肉精"的生产、销售源头，河南省公安厅迅速确定了"追上线、查网络、端窝点、打源头"的案件主攻方向。通过层层"倒追"，公安机关发现，湖北襄阳籍刘某为制造"瘦肉精"的最大嫌疑人。

据刘某交代，他曾在江苏常州一家药厂担任技术人员，其间结识了同厂做药品销售的奚某。2007年，曾销售过平喘药盐酸克伦特罗的奚某告诉刘某，有人想要盐酸克伦特罗用于养殖，如果能研制生产出来，可以获得高额利润。

2007年4月底，利用奚某提供的资金，刘某回到老家襄阳，找到南漳县九集镇八泉村的一个民营化工企业负责人，称可以合作开发化工产品二氯盐酸，并提出与该企业进行合作的意向。随后，双方即达成租赁经营协议，刘某利用厂里的实验室和自购的设备，开始秘密研制盐酸克伦特罗。为刘某打开销路的正是其合伙人江苏常州的奚某和下线销售人员河南郑州的陈某、洛阳的肖某等人。

2007年底，刘某在不掌握地下销售渠道的情况下，开始陆续把生产出的盐酸克伦特罗交给奚某，然后由奚某负责外销给河南郑州的陈某和洛阳的肖某，2008年刘某自己开始直接给陈某和肖某"发货"。

据刘某交代，"他们只需要电话通知我需要'几个'、什么时间发货就可以了"。由于是违法犯罪活动，上下线制售人员间都以电话单线联系，几乎从不见面，联系中也从不提及"瘦肉精"一词，一般以"一个"代表"一公斤"的电话暗号商定所需数量，然后通过物流公司以"添加剂"的名义向外"发货"，而收货人直接按"行内价格"将资金汇入指定账户即可完成交易。据介绍，陈某等人从刘某处"接货"后，除少数就地转手给次级分销人员赚取差价外，一般会按照30到35倍的比例在盐酸克伦特罗原粉中加入淀粉等添加剂，再次包装后销售给次级分销人员或养殖户。

经公安机关审讯，"瘦肉精"案中的非法制售网络基本查清为：加工源头（刘某和奚某于湖北襄阳合谋研制生产）→主要销售窝点（陈某和肖某）→次级分销窝点（不法兽药店主和生猪购销人）→"瘦肉精"使用者（生猪饲养户）→加精猪流向地（屠宰点和肉制品加工厂）。

处于链条最顶端的刘某称，出厂的盐酸克伦特罗呈粉末状，由于纯度很高，被称作原粉，出售价格一般为 2000 元/公斤，扣除原料、人力、厂房租金等成本后，每公斤还有 600 至 700 元的生产利润。而主要销售人员陈某和肖某"接货"后，要么以 4000 元/公斤的价格转手给下线人员，要么添加淀粉等物质稀释后，再以每公斤 200 多元的价格卖给下线销售人员或者养殖户。"转手的次数越多，'瘦肉精'的纯度就会越低"，而每公斤的销售利润也会从数千元到上万元不等。"在郑州市陈某的亲戚家，现场查获的未转移现金就高达 30 多万元。"警方人员说。

处于链条次末端的生猪养殖户拿到稀释后的"瘦肉精"，由于纯度不同，价格也会从每公斤 200 元到 300 元不等。饲料中有了这样的"添加物"，就能饲喂出高瘦肉率的生猪，以每头生猪 100 公斤计算，每头猪能多赚 40 到 60 元，对于每头生猪 80 到 100 元的正常利润而言，算是一笔不小的额外收入。而为了迎合"挑肥拣瘦"的市场需求，屠宰点和肉制品加工厂也更愿意以微小的边际收购成本增加其收购生猪的瘦肉率，从而在市场竞争和经济收益上占得先机。

自从央视曝光"瘦肉精事件"以来，食品安全再次成为整个社会关注的焦点。由于此事件性质恶劣且影响巨大，这也引起了欧足联的注意。2011 年 4 月 10 日，欧足联在其官方网站上对球员发出警告，告诫球员们前赴中国和墨西哥时，要注意食品来源，避免误食含有瘦肉精的食品，从而引起药检不合格。瘦肉精中含有一类叫做 β-兴奋剂（β-agonist）的药物，球员如果误食含瘦肉精的猪肉有可能导致药检不合格。2011 年 3 月，央视曝光了河南部分养猪户添加违禁药瘦肉精的事件，在中国引起了巨大影响。无独有偶，墨西哥的瘦肉精事件也层出不穷，2007 年该国甚至有 200 余人因食用含瘦肉精的猪肉中毒住院治疗。由于 2011 年 6 月 18 日到 7 月 10 日将在墨西哥举行 U17 世界杯，该国的食品安全引起了德国国家反兴奋剂机构（NADA）的担心。

请分析：

1. 瘦肉精事件给我们什么样的启示和警醒，政府、企业和社会应该承担什么样的责任？

2. 食品生产企业应该如何构建和改善管理道德，其做法对生产经营管理有何重大意义？

3. 食品生产企业应当承担哪些的社会责任，意义何在？

▶▶ 实训建议

在班级组织一次关于管理道德与社会责任的大讨论。

任务4 计 划

1. 了解计划的类型，理解计划职能的内容；
2. 掌握计划的类型、编制计划的过程；
3. 理解目标管理的实质与特点，掌握目标管理的步骤与方法；
4. 掌握编制计划的方法。

在一个组织中，计划工作是管理的基础性职能，其他工作都只有在确定了目标、制订了计划以后才能展开，并将围绕着计划的变化而变化。但在我国的管理实践中，计划工作普遍不受重视，致使各项工作缺乏明确的目标，短期行为严重，结果不确定程度较大。

个体户小赵得知近来某高档啤酒销售的差价利润丰厚，就托关系以预付30％款项的方式从厂家批发了5000箱啤酒。同时招一批临时工以每瓶2角回扣的报酬组织促销队伍，并安排饮食店和宾馆代销。但因促销不力，2000箱啤酒积压在库房。小赵的爱人骂他做事没有计划，小赵感到很委屈。你认为小赵有计划吗？从管理学上来说，如何界定"计划"呢？

4.1 计划及其性质

4.1.1 计划

1. 计划的含义

所谓计划，就是对未来活动的具体运筹谋划，计划工作是全部管理职能中最基本的一个职能，甚至有人认为计划职能是管理的首要职能，计划工作的成败关系到组织的发展方向，乃至一个国家的命运。计划就是以行动为目的对于可以预见的将来规定一种有条理的打算。也就是说，计划就是将本组织的各种活动，配合未来的目标加以统一进而对本组织的目的作具体化的规定。计划工作既包括选定目标，也包括实现这些目标的途径。

从狭义来讲，可以说计划是一种管理文件，是指组织在未来一定时期中，用文字和指标等具体形式表达的，关于组织成员的行动方针、行动目标、行动内容及行动安排的管理文件。从广义来讲，计划可以泛指计划工作或计划职能。计划是人们为了实现一定目标而制订的未来行动方案。

2. 计划工作

计划工作是管理的一项基本职能。计划工作的过程是贯彻执行组织所确定的目标任务的具体实践过程。

计划工作作为管理的一项基本职能，是 20 世纪初期作为古典管理学派的主要代表人物之一的法国管理学家亨利·法约尔（1841～1915 年）最先提出来的。法约尔在 1916 年发表的《工业管理与一般管理》一书中首次提出了著名的企业管理五种职能，即计划、组织、指挥、协调、控制。他指出，计划是规划未来，确定目标，以及提出实现目标的途径和方法的一种管理活动。他说："管理应当预见未来。"这个格言使人们对工商企业的计划工作的重要性有所理解。

哈罗德·孔茨在《管理学精华》一书中指出，计划工作就是预先决定做什么，如何做和谁去做。他说，计划工作是一座桥梁，它把我们从所处的这岸和我们要去的对岸连接起来。

我国的企业把计划看做是企业经营思想、经营方针、经营目标、经营决策和经营策略的具体化，是统率企业人、财、物，供、产、销各项生产技术和经济活动的龙头，是统一企业全体员工行为的行动纲领。

综上所述，我们认为，从广义来看所谓计划，是指管理的一项基本职能。就是通过调查预测，制定出组织的目标和实现目标的行动方案，统一组织各个部门、各级单位与各类人员的思想和行为，以实现组织目标的一种管理活动。

3. 计划职能

计划作为名词，是指计划工作的结果。计划作为动词，是指计划工作的活动过程。计划职能也称计划工作，是对组织的未来进行规划和安排，其任务是在预测未来发展趋势的基础上，对组织在未来一定时期应达成的目标和如何最有效地实现该目标的途径作出决策，并把决策具体化为行动方案。也就是预测未来，确定目标，并制定行动措施和步骤的活动过程。即"做正确的事"和"正确地做事"。决定做什么（what，目标），为什么要做（why），确定何时做（when），何地做（where），谁做（who，执行者或部门）和如何做（how）。列宁："任何计划都是尺度、准则、灯塔、路标"。计划职能是一座桥梁，它将我们所处的此岸，同我们要去的彼岸连接起来了，以克服这一天堑。有了这座桥，本来不会发生的事，现在就可能发生了。

4. 对计划的误解

不准确的计划会浪费管理者的时间。结果只是计划的目的之一，计划的价值也在于过程。

计划可以消除变化。其实计划不能消除变化，计划的目的在于预测变化并制定有效的应对策略。

计划降低灵活性。其实计划是一个持续进行的活动，随外界环境变化而进行修正。

4.1.2 计划的性质

1. 计划的特点

（1）目的性。任何组织或个人制定计划都是为了有效地达到某种目标。在计划工作过程的最初阶段，制定具体的明确的目标是其首要任务，其后的所有工作都是围绕目标进行的。

（2）主导性。计划在管理职能中处于首要地位，这主要是由于管理过程当中的其他职能都是为了支持、保证目标的实现。因此这些职能只有在计划确定了目标之后才能进行。因为只有在明确目标之后才能确定合适的组织结构，下级的任务和权力，伴随权力的责任，以及怎样控制组织和个人的行为不偏离计划等等。

（3）普遍性。制定计划是各级主管人员的共同职责。各级管理人员所制定的计划的范围、内容因级别不同而各异。高层管理人员制定组织的总体计划，把握全局方向和目标；中层管理人员制定部门计划，诸如财务计划、市场计划、人事计划等，确定在整体目标实现过程中，各部门自身的具体目标；而基层管理人员则要制定具体的作业计划，以配合生产计划的最终实现。

（4）创造性。是针对需要解决的新问题和可能发生的新变化、新机会作出有创新的计划。

（5）经济性。计划的经济效益可用计划的效率来衡量。计划效率是指制定计划与执行计划时所有的产出与所有的投入之比。在制定计划时，要好好考虑计划的效率，不但要考虑经济方面的利益和耗损，还要考虑非经济方面的利益和耗损。

2. 计划职能的特点

（1）目的性。各种计划及其所有支撑性计划，应当有助于完成组织的目的和目标。计划职能使得今后的行动集中于组织的目的和目标。

（2）首要性。计划职能处在所有其他各项管理职能的实施之前。计划职能渗透到其他各项职能之中。管理者只有在制定计划后，才知道他们需要什么样的组织关系和人员素质，按照什么方针去领导下属工作，以及采取什么样的控制。计划职能与其他职能的联系如图 4.1 所示。

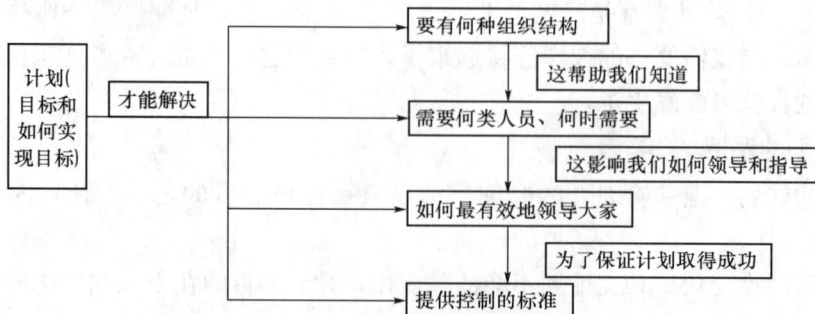

图 4.1 计划职能与其他职能的联系

（3）普遍性。计划职能是组织中全体管理者（manager）的一项职能。由于管理者所拥有的职权或在组织中的地位不同，要做的计划工作的范围、重要性也不同。

（4）效率性。计划工作的效率是指通过计划实现目标所获得的利益同制定和实施该计划所付出的费用和其他因素之和的比率，即制定、实施计划的所有产出与投入之比。在衡量代价时，不仅用时间、金钱或者生产来衡量，而且还要衡量个人和集体的满意程度。

4.1.3　计划的要素

1. "5W1H" 计划的内容

What：做什么，活动和内容。

Why：为什么，原因和目的。

When：在什么时候做。

Where：什么地方。

Who：谁去做，人员安排。

How：怎么做，手段和方法。

2. 要求

（1）计划应当具有明确的目标。

（2）计划必须先于其他各项管理活动而展开。

（3）计划必须是准备付诸实施的、切实可行的方案。

（4）计划必须在总体上提高管理效益。

4.2　计划的类型及其编制

4.2.1　计划分类

由于人类活动的复杂性与多元性，计划的种类也变得十分复杂和多样。计划按不同的标准可分为很多种类型，常见的划分标准主要有以下几种。

1. 按计划的期限（时间跨度）来划分

表 4.1　按计划的期限分类

类型	期限	主要特点
长期计划	5 年以上	长远目标和发展方向（规划），如何实现（途径），属于战略性计划
中期计划	1～5 年	长期计划的具体化，年度计划，以时间为核心
短期计划	1 年以内	中期计划的具体化，为实现组织的短期目标服务。属于执行性计划

长期、中期和短期计划是相互补充、相互支持与相互制约的，问题在于要使各种计划的时间跨度能达到和谐协调。如采用滚动计划法，每年（季、月）都根据外部环境中的情况变化来对其进行相应的"升级"和调整。

2. 按计划范围覆盖面来划分

表 4. 2　按计划范围覆盖面分类

类型	制定者	主要特点
战略计划	高层	计划具有长期（远）性、全局性和指导性。决定了相当长的时间内组织资源的运动方向
施政（战术）计划	中层	战略的具体化（如何贯彻和执行战略计划）。按年度拟订
作业（业务）计划	基层	施政计划的具体化。属短期计划。分解指标并落实到每一个部门、人员

3. 按计划的对象来划分

（1）综合计划。综合计划是指对组织活动所做出的整体安排，一般具有多个分目标和多方面内容。

（2）局部计划。局部计划是指受限于指定范围的计划。包括各种职能部门制定的职能计划，还包括执行计划部门制定的本部门计划等。局部计划是在综合计划的基础上制定的。

（3）项目计划。项目计划又称专题计划，是指为完成某一特定任务而拟定的计划。

4. 按明确性来划分

按明确性可将计划分为具体性计划（specific plans）与指导性计划（directional plans）。

具体性计划是指具有明确的目标，不存在模棱两可、没有容易引起误解的问题的计划。具体性计划具有非常明确的目标和措施，具有很强的可操作性，一般由基层制定。指导性计划只规定某些一般的方针和行动原则，给予行动者较大自由处置权，它指出重点但不把行动者限定在具体的目标上或特定的行动方案上。相对于指导性计划而言，具体性计划虽然更易于执行、考核及控制，但是缺少灵活性，它要求的明确性和可预见性条件往往很难满足。

例如一个增加利润的具体性计划，可能具体规定在未来 6 个月中，成本要降低 4%，销售额增加 6%；而指导性计划也许只提出未来 6 个月使利润增加 5%～10%。显然，指导性计划具有内在的灵活性，具体计划则更具有明确性。

5. 按管理者的层次来划分

（1）高级层次——决策人员。高级层次主要负责制定组织的战略计划，即组织的未来发展的方向、目标，编制组织的长期计划、预算方案，制定实施方案的政策、准则，控制组织的人事管理等。高级层次是计划工作的核心，他们决定着组织的发展方向，直接关系到计划工作的水平、质量和成败。

（2）中级阶层——指挥人员。中级阶层主要负责组织策略计划、负责计划实行过程中的全面指挥工作，包括：如何实现已经确定的目标；需要些什么样的一般资源和设备；什么时候实行经过批准的方案；应该在什么地方对一些重要活动加以协调；什么人对哪些业务进行监督。

（3）基级阶层——监督人员。基级阶层专门管本部门的业务工作计划，包括：个人工作安排，工作布置；要求有一些什么样的具体日程：什么时候？什么地方？要求有一些什么样的部门设备？如何对职工工作指示和进行激励；进度报告和必要的改正措施；为了完成所分配的任务而需要进行的调整。

总之，计划工作的三大层次，共同构成了计划职能的管理者，高层决策人员是计划工作的核心，中层指挥人员和基层监督人员是辅助，帮助高层决策人员制定战略计划，具体负责指挥、实施、监督计划的执行，三者密不可分，共同实现组织的计划职能。

6. 按计划的表现形式来划分

哈罗德·孔茨和海因·韦里克按不同的表现形式，从抽象到具体，将计划分为一个层次体系：使命、目标、战略、政策、程序、规则、规划和预算等，如图 4.2 所示。从它们的分类，我们可以理解，计划是多种多样的。

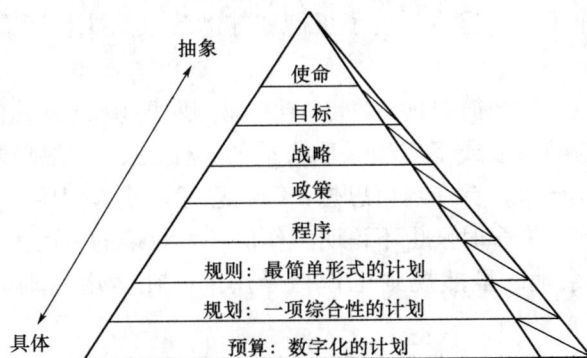

图 4.2　计划的形式

（1）使命（或宗旨）。使命表明了该组织能在社会上得以存在的原因，它支配了组织中将要发生或应发生的一切，是一类组织区别于另一类组织的标志。

回答组织是干什么的？应当干什么？

杜邦公司：通过化学方法生产更好的产品。

沃尔玛公司：我们为您而工作。

IBM 公司：适应企业界解决问题的需要。

壳牌石油公司：满足人类的能源需要。

AT&T 公司：我们致力于成为方便人们沟通的世界最佳者——为他们提供其所需要的互相联系、获得信息与服务的方便途径——任何时间、任何地点。

格兰仕：努力，让顾客感动。

（2）目标。组织的使命是一个组织最基本的目的，需要通过目标的具体化才能成为行动的指南。一定时期的目标（objectives）或各项具体目标（goals）是指活动所针对的最终结果（在计划期内所追求的结果）。目标是计划的重要表现形式。

（3）战略。战略的目的是通过一系列的主要目标和政策，去决定和传达指望成为什么样的组织的前景。战略并不确切地概述组织怎样去完成它的目标，只提供指导思想和行动的框架。要深入研究所进入的领域，要有明确的战略观点。例如：企业必须决定经营何种业务，增长目标是什么，期望的盈利能力是多大。

企业总体战略（企业应当选择哪类经营业务，进入哪些领域）主要有：多元化战略、一体化战略、国际化战略、密集性战略、购并战略等。

企业经营战略（经营单位战略或竞争战略，如何在所选定的领域与竞争对手展开有效的竞争）主要有：3种基本的竞争战略——成本领先、差异化和集中战略。

战略是为实现宗旨和目标服务的，同时又为政策和规划的确定提供一些基本原则。

（4）政策。政策为管理者提供了一个广泛的指导方针，指明了行动方向和界限。政策是指导决策的，允许对某些事情有酌情处理的自由，否则政策就成为"规则"了。政策的制定，要求保持一致（贯）性、相对稳定性和整体性。

（5）程序。程序是行动指南，而不是思想指南。程序规定了处理问题的例行方法、步骤，即通常所讲的办事手续。程序是为了贯彻和辅助政策的执行所需要的一种计划形式。程序常常是跨部门的。

（6）规则。规则是一种最简单的计划。详细地阐明明确的必需行动或者非必需的行动，即在某种情况下应当采取或不应当采取行动的具体规定。规则没有酌情处理的余地。规则和程序，就其性质而言，旨在约束思想，抑制思考，使人们照章办事。但规则与程序不同，不说明时间顺序，许多时候也不说明工作次序。政策的目的是要指导决策，并给管理者留有酌情处理的余地。虽然规则也作指导用，但在运用规则时，没有自行处理之权限。

（7）规划。规划是一个综合性的计划（计划的综合反映），包括目标、政策、程序、规则、任务分配、执行过程（要采取的步骤）、资源保障要求（要使用的资源）以及为完成既定行动方针所需的其他要素等。在通常情况下，规划都有预算支持。

（8）预算。预算是用数字表示预期结果或资源分配的计划，也可看成是"数字化的"计划。因为预算总是要用数字形式来表示的，所以它能促使计划工作做得更加精细。

相关链接 4-1

企业常用的计划类型

（一）中长期规划

（1）主要技术经济指标规划。产品销售收入，利润总额，全员劳动生产率，万元产值综合能耗，资产增值率，资金利税率，人均利税额等；每项指标均需列出基期预计水平，规划期每年达到水平，以及年均增长速度。

（2）主要产品产量规划。主要产品分品种、规格详列，一般应占全部产量的 60％以上，非主要产品归并在"其他"项下。注意：产品产量应与总产值大致对口。每种产品要反映基期预计水平和规划期每年的水平，有出口任务的要列出"其中出口"数。

（3）品种开发规划。该规划按产品系列和规格列出，反映每种系列、规格产品基期生产的品种数和规划期开发的品种数及水平，并按开发的类型及目的详列。规划附表反映每种产品的开发时间，特点及水平，试制费用，价格及销售量预测。

（4）技术改造规划。该规划反映每个项目的名称、内容、总投资及分年投资、预期效果等。附表反映明细项目的数量（或工程量）、费用预算及竣工时间。

（5）员工培训规划。该规划按员工类别和培训类别反映基期期末人数、应培训人数、规划期分文化教育和专业技术培训两大类的每年培训人数。附表按培训方式反映工程技术人员和经济管理人员每年的培训人数。

（6）职工工资与福利增长规划。该规划分工资、奖金、用于个人的福利费、用于集体福利设施投资、人均纯收入等项目，反映基期的预计水平，规划期每年的到达水平及年均增长速度。

（二）年度生产经营计划

（1）生产经营综合计划。该计划全面反映销售、生产、质量、劳动、消耗、成本、财务、设备、安全等九大类共 30 个指标的上年预计完成数，本年及分季计划数，增减百分比等。

（2）销售计划。该计划分产品型号和规格反映各种产品的期初库存量，已有合同量，本年及分季销售计划，期末库存量等。同时还包括销售收入，销售技术服务，销售活动及费用等内容。

（3）生产计划。该计划分产品型号和规格反映每种产品上年预计完成数，本年及分季、分月计划数，并在备注栏内注明已有合同数。同时还应反映总产值、商品产值等指标。

（4）新产品试制计划。该计划按新产品的名称、型号、规格列出，反映每种试制产品的开发类型，试制数量，年度分季进度及鉴定时间。

（5）生产技术准备计划。该计划包括年度生产技术准备综合计划，分产品的生产技术准备计划和分部门的生产技术准备计划。年度综合计划工作内容比较粗略，而分产品、分部门的计划工作内容比较详细。生产技术准备工作内容一般包括以下四个阶段：设计准备，工艺准备，生产准备，试制与鉴定。

（6）产品质量计划。该计划包括产品升级计划，质量指标计划和质量改进措施计划。升级计划反映计划期由合格品提升为一等品，一等品提升为优质品，以及达到国内先进水平和国际先进水平的产品品种；质量指标计划既包括产品质量指标，也包括工作质量指标；质量改进措施计划应明确措施项目、工作内容、预期效果、费用预算、完成期限、负责部门、配合部门等内容。

（7）物资供应计划。该计划包括物资需用量计划和物资采购计划。物资需用量计划按物资的类别、名称、型号、规格列出，再根据生产需要、技术措施需要、维修需要，计算汇总全年的需用量；物资采购计划则根据全年需用量、期初库存量、在途材料、已订合同量、期末合理库存等资料，经平衡后确定全年及分季计划。

（8）劳动工资计划。该计划按人员类别反映各类人员上年预计人数及工资总额、本年计划人数及工资总额。

（9）设备大修理计划。该计划反映每台大修理设备的型号、规格、修理复杂系数、计划工时、修理费用、停歇天数、开工日期及完工日期。

（10）成本计划。该计划包括主要产品单位成本计划、全部商品产品成本计划、生产费用计划。主要产品单位成本计划按产品的成本项目反映上年预计数、本年计划数、降低额及降低率；全部商品产品成本计划分产品列出，反映每种产品的计划产量、单位成本、总成本、比上年的降低额和降低率；生产费用计划（也称生产费用预算）按费用要素反映上年预计数和本年计划数。

（11）财务计划。该计划包括产品销售计划、利润计划、流动资金计划、专用基金计划、固定资产折旧计划、财务收支计划。利润计划设置以下项目：产品销售收入，产品销售成本，产品销售税金，产品销售利润，其他销售利润，营业外收支净额和利润总额；财务收支计划中基本业务收入与支出各有 4 个项目，而专用基金收入与支出各有 8 个项目。

（12）技术组织措施计划。该计划是为了保证年度计划和各项技术经济指标完成而必须采取的技术措施和组织措施。它反映每项措施的类别、名称、工作内容、预期效果、费用预算及来源、完成期限、负责单位、配合单位等。

（13）员工培训计划。该计划按人员的类别反映培训的人数、内容、方式、时间、负责部门及配合部门等。

（三）生产作业计划

（1）产品分阶段投入出产计划。该计划按产品型号、规格并分生产阶段，确定全年及分月的各种产品的投入量与出产量，大批大量生产类型采用在制品定额法，成批生产类型采用累计编号法，单件小批生产采用生产周期法。

（2）厂级月度生产作业计划。该计划按产品及零件组确定各车间投入与出产的批量和时间（分上、中、下旬）。

（3）车间生产计划包括：车间月份机床负荷表，该计划反映每台机床的开动班次，计划月份内按日历时间表示的负荷量；车间月份生产作业计划，该计划按产品零件将生产任务下达到班组；昼夜班作业计划，该计划按产品或零件将生产任务分配到班组和个人。

4.2.2　编制计划的原则

1. 限制因素原则（木桶原理）

在备选方案中进行选择时，人们越准确地识别并解决那些妨碍既定目标实现的限定性因素和关键性因素，也就会越能够有针对性地、有效地拟定各种行动方案。

2. 许诺原则

合理的计划工作应当包括未来的一段时间，这段时间是通过一系列的行动，尽可能准确地使投入转化为计划规定的目标所必须的时间。

3. 灵活性原则

计划要有弹性，计划中体现的灵活性越大，由于未来意外事件引起损失的危险性就越小。

4. 导向变化原则（改变航道原则）

计划的总目标不变，但实现目标的进程可以因情况的变化随时改变。

4.2.3　计划工作的步骤

任何计划工作，其工作步骤都是相同的，依次包括如下内容：估量机会；制定目标；确定计划工作的前提条件；拟定可供选择的方案；评价可供选择的方案；选择方案；制定派生计划；通过预算使计划数字化。编制计划的基本步骤如图 4.3 所示。

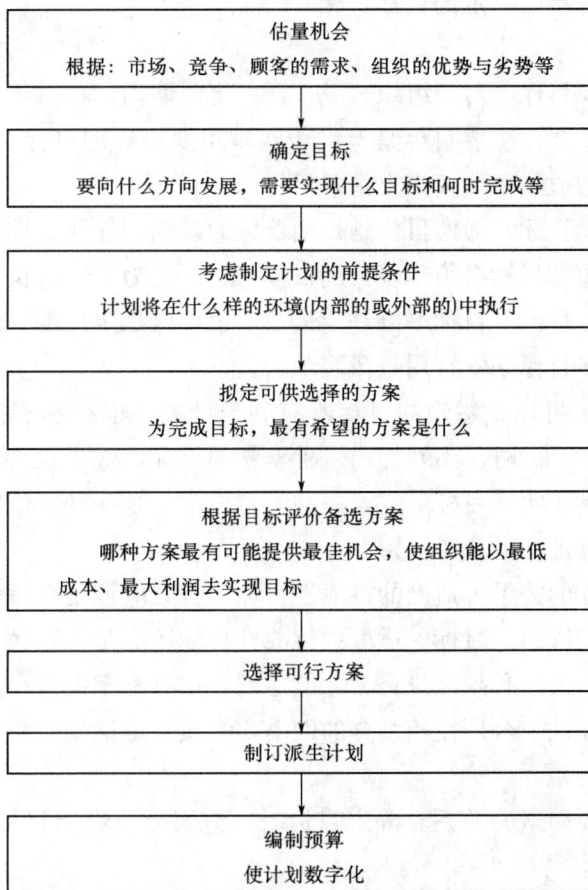

图 4.3　编制计划的基本步骤

1. 估量机会

估量机会是对将来可能出现的机会加以估计，并在清楚全面地了解这些机会的基础上，进行初步地探讨：希望解决什么问题，为什么要解决这些问题以及期望得到的是什么。企业面临的一个难题，不是能否寻找到商机，而是在令人眼花缭乱的商机面前能否找对机会，尤其是难得一遇的机会说"不"。对于那些局部的、作业性质的计划工作，往往并不需要特别复杂和综合的内外部环境分析。即使如此，也要对内部的资源与外部环境作出基本的判断。

2. 确定目标

在估量机会的基础上为组织及其所属的下级部门确定目标，即组织在一定时期内所要达到的预期效果。在该阶段，要说明基本的方针和制定战略、政策、规则、程序、规划和预算的任务，指出工作重点。

（1）组织目标的主要内容。德鲁克认为，凡是管理成功的企业，都在市场、生产力、发明创造、物质和金融资源、人力资源、利润、管理人员的行为表现及培训发展、员工的表现及社会责任方面有自己一定的目标。

（2）目标的分类。

①主要目标与次要目标。对于组织来说，在一定时期内，相对于次要目标的实现，其主要目标的实现更为重要，次要目标是有助于实现主要目标的目标。目标并非越多越好，应当尽可能减少目标的数量，尽量突出主要目标。

②长期目标与短期目标。短期目标是长期目标的基础，任何长期目标的实现必须是由近及远。另一方面，短期目标必须体现长期目标，必须是为了实现长期目标。

③定量目标与定性目标。目标可以是定量的，也可以是定性的。定量的目标更具有可考核性。但是，有许多目标是不宜用数量表示的。

④明确目标与模糊目标。明确的目标既有利于计划，也有利于控制。当不能没有目标、但又不宜规定具体目标时，不妨提出一种模糊的目标，效果也许更好。评价模糊目标是否实现的标准也不同于明确目标，它是一种满意标准，是一种价值判断。

（3）确定目标要处理好的几个关系。

①挑战性与合理性的关系。适度的挑战性目标，首先应该是合理性的目标。目标切实可行，员工经过努力能够达到目标。适度的挑战性目标还应是先进性的目标。目标应当高于一般（平均）水平，人们必须经过努力才能达到，这有利于促进个人的进步和组织及行业的发展。目标的挑战性与合理性相结合的问题，实质上是计划过程中发挥主观能动性和尊重客观规律的关系问题。

②主要因素与次要因素的关系。确定目标时，应当分清影响目标的不同因素的主次、轻重。

③抽象与具体的关系。确定的目标应尽可能明确、具体并易于考核（可衡量）。最简单的方法是使目标量化。

④上下级共同参与制定的关系。好的目标应该是自上而下与自下而上相结合确定的。此外，目标应有期限规定。

3. 确定前提

前提是指计划工作的假定条件，即执行计划时的预期环境。预期环境是靠预测得来的。由于影响组织活动的内外部环境因素很多，而且很复杂，要把一个计划的未来环境中的每个细节都作出假设是不切合实际的。计划前提的确定应该选择那些对计划工作具有关键性的、有战略意义的、对计划执行情况最有影响的因素。预测，从一般意义上讲，是指对不确定的或未明了的事物进行分析、推断与预见。

4. 确定可供选择的方案

方案类似于行动路线图，是指挥和协调组织活动的工作文件，通过它可以清楚地告诉管理者和员工：要做什么、由谁做、何时做、何处做、如何做等问题。一个计划往往同时有几个可供选择的方案，要将可供选择的方案的数量逐步减少，以便对一些最有希望、最为合理的方案进行分析。

5. 评价各种方案

按照前提和目标来权衡各种因素，以此对各个方案进行分析、比较和评价。在多数情况下，存在很多可供选择的方案，而且有很多可考虑的可变因素和限制条件，评估会极其困难。由于存在着这些复杂因素，人们借助于运筹学、数学方法和计算机技术等来评价目标方案。

6. 选择方案

选择方案就是对已有的方案进行抉择，正式通过方案，这是制定计划的关键步骤，也是作决策的紧要环节。有时可能会对两种可行方案同时采取。管理者在确定首先采取的方案的同时，可以决定把其他的可行方案作为后备方案，这样可以加大计划工作的弹性，使之更好地适应未来环境的不确定性。

7. 制定派生计划

生成的计划决策方案，是一种基本计划，还需要制订有各种派生计划。派生计划的作用是支持计划总体方案的贯彻、落实。

8. 用预算形式使计划数字化

通过数字来大体反映整个计划。预算可以成为汇总各种计划的工具，是衡量计划工作进度的重要标准。在实际的计划工作中，一定要研究每一阶段可能采取行动的可行性。如在确定目标时，必须考虑到计划的前提条件，一个将销售额增加 1 倍的目标，在预测经济将衰退的环境（计划前提）下，可能是不切合实际的。同样地，反馈也是必要的。在编制支持性计划时，可能需要重新估价和修改原先确定的全面目标。

4.3　计划的实施

4.3.1　目标管理方法

1. 目标管理的涵义

目标管理创始于 20 世纪 50 年代的美国，是以泰罗的科学管理和行为科学理论为基础形成的一套管理制度。我国企业于 20 世纪 80 年代初开始引进目标管理，现在，目标管理已成为世界上比较流行的一种企业管理制度。

目标管理的定义可以概括为：组织的最高领导层与各级管理人员共同参与制定出一定时期内经营活动所要达到的各项工作目标，然后层层落实，要求下属各部门主管人员以至每个员工根据上级制定的目标制定出自己工作的目标和相应的保证措施，形成一个目标体系，并把目标完成情况作为各部门或个人考核依据的一套管理方法。

2. 目标管理的特点

（1）目标管理强调以目标网络为基础的系统管理。目标管理首先由管理层确定一定时期的总目标，然后对总目标进行分解，层层下达，逐级展开，形成不同层次、不同要求的多个目标。这些目标之间相互关联、相互支持，形成整体的目标网络系统，从而保证组织目标的整体性和一致性。

（2）目标管理强调"自我控制"。目标管理既重视科学管理，又重视人的因素。目标管理认为，员工是愿意负责的，愿意在工作中发挥自己的聪明才智和创造力。如果我们控制的对象是一个社会组织中的"人"，则必须通过对动机的控制来实现对行为的控制。目标管理的主旨是用"自我控制管理"代替"压制性的管理"，这种"自我控制"可以激励员工尽自己最大的努力把工作做好。

（3）目标管理促使权力下放。目标管理的网络化将目标层层分解下达，这就要求各级管理人员明确自己的管理目标和管理责任。上级要根据目标的需要，授予下级部门和个人相应的权力，才能激励下级部门和个人充分发挥自己的聪明才智，保证目标的顺利实现。因此，授权是提高目标管理效果的关键，推行目标管理可以促使权力下放。

（4）目标管理注重成果。德鲁克强调，凡是其业绩影响企业组织健康成长的所有方面，都必须建立目标。由于目标管理有一套完整的目标考核体系，就能够对组织成员中的实际贡献和业绩大小进行评价，从而克服了以往凭印象、主观判断等传统的管理方式的不足。

3. 目标管理的过程

（1）目标的制定。这个阶段的主要任务是建立起相应的目标体系，并明确各自的责任。整体目标体系的制定是一个反复循环的过程。一般由高层管理者制定总目标，然后对总目标进行层层分解，最后落实到个人，这是自上而下的过程。个人及组织的各个层次和部门根据组织的目标及自身的实际情况,与上一层管理者共同制定分目标或子目标,自下而上。通过不断地反复循环,最后确定整体组织的目标体系。整个目标体系确定后,为确保目标的完成,各级管理者应与下属达成完成目标的协议,明确各自的职权、责任范围和评价目标的标准。

目标管理体系示意图如图 4.4 所示。

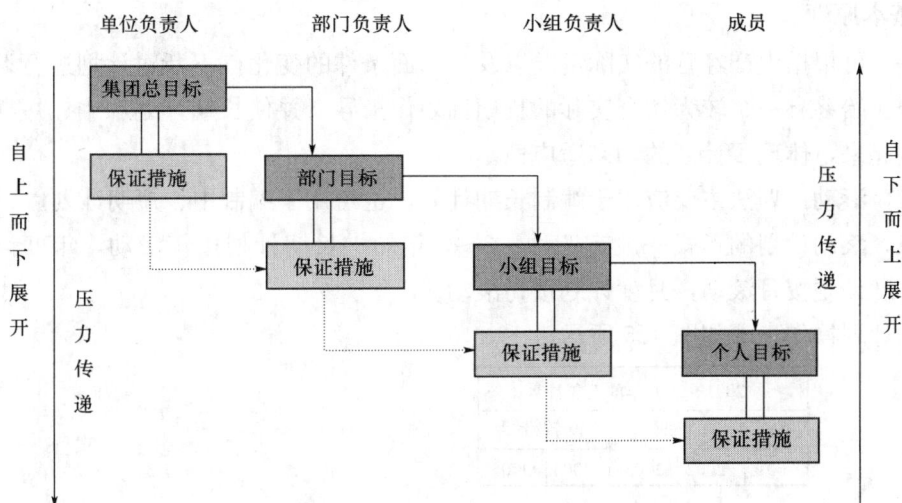

图 4.4 目标管理体系示意图

(2) 目标的落实(组织实施)。做好实施前的准备工作,建立目标责任制,强调自我控制,检查和监督,及时地反馈信息和协调。在组织实施时,高层管理者的职责要多体现在指导、协助、提出问题,提供信息以及创造良好工作环境方面,并要更多地把权力交给下级,充分依据下级的自我控制完成目标。

(3) 目标成果的评价(考评与反馈)。为了客观地评价目标的完成情况,应建立统一的评价标准,根据所建立的评价标准来评价各层次、各部门和员工个人目标的完成情况,根据评价的结果,确定奖惩,以激励员工,并为下一个目标管理的循环打下良好的基础和创造必要的条件。对各层次、各部门和个人的目标完成情况,采取定期检查、考核的办法是较有效的手段。检查的方法可以多样化,如采用自检、互检、责成专门的部门进行检查或评比、竞赛等形式。

4. 目标管理的优缺点

(1) 目标管理的优点。组织的目标与任务明确,有助于改进管理,有助于提高士气,有利于信息沟通,建立良好的组织关系,有利于控制和业绩评估。

(2) 目标管理的缺陷。缺乏高层管理者的承诺、参与和全力支持;目标设置较困难;短期目标与长期目标的冲突;容易造成对非数量目标的忽视;绩效衡量困难,兑现奖惩不易;缺乏灵活性。

4.3.2　滚动计划法

滚动计划法是一种定期修订未来计划的方法。滚动计划法是按照"近细远粗"的原则制定一定时期内的计划，然后按照计划的执行情况和环境变化，调整和修订未来的计划，并逐期向后移动，把短期计划和中期计划结合起来的一种计划方法。

1. 基本原理

第一，可根据生产经营的实际情况以及各方面条件的变化，不断对计划进行调整和修改，使企业始终有一个较为切合实际的长期计划作指导，并使长期计划和中、短期计划紧密地衔接起来，体现了计划的动态适应性。

第二，滚动计划法主要应用于编制长期计划，也可用于编制中、短期计划。

第三，滚动计划的形式一般有四种：3～5 年的中长期计划按年滚动，年度计划按季滚动，季度计划按月滚动，月度计划按旬滚动。

滚动计划操作步骤如图 4.5 所示。

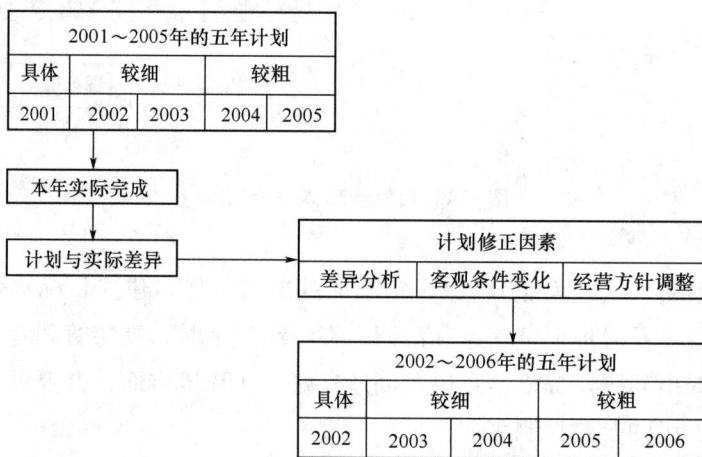

2001～2005年的五年计划				
具体	较细		较粗	
2001	2002	2003	2004	2005

本年实际完成

计划与实际差异

计划修正因素		
差异分析	客观条件变化	经营方针调整

2002～2006年的五年计划				
具体	较细		较粗	
2002	2003	2004	2005	2006

图 4.5　滚动计划操作步骤

2. 计划文书的构成

表 4.3　计划文书的构成

部　分	内　容	说　明
1. 计划导入	（1）封面	计划书的脸面，应充满魅力
	（2）前言	表明计划者的动机及计划者的态度
	（3）目录	计划书的目录
2. 计划概要	（4）计划概要	概述计划书的整体思路与内容
3. 计划背景	（5）现状分析	明确计划的出发点，说明计划的必要性及其前提
4. 计划意图	（6）目的、目标设定	确定计划的目的、目标，说明计划的意义

（续表）

部 分	内 容	说 明
5. 计划方针	（7）概念的形成	明确计划的方向、原则，规定计划的内容
6. 计划构想	（8）确定实施策略的结构	明确计划实施的结构及其组织保证，提高计划的效果
	（9）具体实施计划	计划的具体内容，将实现目标的方法具体化
7. 计划设计	（10）确定实施计划	实施计划所需时间、费用、售货员及其他资源；预测计划可能获得的效果
8. 附录	（11）参考资料	附加的与计划相关的资料，增加计划的可信度

3. 滚动计划的特点

第一，计划分为若干执行期，近期计划详细具体，是具体实施的部分；远期计划则较粗略笼统，是准备实施部分。

第二，计划执行一定时期，就调整、修订，并向前延续一个执行期。

第三，将计划工作看成是一种不间断的运动，使整个计划处于适时的变化和发展之中，提高了计划的灵活性和动态适应性。

4.3.3 PERT 网络分析法

1. 基本原理

PERT 也称网络计划技术，以网络图为基础，通过分析、计算，反映整个工程或项目的全貌，找出对全局有影响的关键工序（活动）和关键路线，制订出最优网络计划，并实施管理的统筹技术和方法。它将研究与开发的规划、项目的实施和控制过程作为一个系统来看待，对整个系统进行统筹规划，并分别轻重缓急进行协调。以期合理有效地利用资源，用最小的劳动消耗，达到整个系统的预定目标。向关键路线要时间，向非关键路线要资源。利用时间差，不断改善网络计划，求得工期、资源与成本的综合优化方案。与传统计划方法相比，具有系统性、协调性、动态性和可控性的特点。PERT 应用范围很大，适用于按期组织的单件小批量生产活动，尤其适用于一次性的大型生产或工程项目。工程规模越大，项目越多、越复杂，应用 PERT 也就越显其成效。

2. 网络图的构成

活动（也称作业、工序）是指完成整个任务需要耗费一定资源和时间的各项具体活动过程。一般用箭线"→"表示，箭尾表示活动开始，箭头表示活动结束，箭线上面注明活动名称或代码，下面注明活动所需时间等。虚活动：既不占用时间，也不耗费资源，只起前后活动的衔接作用。用虚箭线表示。

事件（也称节点或结点）是指前项活动的结束和后项活动开始的衔接点，或活动的开工/完工的瞬间，不占用时间、空间，也不消耗任何资源。用"○"（圈中标明序号）表示。两个相邻的事件之间只能有一条箭线（活动）。每项活动只能用两个事件连接，以表明活动从开工到完工。

路线是指从起点事件开始，沿着箭线所指方向、连续不断地到达终点事件为止的，由箭线和圆圈组成的通道。网络图中不允许出现"回路"。路线的长度等于路线上各活动长度之和，即各活动所耗费时间之和。关键路线是网络图中所有路线中长度最长的那条路线，它的完成时间决定着整个任务的总完工期，各活动的提前或推迟都直接影响整个任务的总完工期。其上活动称为关键活动，一般用双线或粗线标出。网络图中可有一条以上的关键路线。掌握和控制关键路线是网络技术的精华之所在。

4.3.4 综合平衡法

综合平衡法是编制计划的基本方法。平衡是指企业经营活动中各个局部、各个环节、各种要素和各种指标之间的平衡。综合平衡就是利用这些平衡关系来确定计划指标。正是由于综合平衡法利用了各种要素和指标间的平衡关系，所以制定的计划指标具有科学性和可行性。

下面以商品流转计划中进、销、存指标的确定来说明综合平衡方法在编制计划中的应用。

商品流转计划是反映流通企业经营规模的主要计划。商品流转计划的指标体系由购进指标、销售指标和库存指标构成，它们之间存在如下的平衡关系：

$$计划购进量＋期初库存量＝计划期销售量＋期末库存量$$

式中，期初库存量实际是报告期期末库存量，它由计划编制时的实际库存量加上在途商品和报告期剩余时间内的预计购进量减去预计销售量构成。它可看成是已知的。在商品流转计划中，销售指标是指标体系的核心，因为只有销售指标实现了，企业的经营规模才算达到，企业的利润目标才有可能实现。因此，根据上述平衡关系式，编制商品流转计划时，要以销售量来安排购进量和库存量。

销售量指标应通过市场预测、盈亏分析和内部经营能力的分析确定。有关销售量的预测和盈亏分析方法在其他课程中已有详细讨论，本书不再赘述。内部能力分析实际也是内部经营要素与经营规模的一种平衡。这一平衡使制定出来的销售指标具有较好的可行性。

期末库存量根据库存控制的原理确定。根据库存控制原理，合理库存量与销售速率、进货周期、有关物流费用以及库存控制策略有关。在销售量指标已定的情况下，销售速率是可以测算出来的。进货周期和物流费用可由历史数据统计分析得到。然后按照一定的库存控制模型和控制策略可求得经济订货批量和合理库存量。这里应该说明的是，库存控制模型求得的只是一个经济订货批量，在进货和销售规律一定的情况下，订货批量对库存量的大小起着决定性的作用。库存量，由于它随进货和销售活动的进行而不断变化，所以反映静止状态的合理库存量实际是不存在的，只能用最高库存量、最低库存量或平均库存量来表示。但由于一个企业经营的商品往往有很多品种，各种商品进货和销售的状态并不完全一致。因此，从总体上看，库存量的波动并不大，这就产生了一种静止的合理库存的概念。我们可以将它理解为一种平均库存量。

根据以上分析，计划期的商品购进指标即可由上述的平衡关系式求得。

4.3.5　甘特图法

1. 甘特图法含义

甘特图是泰罗的追随者亨利·甘特发明的。甘特图法是以发明者的名字命名的，又名线条图、展开图、横线工作法，实际上是一种常用的日程工作计划进度图表。它基本上是一种线条图，纵轴展示计划项目，横轴展示时间刻度，线条表示计划完成的活动和实际的活动完成情况。

2. 甘特图的优点

甘特图很直观地说明了任务计划在什么时候进行，以及实际进展与计划要求的对比。它虽然简单但却是一种常用、重要的计划工具。

4.3.6　PDCA 计划循环法（戴明循环管理法）

PDCA 计划循环法是指任何一项工作均要先有个计划（plan），然后按照计划的规定去执行（do）、检查（check）和总结（action）这个过程周而复始，不断循环前进，并进一步地提高水平。

PDCA 计划循环法工作程序如下：

（1）制定计划（P）。提出工作设想，收集有关资料，进行调查和预测，确定计划的目标和方针；提出各种工作方案，并选出比较满意和理想的方案；编制具体的计划，并下达执行。

（2）执行计划（D）。具体落实到各部门和有关人员，贯彻执行。

（3）检查计划执行情况（C）。检查执行情况；发现问题，找出原因。

（4）总结处理（A）。提出解决问题的办法；对这次解决不了的问题，要转入下一轮工作循环中予以解决。

PDCA 计划循环法特点如下：

第一，大循环套中循环，中循环套小循环，环环相扣，形成一个有机体。

第二，每个循环都含有 4 个阶段。

第三，循环是螺旋式上升和发展的。

第四，循环是综合性的循环。

4.3.7　企业资源计划

企业资源计划（enterprise resource planning，ERP）在 MRPII 的基础上，通过反馈

的物流和反馈的信息流、资金流，把客户需要和企业内部的生产经营活动以及供应商的资源整合在一起，体现完全按用户需要进行经营管理的一种全新的管理方法。

ERP 是先进的现代企业管理模式，主要实施对象是企业，目的是将企业的各个方面的资源（包括人、财、物、产、供、销等因素）合理配置，使之充分发挥效能，使企业在激烈的市场竞争中全方位地发挥能量，从而取得最佳经济效益。ERP 系统在 MRPII 的基础上扩展了管理范围，提出了新的管理体系结构，把企业的内部和外部资源有机的结合在了一起。这里充分贯彻了供应链的管理思想，将用户的需求和企业内部的制造活动以及外部供应商的制造资源一同包括了进来，体现了完全按客户需求制造的思想，如图 4.7 所示。

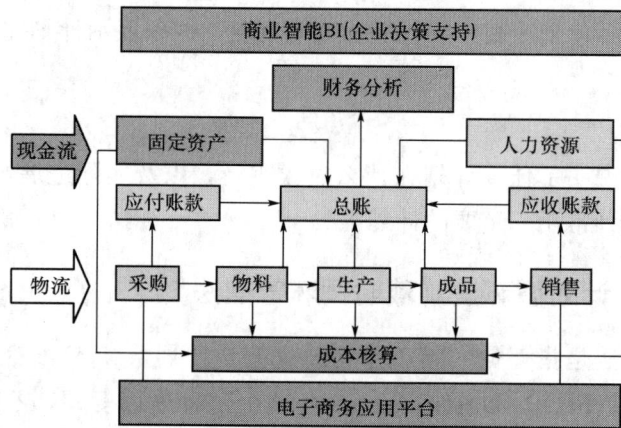

图 4.7　商业智能图

1. 企业资源计划管理系统特点

（1）ERP 更加面向市场、面向经营、面向销售，能够对市场快速响应；它将供应链管理功能包含了进来，强调了供应商、制造商与分销商间的新的伙伴关系；并且支持企业后勤管理。

（2）ERP 更强调企业流程与工作流，通过工作流实现企业的人员、财务、制造与分销间的集成，支持企业过程重组。

（3）ERP 纳入了产品数据管理 PDM 功能，增加了对设计数据与过程的管理，并进一步加强了生产管理系统与 CAD、CAM 系统的集成。

（4）ERP 更多地强调财务，具有较完善的企业财务管理体系，这使价值管理概念得以实施，资金流与物流、信息流更加有机地结合。

（5）ERP 较多地考虑人的因素作为资源在生产经营规划中的作用，也考虑了人的培训成本等。

（6）在生产制造计划中，ERP 支持 MRP 与 JIT 混合管理模式，也支持多种生产方式（离散制造、连续流程制造等）的管理模式。

（7）ERP 采用了最新的计算机技术，如客户/服务器分布式结构、面向对象技术、基于 WEB 技术的电子数据交换 EDI、多数据库集成、数据仓库、图形用户界面、第四代语言及辅助工具等等。

一般而言，除了 MRPⅡ 的主要功能外，ERP 系统还包括以下主要功能：供应链管理、销售与市场、分销、客户服务、财务管理、制造管理、库存管理、工厂与设备维护、人力资源、报表、制造执行系统（manufacturing executive system，MES）、工作流服务和企业信息系统等方面。此外，还包括金融投资管理、质量管理、运输管理、项目管理、法规与标准和过程控制等补充功能。图 4.8 为海心供热管理信息系统业务解决方案。

海心供热管理信息系统业务解决方案

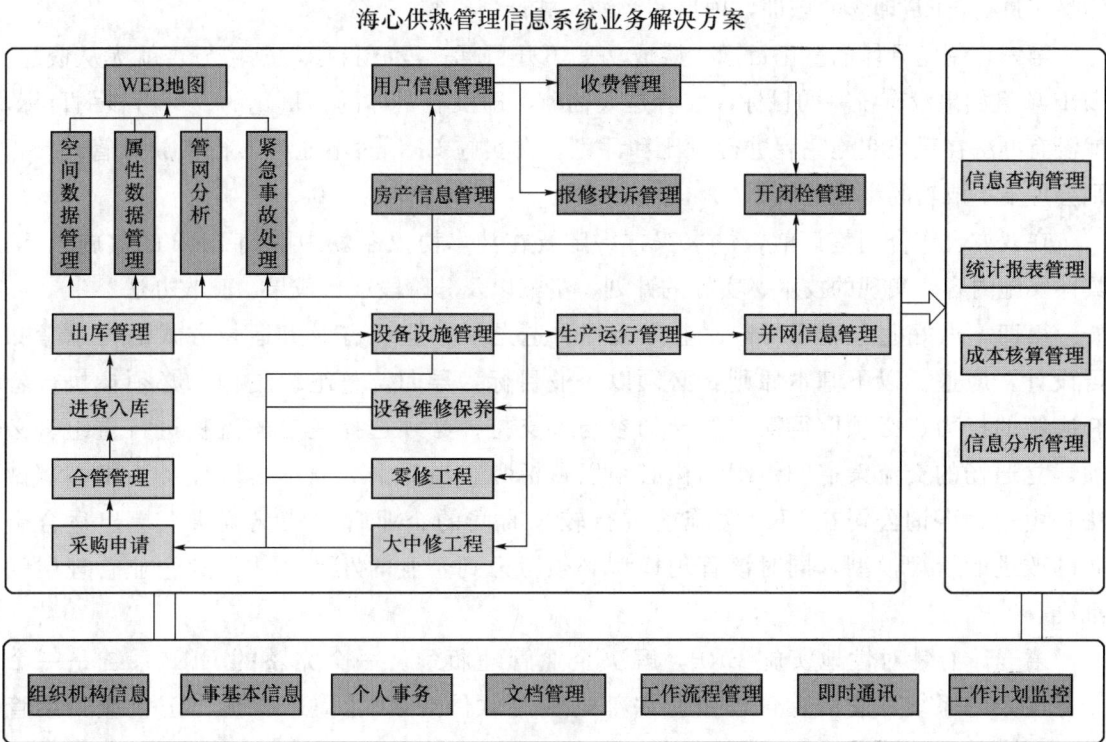

图 4.8 管理信息系统业务解决方案

ERP 是信息时代的现代企业向国际化发展的更高层管理模式，它能更好地支持企业各方面的集成，并将给企业带来更广泛、更长远的经济效益与社会效益。

2. 企业资源计划系统实施基本条件

ERP 系统实施成功有两个基本条件，一个是合适的软件，另一个是有效的实施方法。其中有效的实施方法大致上可归纳为十个方面的内容：一是高级管理层的支持和承诺；二是有一支既懂管理又精通软件的实施和咨询队伍；三是管理信息系统项目范围的重申和监督；四是管理信息系统项目小组的组成；五是管理信息系统项目工作的深入程度；六是详细可行的项目计划；七是详细可行的项目持续性计划；八是项目必须有适当的资源；九是

"经验总结"，所有有关部门的质量管理评估；十是项目从建模、测试、试运行到正式投入运行的转换管理。

3. 企业资源计划系统实施程序

第一，要知己知彼，选好软件。选择 ERP 软件必须遵循以下四个步骤：理解 ERP 原理、分析企业需求、选择软件、选择硬件平台、操作系统和数据库。前两项是为了做到"知己"，后两项是为了做到"知彼"，只有知己知彼，才能选好软件，做到百战不殆。

第二，选择好的管理咨询公司。前面的详细分析，说明了选择一家富有经验的管理咨询公司的重要性。企业聘请管理咨询公司，可负责完成总体规划的设计，对企业领导和全体员工进行 ERP 理念的培训，项目的详细实施计划等等。

第三，制定具体的量化目标。谈成功离不开目标；没有目标，成功与否就无从谈起。ERP 项目如果没有统一的目标，或者是太抽象，即没有具体的、量化的、可考核的目标，就没有办法在系统实施完后进行对比和评判。在实施 ERP 时不能再实行粗放式管理，否则会埋下不成功的潜在危机。

在双方合作合同签订前，供求双方一定要在技术协议条款中明确 ERP 的实施目标、具体实施内容、实现的技术、实施的计划、步骤以及分阶段项目成果、验收办法。

第四，做好业务流程再造。业务流程再造是对企业现有业务运行方式的再思考和再设计，应遵循以下基本原则：必须以企业目标为导向调整组织结构、必须让执行者有决策的权力、必须取得高层领导的参与和支持、必须选择适当的流程进行重组、必须建立通畅的交流渠道、组织结构必须以目标和产出为中心而不是以任务为中心。做法是由管理咨询公司在 ERP 实施前进行较长时间的企业管理状况调研，提出适合企业的改进的管理模型，同时该管理模型必须考虑到企业的发展，并得到企业管理层的批准。

第五，有针对性地实施 ERP，解决企业管理瓶颈。一个完整的 ERP 系统是一个十分庞杂的系统，它既有管理企业内部的核心软件 MRP Ⅱ，还有扩充至企业关系管理（客户关系管理 CRM 和供应链管理 SCM）的软件；既有管理以物流/资金流为对象的主价值链，又有管理支持性价值链——人力资源、设备资源、融资等管理，以及对决策性价值链的支持。任何一个企业都不可能一朝一夕就可实现这一庞大的系统。每个企业都有自己的特点和要解决的主要矛盾，需要根据自身实际情况确定实施目标和步骤。

第六，通过培训和制定制度，提高员工素质，保证系统的正常运行。企业实施 ERP 是一个循序渐进、不断完善的过程，只有员工素质的不断提高，才能确保系统的不断深入。可以通过给企业员工定规章制度，把员工的经济效益与工作内容结合起来，这样员工的积极性可得到提高，熟悉业务的自觉性也可得到增强。图 4.9 为成功实施 ERP 的模式。

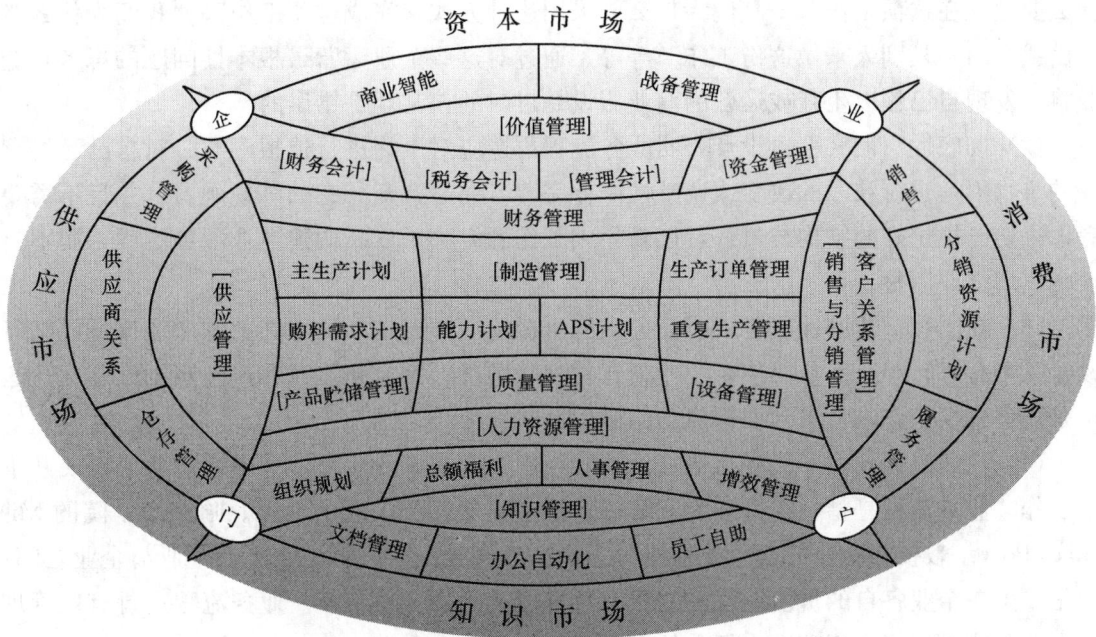

图 4.9　成功实施 ERP 的模式

4.3.8　业务流程再造

业务流程再造（简称 BPR）理论于 1990 年首先由美国著名企业管理大师迈克尔·汉默先生提出，它是指通过资源整合、资源优化，最大限度地满足企业和供应链管理体系高速发展需要的一种方法，它更多地体现为一种管理思想，已经远远超出了管理工具的价值，其目的是在成本、质量、服务和速度等方面取得显著的改善，使得企业能最大限度地适应以顾客、竞争、变化为特征的现代企业经营环境。图 4.10 为业务流程再造图。

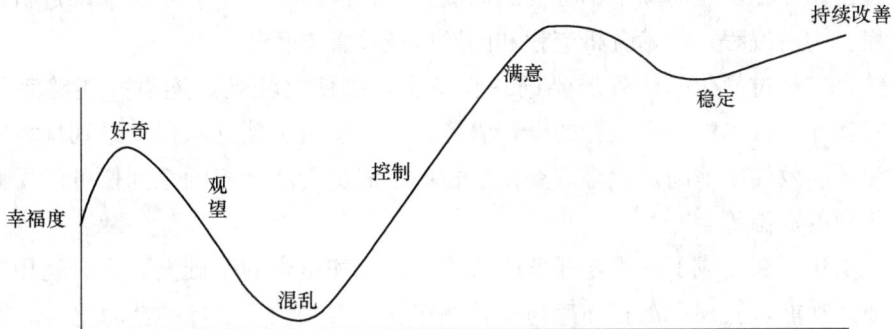

图 4.10　业务流程再造图

1. 业务流程再造的核心内容

在 BPR 定义中，根本性、彻底性、戏剧性和业务流程成为备受关注的四个核心内容。
（1）根本性。根本性再思考表明业务流程再造所关注的是企业核心问题，如"我们为什么要做现在这项工作"、"我们为什么要采用这种方式来完成这项工作"、"我们为什么必须由我们而不是别人来做这份工作"等等。通过对这些企业运营最根本性问题的思考，企业将会发现自己赖以生存或运营的商业假设是过时的，甚至是错误的。

（2）彻底性。彻底性再设计表明业务流程再造应对事物进行追根溯源。对自己已经存在的事物不是进行肤浅的改变或调整性修补完善，而是抛弃所有的陈规陋习，并且不需要考虑一切已规定好的结构与过程，创新完成工作的方法，重新构建企业业务流程，而不是改良、增强或调整。

（3）戏剧性。戏剧性改善表明业务流程再造追求的不是一般意义上的业绩提升或略有改善、稍有好转等，而是要使企业业绩有显著地增长、极大地飞跃和产生戏剧性变化，这也是流程重组工作的特点和取得成功的标志。

（4）业务流程。业务流程再造关注的要点是企业的业务流程，并围绕业务流程展开重组工作，业务流程是指一组共同为顾客创造价值而又相互关联的活动。哈弗商学院的 Michael Porter 教授将企业的业务流程描绘为一个价值链。竞争不是发生在企业与企业之间，而是发生在企业各自的价值链之间，只有对价值链的各个环节——业务流程进行有效管理的企业，才有可能真正获得市场上的竞争优势。

2. 业务流程再造的原则

业务流程重组能够为企业创造优化的业务流程，提升企业的核心竞争力，在业务流程重组过程中的工作重点，就是要消除价值传递链中的非增值活动和调整核心增值活动。这里要遵循的原则如下：

（1）清除。应该发现并消除非增值活动，如过量生产或过量供应、等待时间、运输、转移和移动、不增值或失控流程中的加工处理环节、库存与文档、缺陷、故障与返工、重复任务、信息格式重排或转移、调停、检验、监视和控制等。

（2）简化。在尽可能清除了不必要的活动之后，应该对剩下的必要活动进行简化，如程序和流程、沟通流程、技术分析流程和问题区域设置流程等。

（3）整合。经过简化的任务需要进一步整合，以使之流畅、连贯并能够满足顾客需要。如为实现面向订单的单点接触的全程服务，由一位员工独立承担一系列任务的工作任务整合；为了高效优质地满足顾客需要，组建单个成员无法承担的系列任务的团队；整合顾客和供应商的资源等。

（4）自动化。在完成了流程与任务的清除、简化和整合的基础上，充分运用和发展信息技术的强大功能，实现以流程加速与提升顾客服务准确性为目标的自动化。

通常，重组之后的业务流程将呈现以下特点：组织扁平化，决策权下放或外移；审核与控制明显减少；取消装配线式的工作环节；同步工作代替了顺序工作方式；通才或专案员主导型的工作方式；管理者的工作职责转变为指导、帮助和支持。

小　结

1. 计划是为了从事某些工作预先进行规划好的详细方案；计划工作是对有关将来活动做出决策所进行的周密思考和准备工作。

2. 计划的特征包括计划的目的性、计划的首要性、计划的普遍性和计划的经济性。

3. 建立和加强企业的经营计划管理，对于提高企业的经济效益，促进企业的生存和发展，都具有重要的意义和作用。

4. 计划的种类按期限划分，可分为长期计划、中期计划和短期计划；按层次划分，可分为战略计划、战术计划和作业计划；按对象划分，可分为综合计划、局部计划和项目计划。

5. 制定计划的程序既有严格的规律性，又有运用的灵活性，需从实际出发，一般来说包括环境分析、确定目标、拟定各种可行性计划方案、对各种可行性方案进行评估、选择最优计划方案、拟定派生计划以及制定预算，用预算使计划数字化七个步骤。

6. 实施计划的方法有目标管理方法、滚动计划法、PERT 网络分析法、综合平衡法、甘特图法、PDCA 计划循环法、企业资源计划、业务流程再造。

➡ 课堂讨论

1. 目前企业决策者在决策中存在哪些问题？如何避免？
2. 企业实行目标管理有何好处？企业应如何去做？

➡ 业务自测

一、单项选择题

1. 计划作为名词，是指计划工作的（　　）。
   A. 活动　　　　　　B. 结果　　　　　　C. 开始　　　　　　D. 过程
2. 按明确性可将计划分为具体计划与（　　）计划。
   A. 指导　　　　　　B. 方向　　　　　　C. 操作　　　　　　D. 执行
3. 目标管理创始于 20 世纪 50 年代的（　　）。
   A. 日本　　　　　　B. 英国　　　　　　C. 美国　　　　　　D. 中国
4. 在 BPR 定义中，（　　）、彻底性、戏剧性和业务流程成为备受关注的四个核心内容。
   A. 首要性　　　　　B. 过程性　　　　　C. 根本性　　　　　D. 阶段性

5. 滚动计划法是按照"（　　　）"的原则制定一定时期内的计划。

　　A. 勤俭节约　　　　　B. 精打细算　　　　　C. 认真细致　　　　　D. 近细远粗

二、简答题

1. 计划的含义和特点是什么？

2. 计划的分类有哪些？

3. 编制计划的原则有哪些？

4. 实施计划的方法有哪些？

三、论述题

试述编制计划有哪些程序？

⏩ 案例分析

1. 杰拉尔德·班瑟发动了一场"可乐之战"

可口可乐（www.coca-cola.com）和百事可乐（www.pepsi.com）是享誉世界的著名品牌。在 1995 年，两个品牌的产品占据了美国市场 75％ 的软饮料市场份额。它们的成功，归功于两家公司所采取的产品生产和产品促销整体战略。

两家公司都决定通过生产能够赋予可乐特殊口味的软饮料浓缩液，然后将浓缩液以糖浆的形式销售给全世界的装瓶商。可口可乐和百事可乐对装瓶商收取一个较高的价格；同时，他们投资广告以建立、保持良好的品牌意识。

装瓶商负责生产、分销实际的可乐。他们在浓缩糖浆的基础上加入了碳酸水，进行包装，最后把这些可乐分销到自动售货机、超市、饭店以及其他销售终端。装瓶商把所有的广告都交给可口可乐公司或百事可乐公司。并且，他们必须签署一份保证不经销其他品牌可乐的排他性协议。

可口可乐或百事可乐的装瓶商不得分销其他任何品牌的可乐。对于可口可乐和百事可乐而言，这种战略具有两个主要的优点。

第一，它迫使装瓶商受排他性协议的制约，从而为本行业建立了一个较高的进入壁垒。任何一个希望生产销售一个新品牌可乐的潜在竞争者必须重新建立自己的分销网站，而不能够利用已有销售网络。

第二，旨在建立全球品牌的大量广告投入（1990 年可口可乐花了 1.9 亿美元，百事可乐花了 1.7 亿美元），已经实现了其产品的差异化。这样，消费者更希望购买可口可乐或百事可乐，而一般不会去选择一个不知名的新品牌。并且，品牌忠实使得两家公司能够凭借实际上是带颜色的水和调味剂，而收取一个较高的溢价或富有竞争力的价格。

这一差异化战略使得可口可乐和百事可乐成为了世界上利润最为丰厚的两家公司。

但是，在 20 世纪 90 年代，一位加拿大企业家杰拉尔德·班瑟（Gerald Pencer）却发展了一套新的可乐市场发展计划，引发了一种新的吸引消费者的战略，从而使全球可乐市场环境正在经历一场变革。

班瑟的战略是生产一种低价位的可乐，生产和装瓶都由他自己的公司——柯特公司（Cott）完成，产品作为一种"家庭品牌"直接销售给大的分销机构（如连锁超市）。

这样，就绕开了装瓶商。他最初在加拿大实施这一计划，接着迅速扩展到美国。

分销商之所以看中柯特可乐，重要原因之一就是它可以使他们获得比经销可口可乐或百事可乐高 15％ 的利润。

为了实施他的战略，班瑟计划不做任何广告（这样他就能够降低产品的售价），并且利用像沃尔玛这样的零售商近几年建立起来的高效率的全国分销系统。

这一低成本战略使柯特可乐突破了可口可乐、百事可乐与其装瓶商所签订的排他协议所形成的进入壁垒。柯特公司把其产品运送到沃尔玛的分销中心，由沃尔玛负责分销和广告工作。

班瑟并没有就此停步。他也向一个全球性的瓶装商网络供应可乐浓缩液，不过价格只有可口可乐和百事可乐所收取价格的六分之一。

在其家乡加拿大的安大略省（Ontario），柯特可乐的销售量也是遥遥领先，占到了整个可乐市场份额的 31％。在上述成功的基础上，截至 1994 年中期，柯特公司已经在全世界与英国、法国、西班牙、日本、美国等 90 家零售连锁公司签订了供货协议。

请分析：

1. 可口可乐和百事可乐公司的竞争战略是什么？

2. 杰拉尔德·班瑟采用什么样的战略从可口可乐和百事可乐手中夺取了市场份额？

2. 让时间快速增值的管理技巧

"为了帮助你成为中国首富，我还得教你一招。"诸葛亮沉思了好久，抬头对刘备说，"有了目标，有了战略构想，你还需要懂得怎样去实现这个战略。"

刘备心想，幸亏我没有付费，否则这后半截就出不来了。于是，他问："怎样去实现这个战略构想呢？"

诸葛亮说："实现这个战略构想是一个庞大的工程，你需要处理大量的事务，所以你还需要掌握必要的时间管理技巧。"

刘备连连点头，说："是啊，是啊，我每天总是被一些琐碎的事务弄得团团转，常常是顾了这头顾不了那头。"

诸葛亮忽然大声唤来书童，吩咐他去准备石块、碎石、细沙、水和一只大铁桶。刘备奇怪地问："你要这些东西做什么？"

诸葛亮神秘地一笑："山人自有妙用——你且说说，你采用了哪些时间管理方法？"

刘备说："我已经掌握了一个很好的时间管理技巧，那就是授权。我身边文有糜竺、孙乾，武有关羽、张飞、赵云，他们能够为我分担许多工作。可是，大量事务性的工作就像杂草一样疯长，工作绩效还是无法提高。原来只有我一个无头苍蝇，通过授权，变成了一群无头苍蝇。"

诸葛亮说："有关时间管理的技巧，大约可以分为高、中、低三个层次。低层次的管理技巧着重利用便条和备忘录，在忙碌中自行调配时间和精力。中层次的管理技巧强调行事历与日程表，反映时间管理已注意到规划的重要性。高层次的管理技巧讲究对事务的分类处理，按轻重缓急进行优先解决。在这三种层次中，由于工作量和工作对专业的要求，都有一个授权的问题。"

刘备说："如此说来，我还是一个只会使用便条的低层次的时间管理者。可是，我怎样才能掌握高层次的时间管理技巧呢？"

这时，书童已将石块、碎石、细沙、水和一只大铁桶准备妥当。诸葛亮笑道："高层次的时间管理技巧就在这只大铁桶里面。"

诸葛亮说："这只铁桶最大的容量，象征着在一段时间内，一个人的最大工作量。碎石象征着既重要又紧急的事务，石块象征着重要、但不紧急的事务，细沙象征着紧急、但不重要的事务，水象征着既不重要也不紧急的事务。"他一边说，一边画事务分类表（见表 4.4）给刘备看。

表 4.4　事务分类表

	紧急	不紧急
重要	A（碎石型的事务） • 危机 • 急迫的问题 • 有期限压力的计划	B（石块型的事务） • 发掘新机会 • 规划 • 改进产能 • 建立伙伴关系 • 防患于未然
不重要	C（细沙型的事务） • 不速之客的接待 • 某些信件、文件、电话的处理 • 某些会议的出席 • 某些必要而不重要的会议、活动	D（水型的事务） • 一些可做可不做的杂事 • 一些不必要的应酬 • 有趣的活动

"你通常偏重于处理哪一类事务呢？"诸葛亮问。

刘备毫不犹豫地回答："当然是 A 类。"

诸葛亮继续问道："那么，B 类事务呢？"

刘备说："我也知道 B 类事务相当重要，可就是没有时间顾及。"

诸葛亮问："是不是像这样？"他把铁桶中装满碎石，然后，那块石头怎么也装不下去了。

"是这样。"刘备点点头。

诸葛亮又问道："如果换一种装法呢？"他把石块一一放进铁桶里。当铁桶里再也装不下一块石头时，他停下了来，问："现在铁桶里是不是再也装不下什么东西了？"

"是。"刘备回答。

"真的吗？"诸葛亮问。随后，他不紧不慢地抓起一把碎石，放在已装满石块的铁桶表面，然后慢慢摇晃，然后又抓起一把碎石……不一会儿，这一小桶碎石全装进了铁桶里。"现在铁桶里是不是再也装不下什么东西了？"诸葛亮又问。

"还……可以吧。"有了上一次的经验，刘备变得谨慎了。

"没错！"诸葛亮一边说，一边把细沙缓缓地倒在铁桶的表面。他慢慢摇晃铁桶。大约半分钟后，铁桶的表面就看不到细沙了。

诸葛亮再一次问道："现在铁桶装满了吗？"

"还……没有。"刘备虽然这样回答，但心里其实没底。

"没错！"诸葛亮一边兴奋地说，一边慢慢地把水往铁桶里倒。水罐里的水倒完了，诸葛亮抬起头来，微笑着问："这个实验说明了什么？"

灵感像闪电一样从刘备的脑海划过，他惊奇地说："我明白了，这就是您所说的分类处理、优先解决吗？"

"对。你很聪明。"诸葛亮顿了顿，说："这个实验告诉我们：如果铁桶里早已装满了碎石、沙子和水，那么你就再也没有机会把石块装进铁桶里了。可是，如果你首先把石块装进去，铁桶里还会有很多你意想不到的空间来装剩下的东西。因此，有效率的时间管理需要你分清楚什么是石块？什么是碎石、沙子和水？并且总是把石块放在第一位。"

"可是，"刘备仍然有些迷惘，"这四种分类究竟对结果有何影响呢？"

诸葛亮说："整天忙于处理碎石型事务的人，时刻有压力感，总在处理危机、收拾残局，因此显得心力交瘁。偏重于沙子一类事务的人，通常缺乏自制力、短期行为严重，喜欢巧言令色，人际关系浮泛。偏重于水一类事务的人，可谓全无责任感，恐怕连自己如何维生都很困难。"

刘备继续问道："会不会因为偏重石块而耽误了碎石呢？因为碎石毕竟来得紧急呀！"

"你知道碎石怎样来的吗？它是石块破碎而成的。"诸葛亮笑道，"偏重于石块一类事务的人，他的碎石会很少。偏重于碎石一类事务的人，他的碎石会源源不断。"

刘备若有所思地点点头。

诸葛亮继续说："只有偏重于石块一类事务的人，才是真正有效率的人，他善于审时度势，能够抓住问题的关键，急所当急，当机立断并防患于未然。尽管有时也会有燃眉之急，却能设法降到最低。因此，这类人显得有远见、有理想，守纪律，自制力强，生活平衡有规律，而且能成大事。"

请分析：

结合你个人的情况分析如何认识并有效运用计划来管理时间。

▶ 实训建议

项目 1：目标的设计与管理

（1）你有自己的创业打算吗？请你结合自己的理想，开创一个组织，明确组织的宗旨、目标，编制一份商务计划书。

（2）你的最重要的目标是什么？列出你的长期目标和 5 年目标，该目标是否可以考核？

（3）去和你所熟悉的企业管理总经理、管理人员进行交谈，了解他们是否对自己的目标很清楚，公司是否考核他们的指标？

项目 2：制定计划

列出你的主要目标	主要的	次要的
长期		
中期		
短期		

自我评估：你是一个称职的计划人员吗？

提示：对下列的每一个问题只需回答是与否。

（1）我的个人目标能以文字的形式清楚地说明。

（2）多数情况下我整天都是乱哄哄的和杂乱无章的。

（3）我一直都是用台历或约会簿作为辅助。

（4）我很少仓促地做出决策，总是仔细研究了问题之后再行动。

（5）我利用"速办"或"缓办"卷宗对要办的事情进行分类。

（6）我习惯于对所有的计划设定开始日期和结束日期。

（7）我经常征求别人的意见和建议。

（8）我想所有的问题都应当立刻得到解决。

根据问卷设计者的观点，优秀的计划人员可能的答案是：2 和 8 答案为"否"，其余为"是"。

任务5 决 策

学习目标

1. 了解决策的内涵;
2. 了解影响决策的因素;
3. 掌握决策的制定过程;
4. 熟悉决策的基本方法。

任务导读

小刘对他的朋友小汤说,自己这段时间很苦恼。小汤问原因。小刘说,自己喜欢的一个女同学过生日,他不知送什么东西好。小汤说,这个简单,你买一个她喜欢的或可能喜欢的东西给她就行了。可小刘说,自己还真不知道她喜欢什么,即使知道了自己做不到怎么办。小汤又说,那就把你自己最喜欢的东西给她。小刘说,那如果她不喜欢这个东西呢。小汤一听也发起愁来。如果你是小刘,会如何选择?

5.1 决策的内涵

5.1.1 决策及其特点

决策是管理最主要的职能之一。决策贯穿管理的全过程。一个管理者一天做的最重要的事情是"决策",一天中花时间最长的往往也是"决策",感觉职责中最困难的还是"决策"。管理的其他职能的发挥离不开决策职能。

1. 决策的含义

"决策"一词,最早见于我国古籍《韩非子》"孤愤"篇中"智者决策于人,贤人程行于不肖",原意是"出主意,想办法"。现在,一般认为,决策是为了解决特定的问题,确立目标,确定和选择方案的活动。决策是管理活动中带有关键性的环节。决策是否正确,直接关系到管理工作的成败,所以,我国古代就有"运筹帷幄之中,决胜千里之外"的名句。

所谓决策是人们为实现某种目标，从两个或两个以上的相对合理的行动方案中选择一个最优方案，以确定管理活动的方向、内容及方式的过程。

2. 决策的特点

根据以上决策的概念，可以概括出决策的以下几个特点：

（1）目标性。决策都是为了达到某种预定的目标。没有目标或者目标不明确，决策者就难以拟定备选方案，也无法评价和比较备选方案，决策也就失去意义。所以，目标是决策的前提。

（2）选择性。决策要有备选方案。决策是个选择的过程，没有多于一个的备选方案也就不存在决策。所以，有备选方案是决策的基础。比如：到十字路口时，面临走哪条路的问题；若一个人面前只有一条路，就没有什么选择的问题。

（3）满意性。任何决策坚持的都是满意性原则，而不是最优化原则。最优化决策只是相对而言的，真正的最优化决策仅仅是理论上的。因为最优化决策不但要求决策者掌握和决策有关的所有信息，而且决策者还能正确识别信息以及能判断各种方案未来的准确结果，这在实际生活中是不现实的。这也告诉我们：不要等到掌握了所有信息才去决策，否则我们将一事无成。在信息有限的情况下做出正确的决策，是对一个决策者综合能力的考验。

（4）过程性。决策是一个过程，不是瞬间完成的一个动作。这包括两个方面的内容：一是组织决策从来都不是一项决策，而是一系列决策的综合。任何组织决策都包括制定组织的目标、对具体业务的选择、如何组织开展业务活动、机构是否调整、各种资源的调配等活动；二是一系列决策中的每一项决策，又包含了许多子决策，每一个子决策的制定又是由一系列活动组成的，形成一个独立的完整决策过程。

（5）动态性。决策是一个不断循环的过程，这与其过程性有关。首先，决策没有真正的起点，也没有真正的终点。管理就是决策，决策贯穿于管理的全过程。这就说明决策的动态性；其次，决策是在决策者不能完全掌握信息的情况下作出的。随着环境的变化，决策者掌握更多更新的信息，原有决策必然就要调整以适应新的形势，这也决定了决策的动态性。

相关链接 5-1

管理就是决策

管理的过程就是决策和选择的过程，这是决策理论学派的代表性观点。该学派源自现代管理理论中的社会系统学派，该学派以统计学和行为科学为基础，提出运用计算机处理信息进行科学决策。该学派的代表人物是荣获 1978 年诺贝尔经济学奖的美国卡内基·梅隆大学教授赫伯特·西蒙，他的主要著作有《管理行为》、《组织》、《经济学和行为科学中的决策理论》和《管理决策新科学》等，他对决策理论贡献巨大。

5.1.2　决策种类

根据决策所处的地位、所用的方法、决策的条件和管理层次的不同，可以划分为各种不同的类型。

1. 按决策所处的地位划分

（1）战略决策。即确定组织发展的方向、目标和内容。其重点是解决组织与外部环境的关系问题，属于全局性、方向性决策。

（2）战术决策。即针对如何实现战略决策所做的具体决策。其重点是解决组织内部日常管理的问题，属于局部性、事务性决策。

战略决策是战术决策制定的依据，战术决策是战略决策的落实。战略决策是根本性决策，战术决策是执行性决策；战略决策涉及的时限很长，战术决策涉及的时限短；战略决策由高层管理者制定，战术决策由中层或基层管理者制定。

2. 按问题出现的重复程度划分

（1）程序性决策。即指出现的问题，已有了处理经验、方法和程序，可按常规办法解决的决策。遇到类似问题，直接按已有程序处理，此类决策可由专门机构和人员进行。

（2）非程序性决策。即不曾出现过的问题或出现的新问题，尚无处理经验，需要靠决策者的判断、信念和经验来解决问题。

当然，非程序性决策也有转化为程序性决策的可能，二者在一定条件下可以相互转化。

3. 按决策的主体不同划分

（1）个体决策。个体决策是指个人在参与组织的活动中所进行的独立决策。这种决策主要依靠个人的价值观、知识、经验以及个人所掌握的情报信息进行分析判断来决策。

（2）群体决策。群体决策是指决策过程包括两个以上的人共同参与来完成的。狭义的群体决策仅仅指方案的选择那一过程是由两个以上的人共同决定的。

4. 按决策所处的条件划分

按决策所处的条件划分，决策可分为确定性决策、风险性决策和非确定性决策。

（1）确定性决策。即在肯定性条件下做出的一种决策。应用的条件是对几种选择方案的未来情况有比较肯定的了解，没有不确定的因素或只有较少不确定的因素。

（2）风险性决策。即在不稳定的条件下，不论选择哪个方案，都有一定风险性的决策。此类决策存在不可控因素，一种方案可能出现几种不同的结果，其结果出现的概率可以计算出来。

（3）非确定性决策。即在非肯定性条件下做出的一种决策。决策时对其中的条件或未来的变动因素尚不能确定，对各个方案的结果所出现的概率无法测算和估量，只能根据各种情况下可能产生的利弊或得失的大小进行决策。

5.2　决策的程序

决策是组织行使行政权力、为处理事务而采取的措施，是体现决策主体的制度化、组织化的行为。决策不是瞬间完成的，它是由一系列环节和要素构成的一个复杂的过程。它有严格的程序，包括发现问题、方案制定、方案选择、方案实施等一系列步骤。科学合理的程序是保证决策科学化的前提条件之一。

5.2.1　决策制定

管理活动中，由于需要决策的各种问题往往具有复杂性和不确定性，任何决策都面临着很大的风险，所以，决策不应该也不可能是选择方案的瞬间行动，而是一个提出问题、分析问题、解决问题的系统过程。就决策理论而言，这个过程包括发现问题、分析问题、方案制定、方案选择和方案实施等环节，如图 5.1 所示。

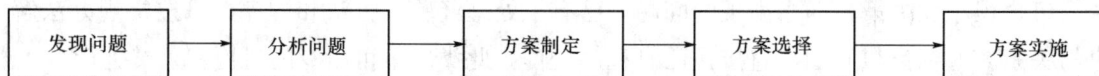

| 发现问题 | → | 分析问题 | → | 方案制定 | → | 方案选择 | → | 方案实施 |

图 5.1　决策的过程

1. 识别机会，发现问题

决策本身就是为解决一定问题的管理活动。决策是从识别机会和发现问题开始的。这里所谓问题就是应有的现状和实际状况之间已经出现或将来可能出现的差距，机会是组织发展的一切有利条件。组织在发展过程中不断出现机会和问题，只有解决了问题，利用好机会，组织才会发展壮大。

管理者要及时发现机会和问题，判断是否需要决策。决策的需要一般包括两个方面的原因：一是外因导致的问题的出现，激发管理者的决策意识；二是组织内部管理者的寻找的"未来问题"，激发决策的需要。前一种决策属于不得不进行的被动式决策，即"接事做"；后一种属于创造性的主动式决策，即"找事做"。

2. 分析问题，确定目标

目标发端于提出问题。目标是根据问题来决定的。有问题才需要去解决问题，才有目标。所以确定目标的根据在于问题的发现和提出。

问题可能发生在组织的外部环境，也可能是在组织内部管理过程中产生。分析问题就是要对问题的产生找出原因，把问题进行分类，界定谁应该是决策者，只有这样才便于确定合理的目标。当然，正如前面已经指出，并非所有问题都需要决策，只有对于管理过程中产生的新问题和例外性问题，用常规的程序性方法不能解决时，才需要针对问题做出决策。

3. 方案的制定

通过调查和预测确定了决策目标后，下一步就需要开始制订与达到目标有关的各种手段的方案，以确定目标与手段之间的关系。因此，供决策抉择的方案乃是一连串有关决策目的与手段关系的假设。

在制订决策方案时，首先，必须通过对决策对象的现时分析（分析一定时限内决策对象的作用机制）和历时分析（分析行政决策对象发展过程中各现象之间的关系）描绘出其发展的历史和现状轨迹，以及所能预测到的未来运动的可能轨迹；其次，以决策目标运动的轨迹作为参照系，确定其主要的最佳轨迹；第三，依据一定的管理环境，分析和阐明达成最佳运动轨迹的一般条件以及在轨迹运动不同时期的特殊条件，从而确定相应的一般手段和特殊手段；第四，在决策方案中，尽可能地科学评价各个方案的风险程度，并进行潜在问题的分析，应变措施技术的评估、具体报警和应急方法的确定和对不确定因素的预测；第五，在具体的方案制定过程中，组织还必须坚持科学性和民主参与、公开性与保密性相统一的组织原则。

决策制订的另一个重要问题就是可供选择的方案必须是多个的，单个方案所形成的决策不是真正科学的决策。

4. 方案的选择

在可供选择的决策方案制订后，就要确定使用选择哪种方案或首先使用哪种方案，这就要对备选方案进行评价。

评价备选方案时应考虑以下几个因素和内容：首先必须审核方案的合法性；其次就是审议决策目标的必要性、经济的可行性和现实性以及时限的可能性；最后，审议目标—手段的假设系统即方案的制定是否合乎伦理道德准则。

在决策过程中，这种审议一般是由组织进行的。审议所能采取的方法有很多，如"头脑风暴法"、成本—效益分析法、SWOT分析法等。根据决策问题的大小、影响力的不同其方法也会不同。

5. 方案的实施

在选定了最佳决策方案之后，就需要将其付诸实施。在实施方案时还必须有许多具体的措施和步骤，即还要进行后续的决策。在现实中许多失败的案例都不是方案本身存在不足，而是源于"执行不力"。如果没有好的落实，就等于之前没有决策。

方案的选择是高层要做的事情，方案的实施更需要高层的推动。高层必须通过分派给中层任务，使其做出后续的执行决策，以实现组织的目标。同时高层还要为中层落实方案提供必要的实现条件。一般应做好以下几个方面的工作：

第一，目标分解，落实到具体单位和人员；

第二，制定具体措施，确保方案正确执行；

第三，建立必要的报告和反馈制度，掌握方案的落实进展，以便及时调整。

5.2.2　决策影响因素

决策发端于问题。所谓问题，美国管理学家克普勒（H. Kepner）将其定义为"应有现象"和"实际现象"的偏差，也就是主客观矛盾关系的体现。根据这个定义，问题在管理中主要表现为应有目标和实际目标的偏差，应有手段和实际手段的偏差，应有目标—手段关系和实际目标—手段关系的偏差。为了消除偏差，才需要决策。决策以解决问题、排除问题为主旨，是管理过程中主观能动性的积极体现。但是这并不意味着管理中只要出现任何偏差就需要决策，就组织而言，是否进行决策，主要受到以下因素的影响：

1. 环境因素

关于管理环境等相关内容在第一章已进行了详细介绍。这里我们只谈环境和决策之间的关系。

首先，环境的特点影响着组织管理活动的选择。主要影响决策的频率和内容。这里主要是指外部环境对决策的影响。

其次，对环境的习惯反应模式也影响着组织活动的选择。这里主要是指组织内部的环境，特别是组织的文化。一个组织一旦形成了对环境的习惯性反应模式，就很难改变，进而影响了对方案的选择。

再次，就是环境中相关方的决策也会对组织的决策产生影响。在市场化的竞争当中，任何组织的生存和发展往往和别人的发展紧密联系在一起。因此，任何组织在决策时不但要考虑环境本身的特点和自身的情况，还要考虑其他相关组织的情况。一个决策不可能无视其他组织的决策而独立制定，正所谓"知己知彼，百战不殆"。

2. 决策的主体

决策的主体是不同层级的组织或领导者。决策主体的经验、知识、心理、价值观、性格、好恶及能力都会对最终的决策产生巨大的影响。决策者对风险的态度也会影响决策的选择。提高决策的质量关键还在于打造良好的决策团队和提高领导者的决策能力。

3. 过去的决策

在现实管理中，绝大多数决策都是对过去的决策或是在过去决策基础之上的再决策。不管过去的决策是成功或失败，往往都凝结着一部分人的情感和付出。这都会对现在的决策产生一定的影响。维护决策的相对连续性和稳定性，至关重要。

4. 时间

这里的时间是指决策者从认识决策的需要到决策的做出之间的时间长短。美国学者威廉·R·金和大卫·I·克里兰把决策划分为时间敏感型决策和知识敏感型决策。

时间敏感型决策是指那些必须在很短时间内迅速做出尽量准确的决策。这类决策对时间的要求比对质量的要求更高。比如，突然地震了，我们需要迅速地做出决策来保护自己。

知识敏感型决策是指那些对时间要求不是很高，但对决策质量和执行效果要求很高的决策。这类决策往往要求在决策前要充分调查、收集资料，尽可能多地利用知识来确保决策的正确性。

　　任何决策对时间和速度都是有要求的，时间敏感型决策和知识敏感型决策只是侧重点不同而已。时间敏感型决策往往针对突发性、临时性和一般性的问题；知识敏感型决策主要是关于组织活动方向和内容方面的决策。如果环境突然发生大的变化，这两种类型的决策内容也会相互转换。

5.3　决策的方法

　　确定了活动方向和目标以后，还应对可以朝着同一方向迈进的不同活动方案进行选择。选择是以比较为前提的，比较不同方案的一个重要标准是它们能够带来的经济效果。由于任何方案都需在未来实施，而人们对未来的认识程度又不尽相同，因此方案在未来实施的经济效果的确定程度、人们评价这些经济效果的方法也不相同。根据决策的性质，可以把决策方法分为定性决策和定量决策。

5.3.1　定性决策方法

　　定性决策法又称主观决策法，指在决策中主要依靠决策者或有关专家的智慧来进行决策的方法。管理决策者运用社会科学的原理并依据个人的经验和判断能力，采取一些有效的组织形式，充分发挥各自丰富的经验、知识和能力，从对决策对象的本质特征入手，掌握事物的内在联系及其运行规律，对组织的经营管理决策目标、决策方案的拟定以及方案的选择和实施作出判断。这种方法适用于受社会、经济、政治等非计量因素影响较大、所含因素错综复杂、涉及社会心理因素较多以及难以用准确数量表示的综合性问题。这种"软技术"方法是组织决策采用的主要方法。定性决策方法有很多种，常用的有头脑风暴法、德尔菲法、末位淘汰法等。

1. 头脑风暴法

　　头脑风暴（brain-storming）一词最早是精神病理学上的用语，指精神病患者的精神错乱状态，现在转义为无限制的自由联想和讨论，其目的在于产生新观念或激发创新设想。

　　头脑风暴法又称智力激励法，是由美国创造学家 A·F·奥斯本于 1939 年首次提出，1953 年正式发表的一种激发性思维的方法。此法经各国创造学研究者的实践和发展，至今已经形成了一个发明技法群，深受众多组织的青睐。这种方法是通过专家们的相互交流，在智力的碰撞下激发创造性，产生尽可能多的设想和方法，使讨论的问题不断集中和精化。

　　头脑风暴法的目的是开发大家的积极性，诱发创造性思维。采用头脑风暴法组织群体决策时，要集中有关专家召开专题会议，主持者以明确的方式向所有参与者阐明问题，说明会议的规则，尽力创造融洽轻松的会议气氛。一般不发表意见，以免影响会议的自由气氛。其操作的规则如下：

（1）人数不宜过多，一般以 10～15 人为宜。

（2）目标集中，追求设想数量。

（3）发言要精炼，不要做详细论述。

（4）鼓励巧妙地利用和改善他人的设想。

（5）提倡自由发言，畅所欲言，任意思考。

（6）庭外判决原则。

对各种意见、方案的评判必须放到最后阶段，此前不能对别人的意见提出批评和评价。认真对待任何一种设想，而不管其是否适当和可行。

头脑风暴法实施的成本（时间、费用等）很高，另外，头脑风暴法要求参与者有较好的素质。这些因素是否满足会影响头脑风暴法实施的效果。

2. 德尔菲法

德尔菲法（Delphi method）又名专家意见法，是依据系统的程序，采用匿名发表意见的方式，即团队成员之间不得互相讨论，不发生横向联系，只能与调查人员发生关系，通过反复地填写问卷，以集结问卷填写人的共识及搜集各方意见，可用来构造团队沟通流程，应对复杂任务难题的管理技术。

德尔菲法（Delphi method）是在 20 世纪 40 年代由 O. 赫尔姆和 N. 达尔克首创，经过 T. J. 戈尔登和兰德公司进一步发展而成的。

德尔菲法是专家会议法的一种发展，是一种向专家进行调查研究的专家集体判断。它是预测活动中的一项重要工具。这种方法具有广泛的代表性，较为可靠。在长远的战略决策中，由于许多条件的不肯定性，德尔菲法尤为适用。它的实施基本步骤大致如下：

第一，确定决策问题。先把决策的项目写成几个提问的问题，问题的含义必须提得十分明确，而且最好只能以具体明确的形式回答。

第二，选定专家小组。按照课题所需要的知识范围确定专家。选择的专家一般是指有名望的或从事该项工作多年的专家，最好包括多方面的有关专家，选定人数一般以 20～50人为宜，一些重大问题的决策可选择 100 人以上。

第三，向专家邮寄第一次征询表，要求每位专家提出自己决策的意见和依据，并说明是否需要补充资料。

第四，提出、修改预测决策。各个专家根据他们所收到的材料，提出自己的预测意见，并说明自己是怎样利用这些材料并提出预测值的；决策的组织者将第一次决策的结果及资料进行综合整理、归纳，使其条理化，发出第二次征询表，同时把汇总的情况一同寄出，让每一位专家看到全体专家的意见倾向，据此对所征询的问题提出修改意见或重新做一次评价，反复进行三、四轮，直到每一个专家不再改变自己的意见为止。在向专家进行反馈的时候，只给出各种意见，但并不说明发表各种意见的专家的具体姓名。

第五，确定决策结果。经过专家们几次反复的修改，专家的意见就逐步集中和收敛，根据全部资料，确定出专家趋于一致的决策意见。

德尔菲法可以理解为组织集体思想交流的过程。这个方法有如下几个特点：

第一，匿名性。征询和回答是用书信的形式"背靠背"进行的，应答者彼此不知道具体是谁，这就可以避免权威人士的意见影响他人或有些专家碍于情面，不愿意发表与其他人不同的意见，同时可以避免面对面的争论。

第二，反馈性。征得的意见经过统计整理，重新反馈给参加应答者。每个人可以知道全体的意见倾向以及持与众不同意见者的理由。每一个应答者有机会修改自己的见解，而且无损自己的威信。

第三，收敛性。征询意见过程经过几轮（一般为四轮）重复，参加应答者就能够达到大致的共识，甚至比较协调一致。也就是说，统计归纳的结果是收敛的，而不是发散的。

德尔菲法的主要缺点是过程比较复杂，花费时间较长。

相关链接 5-2

德尔菲法的由来

德尔菲是古希腊地名。相传太阳神阿波罗（Apollo）在德尔菲杀死了一条巨蟒，成了德尔菲主人。在德尔菲有座阿波罗神殿，是一个预卜未来的神谕之地，因此人们就借用此名，把这种预测方法命名为德尔菲法。

1946 年，兰德公司为避免集体讨论存在的屈从于权威或盲目服从多数的缺陷，首次用这种方法进行定性预测，后来该方法被迅速广泛采用。20 世纪中期，当美国政府执意发动朝鲜战争的时候，兰德公司又提交了一份预测报告，预告这场战争必败。政府完全没有采纳，结果一败涂地。从此以后，德尔菲法得到广泛认可。

3. 末位淘汰法

末位淘汰法是组织进行绩效考核中对绩效评价结果的一种处理方法，组织根据设定的绩效考核指标体系，运用特定的考核方法对员工进行绩效评价，将员工考核成绩进行排序，确定排在最后面的一定比例的员工为"绩效最差"，不能为组织继续任用的淘汰目标，并对其进行解除聘用劳动关系的处理办法。组织在采用"末位淘汰法"，只有正确认识、操作得当才能达到理想效果，理念应用与解决方案的有效对接是成功的保证。末位淘汰法具有积极作用和消极作用两面性。

末位淘汰法的积极作用主要表现在以下几个方面：

（1）能够使组织从上至下聚焦于组织对各部门、部门内的员工所设定的工作目标，保证目标的实现。

（2）对于组织倡导的员工行为和工作态度方面，也有很好的聚焦作用，对建立良好的组织文化有很好的强化作用。

（3）创造了一种以绩效为导向的内部竞争环境，保证了全员效率，杜绝大锅饭、混日子的低效率情况。

（4）可以不断优化员工，淘汰不努力或没有能力的不称职员工。

末位淘汰法也存在很强的消极作用主要表现在：

（1）员工没有安全感，从而导致焦虑、紧张的员工关系。

（2）员工对组织难以产生忠诚。

（3）容易追求短期和局部效益而忽视了长期和全局的利益。

（4）看重员工目前的业绩，而忽视员工的潜质。

（5）临时、单方面解除劳动合同会增加经济补偿的负担和产生负面的社会影响等不利后果，因此，一个组织在决定采用"末位淘汰法"之前，应充分考虑其对组织正、负两方面的作用和影响。

末位淘汰法的使用要与组织环境相一致。组织环境因素包括组织规模、组织文化、员工素质和人才供给等因素。规模大的组织实行末位淘汰法的需求会大于小组织，一是小组织人少，员工绩效情况经常是一目了然的，同时，人数少的时候，既定的淘汰比例太小，从绩效考核操作成本角度讲，失去操作意义。另外，组织人力资源管理面临的一个现实问题是，人才供给因素时时左右着组织的人才配置政策，当组织缺乏足够的能够胜任组织要求的候选人时，组织内的不能胜任的被淘汰人员是公司已经付出培养成本的，从工作经验、技能等角度讲他们都有一定的积累，将他们淘汰出局不能改变组织的人才状况，也谈不到改善整体绩效情况。因此，组织在决定是否采用末位淘汰法及末位判定标准时，应综合考虑多种相关因素。

5.3.2　定量决策方法

如果说定性决策是属于决策的"软"方法，那定量决策方法就是"硬"方法。定量决策方法常用于数量化决策，应用数学模型和公式来解决一些决策问题，即运用数学工具建立反映各种因素及其关系的数学模型，并通过对这种数学模型的计算和求解，选择出最佳的决策方案。对决策问题进行定量分析，可以提高常规决策的时效性和决策的准确性。运用定量决策方法进行决策也是决策方法科学化的重要标志。

随着社会的发展，数学模型更多的引入，定量决策工具日益丰富。这些都为许多决策数字化、科学化提供了可能，所以，定量决策越来越受到各种组织的重视。定量决策的方法很多，广义的讲，只要是通过具体的数据来进行决策的方法都是定量决策。按定量方法的特点不同，可将其分为确定型、非确定型和风险型三类。

1. 确定型决策方法

确定型决策是指决策的方案所达到的效果可以确定，并根据目标做出方案选择的决策。这一方法决策的基本模式可以表示为：Ai＝（1，2，3…n）方案有确定的 Bi，然后选择最符合决策目标的方案 A。确定型决策，即只存在一种确定的自然状态，决策者可依科学的方法作出决策。确定型决策方法包括线性规划、库存论、排队论、网络技术等数学模型法、微分极值法、盈亏平衡分析法等等。下面主要介绍盈亏平衡分析法。

盈亏平衡分析法也称"产量、成本、利润分析"（简称量本利分析法），是经营决策的重要工具。是指通过盈亏平衡图或计算公式，对产品或服务的变动成本和固定成本的分析，确定生产经营收入和支出相等时的销售收入额（或称销售数量）。这一销售收入额（或销售数量）又称盈亏平衡点或保本点。销售收入大于这一点就有利润，销售收入小于这一点就出现亏损。组织要增加利润，就应该增加销售收入或降低生产费用。盈亏平衡分析的关键是确定盈亏平衡点。盈亏平衡点的计算有两种方法：一是图表法；二是公式计算法。

盈亏平衡点的基本公式为：

$$Q_0 = \frac{F}{(P - C_V)}$$

其中：Q_0 为产量，P 为单价，F 为固定成本，C_V 为单位变动成本。$P - C_V$ 表示单位产品得到的销售收入在扣除变动费用后的剩余，叫做边际贡献。

例 5-1　某公司设计生产某品 100 吨，预计商品销售的价格是 900 元/吨，产品的单位变动成本是 500 元，固定成本为 10000 元，求生产该产品盈亏平衡点的产量。

盈亏平衡产量＝10000÷（900－500）＝25（吨）

这时公司的盈亏平衡点就是生产要达 25 吨，只要超过 25 吨，公司才会有利润。

同时也可得出一些规律：固定成本如果要增加，盈亏平衡点的销售额也要增加；变动成本如果增加，销售收入不变，盈亏平衡点的销售额也要增加；如果要销售收入增加，固定成本与变动成本不变，盈亏平衡点的销售额就要降低。

在实际生产中，企业的产量往往少于盈亏平衡点的产量但依然还会组织生产。产品单价即使低于成本，但只要大于变动成本，组织生产该产品还是有意义的。因为如果在这种情况下不组织生产，企业的损失就体现为固定资产的折旧。

2. 非确定型决策方法

非确定型决策方法是指决策者在对决策问题不能确定的情况下，通过对决策问题变化的各种因素分析，估计其中可能发生的自然状态，并计算各个方案在各种自然状态下的损益值，然后按照一定的原则进行选择的方法。这种方法对决策者的知识水平、实际经验和决策者的心理素质要求较高。

非确定型决策方案的方法主要有乐观原则法、悲观原则法、折中原则法、最小遗憾值原则法。表 5.1 是甲公司在不同环境状态下采取四种不同营销策略的收益情况。现就本表来介绍这四种决策原则的特点。

表 5.1　损益值表　　　　　　　　　　　　（单位：万元）

状态　　损益值　方案	状态 1	状态 2	状态 3	状态 4
A1	50	40	-15	-25
A2	35	60	-30	-35
A3	35	22	5	-10
A4	40	25	9	-5

（1）乐观原则决策法（大中取大准则）。这种决策是从各种自然状态下各方案的最大收益中选取的最大值所对应的方案为决策方案，这种方案也称"大中取大"或"好中求好"法。

这种决策的过程是：首先从每一个方案中选择一个最大的收益值，然后再从这些最大的收益值方案中选择一个收益值最大的方案为备选方案，即大中取大的决策方法。在表 5.1 中甲公司四种方案的最大收益值分别是 A1（50），A2（60），A3（35），A4（40），其中 60 是四种最大收益值里最大的，按此原则甲公司应采用 A2。

（2）悲观原则决策法（小中取大准则）。这种决策的原则正好与上述乐观原则决策法相反，它的特点是从不利的情况出发，找出最坏的可能，然后在不利的情况下选择最好的方案。即两害相权取其轻。

这种决策的过程是：首先从每一个方案中选择一个最小的收益值，然后再从这些最小的收益值所代表的方案中选择一个收益值最大的方案为备选方案，即小中取大。这是比较保守的决策方法。在表 5.1 中甲公司四种方案的最小收益值分别是：A1（-25），A2（-35），A3（-10），A4（-5），其中 -5 是四种最小收益值里最大的，按此原则甲公司应采用 A4。

（3）折中原则决策法（乐观系数准则）。这种决策原则的特点不像悲观原则法那样保守，也不像乐观原则法那样冒险，而是从中找出一个折中的标准，以求得平衡。

折中原则法的决策过程是：先要决策者根据历史数据的分析和经验判断的方法确定一个乐观系数和一个悲观系数，二者之和为 1；然后用每种方案的最大收益值乘以乐观系数，最小收益值乘以悲观系数，把二者的值相加，就得出每种方案的期望值；最后，在各种方案的期望值中选择最大的。由于计算起来比较复杂，这里就不再举例分析。

由于决策者对同一问题给出的乐观系数和悲观系数不同，必然最后的选择方案也就不同。所以这种方案对决策者的判断能力有更高的要求。

（4）最小遗憾值原则法（大中取小准则）。这种方法也叫"最大遗憾值的最小原则"。这种决策原则的特点是当某一种自然状况出现时，决策者选择的准则很明确，就是要选择收益值最大的方案。如果后来的自然状态表明选择另外的方案会有更好的收益，即决策者选择的机会成本，这对于决策者来说就是一种"遗憾"。这种决策方法就是为了尽可能避免或减少将来的遗憾。

用表 5.2 来介绍一下这种方法的基本操作步骤。

表 5.2 最小遗憾值原则法 　　　　　　（单位：万元）

状 态 损益值 方 案	状态 1	状态 2	状态 3	最大遗憾值			
				状态 1 下的遗憾值	状态 2 下的遗憾值	状态 3 下的遗憾值	各种状态下各方案的最大遗憾值
A1	50	40	−15	50−50=0	60−40=20	9−（−15）=24	24
A2	35	60	−30	50−35=15	60−60=0	9−（−30）=39	39
A3	35	22	5	50−35=15	60−22=38	9−5=4	38
A4	40	25	9	50−40=10	60−25=35	9−9=0	35

首先，确定各自然状态下的最大收益值；

其次，求出各自然状态下每种方案的遗憾值。在每个自然状态下，选各种方案中最大的收益值减去每个方案的收益值得到就是本方案的遗憾值，列出遗憾值矩阵表；

再次，从遗憾矩阵表中选出每一种方案的不同状态下的最大遗憾值，如表 5.2 中的 24、39、38、35；

最后，从四个最大遗憾值中选出一个最小的，这个最小值所对应的方案即为决策方案，即表 5.2 中的 24 所对应的方案 A1。

以上四种准则作为不确定型决策优选方案的依据。实践证明，对于同一决策问题，由于方案的评选标准不同，会得出不同的结论。因此在实际工作中，究竟应采取哪种方法进行不确定决策，要依决策者的判断力而定，它带有相当程度的主观随意性。

3. 风险型决策方法

风险型决策方法主要用于人们对未来有一定程度的认识，但又不能肯定的情况下的一种决策。实施方案在未来可能会遇到好几种不同的情况，但人们目前无法确知，只是可以根据以前的资料来推断各种情况出现的概率。在这些条件下，人们计算的各个方案在未来的经济效果只能是考虑到各个状态出现的概率的期望收益，与未来的实际收益不会完全相等。因此，在这种情况下的任何决策都具有一定的风险。

一个完整的风险型决策必须具备以下几个条件：第一，有要达到的明确目标；第二，可供选择的两个以上的行动方案；第三，可估计、测算出的每个方案的收益和损失情况；第四，能够预测出各种无法控制的自然状态发生的概率。

风险型决策的评价方法也很多，下面主要介绍期望值准则法和决策树法。

（1）期望值准则法。期望值准则法是指通过计算不同可行方案在不同自然状态下的期望值（期望收益或期望损失值），其中期望值最优（期望收益值最大或期望损失值最小）的方案为最佳决策方案。所谓期望值就是用概率加权计算的平均值。应用期望值标准决策的结果并不能代表某事件的实际结果。

期望值决策法包括两个步骤：

第一步：确定概率。就是对各种自然状态的情况可能出现的多少或大小有个估计。这种估计主要参考以往的历史数据分析预测。在没有历史数据的情况下，管理者也常根据自己过去的经验来预测。由于管理者依照过去的经验做出，所以它仍然具有一定的客观性。

第二步：确定风险函数，求出各种方案的期望值，选出最佳决策方案。风险函数的一般数学表达式是：

$$E（Ai）= \sum_{j=1}^{n} b_{ij} p_j (j = 1,2,3 \cdots n)$$

其中，$E（Ai）$ 为第 i 方案期望值，b_{ij} 是指第 i 个方案在第 j 个自然状态下的损益值，p_j 为第 j 种自然状态下的概率。

表 5.3 是某公司在不同天气下（即自然状态）的工作方案相关信息，下面就以表 5.3 来说明本决策方法。

表 5.3　期望收益值表　　　　　　　　（单位：万元）

自然状态　概率　损益　方案	天气情况		损益期望值 $E（Ai）$
	好	坏	
	0.7	0.3	
A1	−5	−10	−6.5
A2	2	−25	−6.1

计算不同方案的在不同天气下的期望值：

$E（A1）= [（−5）×0.7 + （−10）×0.3]$ 万元 $= −6.5$ 万元

$E（A2）= [2×0.7 + （−25）×0.3]$ 万元 $= −6.1$ 万元

通过对两个方案的比较，A2 方案损益期望值较大，因此，选择 A2 为最优方案。

从以上的决策过程可以看出，期望值准则是利用了概率，通过期望值的比较来进行决策的，而概率是说明未来事件发生的可能性，但概率大的事件并不是说明必定会发生，所以它属于风险型决策。

（2）决策树法。决策树就是运用树枝图形来进行分析和选择的决策方法，不同的树枝表示各种方案的期望值，剪掉期望值小的方案枝，剩下的最后的方案即是最佳方案。这种决策方法可以简单明了地将各个方案在不同阶段的情况下一步步展开，逻辑思路清晰，阶段明显，非常便于决策机构或决策者集体讨论研究。对于可行方案较多或未来周期较长的复杂风险型决策问题，决策树是应用较广的一种决策分析工具。

决策树是因其形而得名，决策树由决策结点、方案枝、状态结点、概率枝四个要素组成，如图 5.2 所示。

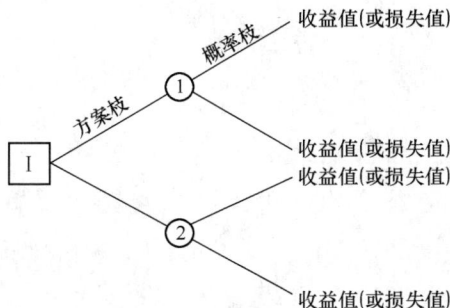

图 5.2 决策树

决策树是以决策结点（□）为出发点，从决策结点引出若干个方案枝，每个方案枝代表一个方案。在每个方案枝的末端有一个状态结点（○），从状态结点引出若干概率枝。每个概率枝代表一种自然状态（概率）。在概率枝的最末梢，注明每个自然状态的收益（或损失）。

决策树法主要包括以下决策步骤：

第一，绘制决策树。决策树是决策者对某个决策问题未来发生情况的可能性和可能结果所做预测在图上的反映，也是决策者拟定各种决策方案的过程。

第二，计算各结点的期望损益值。期望值的计算方法与期望值准则介绍的方法相同，就是将每种自然状态的收益值分别乘以各自概率枝上的概率，最后将这些值相加。

第三，剪枝做出决策。对比各个方案期望损益值的大小，陆续剪掉收益值相对小的枝，保留期望值最大的一个方案枝，这个方案就是最优方案。

小 结

1. 决策是人们为实现某种目标，从两个或两个以上的相对合理的行动方案中选择一个最优方案，以确定管理活动的方向、内容及方式的过程。

2. 决策方法可以分为定性决策方法和定量决策方法。定性决策主要包括头脑风暴法、德尔菲法、末位淘汰法等。定量决策主要包括确定型、非确定型、风险型三类。

▶ 课堂讨论

中国历史上有项羽主动采取的"破釜沉舟"和诸葛亮被迫实行的"空城计"两个经典的案例，请讨论项羽和诸葛亮的决策。

▶ 业务自测

一、单项选择题

1. 在决策时，下列原则中正确的是（　　）。

　　A. 最优化原则　　　　　　　　　　B. 满意化原则

　　C. 完美化原则　　　　　　　　　　D. 瞬间性原则

2. "管理就是决策"观点是（　　）提出的。

　　A. 西蒙　　　　　　B. 泰勒　　　　　　C. 法约尔　　　　　　D. 梅奥

3. 下列决策方法属于定性决策方法的是（　　）。

　　A. 决策树法　　　　　　　　　　　B. 期望值法

　　C. 头脑风暴法　　　　　　　　　　D. 盈亏平衡法

二、简答题

1. 决策的种类有哪些？

2. 影响决策的因素主要有哪些？

3. 程序性决策和非程序性决策有何异同？

4. 什么是定性决策？什么是定量决策？

5. 确定型决策中有哪些具体方法？

6. 简要介绍几种不确定型决策方法。

三、论述题

试分析"没有选择就不存在决策"。

▶ 案例分析

科学决策的艺术

法国作家加缪告诉我们："生活就是你所有选择的总和。"照此类推，我们大概可以说企业的营运结果就是所有决策的总和。

从千百年前人类借助星象、卦相和神谕来应对不确定性的那个久远时代，到现在人们利用计算机等工具来改善决策过程，人类决策的效率和信心无疑大大提高了。但是，人们决策的正确率是否也大大提高了呢？这可不一定，原因在于我们做出最优决策的能力受到各种因素的限制，而且这些因素越来越多，人们往往只能做到"有限理性"。

主讲人铭远咨询公司董事长陶勇给大家做了这样一个实验：首先，每个人记下自己手机号码的最后三位，如 XYZ，然后，用这个三位数加上 400，即 XYZ＋400。陶勇的问题是：匈奴王是哪年去世的——是在公元 XYZ＋400 年之前还是在之后？最后的统计结果显示：参与者对匈奴王去世年份的估计，很大程度上受到了所给数字，即 400 的影响。尽管

400 是与该问题毫不相关的一个随机数字。陶勇认为这就是影响决策的一个重要因素——心理认知偏差存在的一个很重要的例子。我们脑子里有很多有效的信息，有时这个信息跟自己要处理的问题是毫无关系的，但我们决策时却把它用上了，并形成了一个重要的认知，最后形成了一个跟问题有关的信息。

影响决策困难的因素还有很多，除了认知的局限，甚至文化也能对决策产生影响。但文化对决策的影响有两方面，一个是正面的，一个是负面的。比如中国文化的传统思维方式是具有多个案例的"以成败论英雄"的历史观，关注"谁做了什么，达到什么结果"，而较少关心"为什么取得这样的结果"，整体性和经验性较强，这样就使得后人学习起来非常困难。又如中国传统的中庸之道等，也对人们决策时偏向保守有一定潜在作用。

陶勇认为，要做出好的决策，首先要理解构成决策的三大要素：第一，决策必须有价值；第二，决策必须有方案，因为没有选择，决策就无从谈起；第三，决策者必须要有信息，包括知道要做到什么、在做决策时应该知道什么等。

尽管决策就具备这三个要素，但决策却令无数英雄竞折腰。这是因为，仅仅把握决策本身的三个要素还不够，决策还是一个过程，不控制好决策过程也不能产生好的决策。影响决策过程的要素也有三个，即框架、逻辑、决心。框架就像照相一样，先要选择一个视角，然后决定一个合适的焦距，还要知道这个照片照出来有多大，再有就是把握好拍照的时机。框架可以理解为做决策时提出的问题，有一句话叫"不怕做不到，只怕想不到"。逻辑和决心很容易理解，当有了一个好的框架，方案、价值、信息都达到要求了，那么接下来你必须用一个正确的方法有逻辑地把它们放在一起，然后下决心进行实施。

"逻辑很重要，因为那是科学的，但我们也不能把问题搞得太复杂，不能看到不确定性就不要量化了，所以把握的时候有一定的艺术在里面。决策到底是科学还是艺术，其实很大程度上取决于你的决策风格。"陶勇最后说。

请分析：
该案例对你有何启示？

实训建议

实训项目：如何建设我们的班级？

实训要求：运用头脑风暴法召开一次主题班会，讨论如何加强班级建设、争创模范班级。

任务6 组 织

学习目标

1. 掌握组织、组织结构与组织设计的含义；
2. 了解非正式组织存在的必然性及如何正确对待非正式组织；
3. 掌握组织设计的原则；
4. 掌握企业组织结构的几种基本形式的设计选择；
5. 了解各种组织结构的优点、缺点；
6. 了解组织变革。

任务导读

两个同龄的年轻人同时受雇于同一家店铺，并且拿同样的薪水。可是，一段时间以后，叫阿诺德的那个小伙子青云直上，而那个叫布鲁诺的小伙子却在原地踏步。布鲁诺很不满意老板的不公正待遇。终于有一天他到老板那儿发牢骚了。老板一边耐心地听着他的抱怨，一边在心里盘算着怎么向他解释清楚他和阿诺德之间的差别——"布鲁诺先生"，老板开口说话了，"您现在到集市上去看一下，看看今天早上有什么卖的。"布鲁诺从集市上回来向老板汇报说，今早集市上只有一个农民拉了一车土豆在卖。"有多少?"老板问。布鲁诺赶紧戴上帽子又跑到集市上，然后回来告诉老板一共40袋土豆。"价格是多少?"布鲁诺又第三次跑到集市上问来了价格。

"好吧"，老板对他说："现在请您坐在这把椅子上一句话也不要说，看看别人怎么说?"

阿诺德很快就从集市上回来了，向老板汇报说到现在为止只有一个农民在卖土豆，一共40袋，价格是多少，土豆的质量很不错，他带回来一个让老板看看。这个农民一个小时后还会弄来几箱西红柿，据他看价格非常公道。昨天他们铺子的西红柿卖得很快，库存已经不多了。他想这么便宜的西红柿老板肯定会要进一些的，所以他不仅带回了一个西红柿作样品，而且把那个农民也带来了，他现在正在外面等着回话呢。

此时，老板转向了布鲁诺，说："现在您肯定知道为什么阿诺德的薪水比您高了吧?"

管理启示：组织内的分工是因人而异的，成员的重要性由能力和贡献来决定。能力有区别，贡献有大小，好的组织能让恰当的人在恰当的位置发挥恰当的作用。（资料来源：李品媛.管理学教学案例.大连：东北财经大学出版社.2007）

6.1 组织概述

6.1.1 组织及组织类型

组织是人类社会最常见、最普遍的社会现象。工厂、机关、学校、医院、各级政府部门、各个党派和政治团体都是组织，它是人们进行合作活动的必要条件。社会中每个人几乎都至少在一个组织中工作和生活，所以，组织的优劣对其成员有重要影响。

1. 组织及其特征

什么是组织呢？英文中的组织（organization）源于器官（organ）一词，因为器官是自成系统的、具有特定功能的细胞结构。对于组织的概念，国外有关学者众说纷纭。其中最早的是由巴纳德提出的观点，他认为"组织就是两个或两个以上的人有意识协调活动的系统"。被誉为"管理过程理论"之父的法约尔最早指出的管理五职能，其中之一就是组织，并认为企业的组织职能主要包括：设计组织结构，确定相互关系，制定规章制度，以及招收、训练、评价职工等。哈罗德·孔茨把组织定义为"正式的有意形成的职务结构或职位结构"。

管理学中的组织有名词和动词两层含义。作为名词，主要指作为实体本身的组织，即按照一定目的、任务和形式建立起来的社会集团，如企业单位、政府机关、大学、医院等。作为动词来使用的"组织"，意指管理的组织职能（或组织工作），即通过组织的建立、运行和变革去配置组织资源，完成组织任务和实现组织目标。

组织的特征主要表现在以下几个方面：

（1）组织有一个共同的目标。目标是组织存在的前提和基础，任何一个组织都要有一个共同的目标，它是组织内成员协作的必要前提。组织之所以存在，只能是因为它执行一定的功能，否则就失去其存在的理由。而组织能够存在并发展下去，就是因为它有一定的目标。

（2）组织是实现目标的工具。组织目标是否能够实现，就要看组织内各要素之间的协调、配合程度，分工协作是由组织目标限定的，一个组织为了达到目标，其中很重要的一个方面就是要看组织结构是否合理有效。

（3）组织包括不同层次的分工协作。组织内部必须有分工，而在分工之后，就要赋予各个部门及每个人相应的权力，以便实现目标。组织为达到目标和效率，就必须进行分工协作，把组织上下左右联系起来，形成一个有机的整体。

2. 组织的类型

组织从不同的角度可以划分为不同的种类。

（1）根据组织的目标分类。根据组织的目标，可以把组织划分为以下四类：

①互益组织：如工会、俱乐部等。

②工商组织：如工厂、商店、银行等。

③服务组织：如医院、学校、社会机构等。

④公益组织：如政府机构、研究机构、消防队等。

（2）根据组织满足需求分类。根据组织满足其成员的心理需求来分类，可将组织分为正式组织和非正式组织，如图6.1所示。

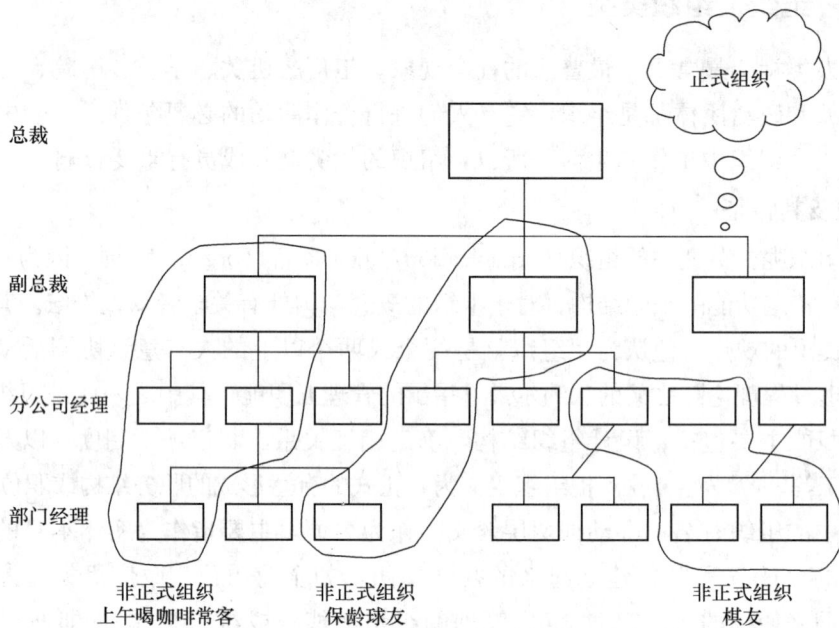

图 6.1　正式组织和非正式组织

（资料来源：哈罗德·孔茨，海因茨·韦里克主编，马春光译.管理学（11版）.北京：经济科学出版社.2004）

①正式组织。正式组织是指有明文规定的、由一定社会组织认可和组织结构确定的、职务分配明确的群体。如组织系统图，即反映组织内各机构、各层次的相互关系。

正式组织具有以下特征：

第一，经过规划而不是自发形成的，其组织机构的特征反映出一定的管理思想和理念。

第二，有十分明确的组织目标，明确规定了组织成员之间的职责范围和相互关系的一种结构，其组织制度和行为规范对成员具有正式的约束力。

第三，以成本和效率为主要标准，要求组织成员为了提高活动效率和降低成本而确保形式上的合作，并通过对他们在活动过程中的表现予以正式的物质与精神上的奖励或惩罚来引导他们的行为。因此，维系正式组织的主要是理性的原则。

②非正式组织。在实际生活中，人与人之间不仅存在正式往来关系，还存在非正式往来关系。在一个企业里，在同一车间的同事之间，或者在兴趣相同的人们之间，或者因职务关系接触较多的人们之间，存在各种各样的往来，从而形成各种各样的群体。这些人的往来，不是按照正常隶属关系进行的，而是由于具有共同的兴趣爱好，或以共同的利益和需要为基础而自发形成经常往来的群体，这种群体叫非正式组织。例如：存在于各种各样组织中的棋迷协会、书法协会等。

非正式组织的特征主要表现在：

第一，组织的建立以人们之间具有共同的思想、相互喜爱、相互依赖为基础，是自发形成的。

第二，组织最主要的作用是满足个人不同的需要。

第三，组织一旦形成，会产生各种约束个人的行为，这种规范可能与正式组织目标一致，也可能不一致，甚至产生抵触。

任何正式组织之中都有非正式组织存在，二者常常是相伴而存的。非正式组织和正式组织的最大区别是前者没有共同的目标，它的成员和形成是不定的，经常变动的。所以，不可能像正式组织那样有清楚的组织意图。非正式组织能很好地满足组织成员个人和情感需要，具有较强的凝聚力。

此外，非正式组织还具有形式灵活、覆盖面广的特点。所以，管理者在组织工作中应有意识、有计划地促进某些具有较多积极意义的非正式组织的形成和发展，从而促进正式组织中人员的相互沟通和协作，提高组织的凝聚力和向心力。

（3）按成员利益受惠的程度分类。按照组织成员利益受惠程度可分为营利性组织与非营利性组织。营利性组织以谋利为主，如各类公司、工厂、银行等；非营利性组织则以社会公众利益为前提，如军队组织、政府机关等。

（4）按组织的性质分类。组织按其性质可以划分为经济组织、政治组织、文化组织、群众组织和宗教组织等。

①经济组织。经济组织是人类社会最基本、最普遍的社会组织，它担负着人们衣食住行和文化娱乐等物质生活资料的任务，履行着社会的经济职能，如生产性组织、商业组织、银行组织、交通运输组织和服务性组织等。

②政治组织。政治组织出现于人类社会划分阶段之后，它包括政党组织和国家政权组织。在现代社会中，政党代表本阶级的利益和意志，为本阶级提出奋斗目标，制定方针政策。国家政权组织是国家管理社会的重要机器，如在不同国家都存在不同政治观点、不同信念的政党组织形式。

③文化组织。文化组织是以满足人们各种文化需求为目标，以文化活动为其基本内容的社会团体，如学校、艺术团体、科学研究单位、博物馆等。

④群众组织。群众自发形成的，具有某种共同爱好、共同愿望的组织，如工会、妇女联合会、科学技术协会等。

⑤宗教组织。宗教组织是以某种宗教信仰为宗旨而形成的组织，代表宗教界的合法利益，开展正常的宗教活动，如基督教协会、佛教协会等。

6.1.2　组织设计及其原则

制定的良好计划常常因为管理人员没有适当的组织结构予以支持而落空。而在某一时期内合适的组织结构，可能过了一两年后就不再合适。由此可见，合理的组织结构在组织演进过程中起着至关重要的作用。为了保证组织能够高效运转，就要求设计合理的组织结构。管理人员在设立或变革组织结构时所做的一系列工作称为组织设计。例如：如何建立相应的职位结构和职务系统；员工应该遵循哪些标准规则才能维持特定的组织结构等都属于组织设计工作。

1. 组织设计的任务

组织设计的任务主要包括两个方面，即提供组织结构图和编制职务说明书、组织结构也称组织的框架体系，决定着组织的形状。组织结构系统图如图 6.2 所示。

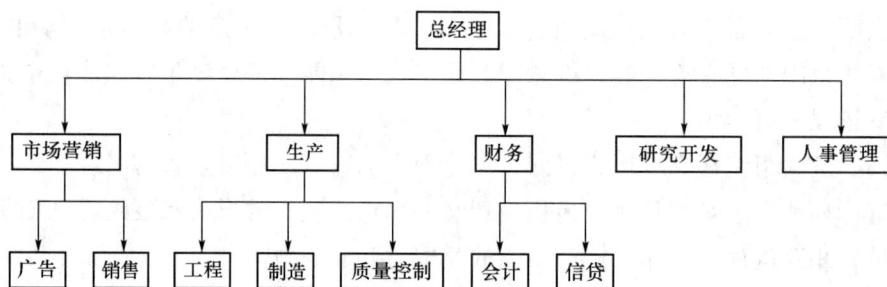

图 6.2　组织结构系统图

图 6.2 中的方框表示各种管理职务或相应的部门；箭头表示权力的指向；通过箭头将各方框的连接，表明了各种管理职务或部门在组织结构中的地位以及它们之间的相互关系。比如：市场营销部经理必须服从总经理的指示，并向总经理报告工作；同时，他又直接领导着广告、销售部负责人的工作。

职务说明书要求能简单明确地指出该管理职务的工作内容、职责与权利、与组织中其他部门和职务的关系，要求担任该项职务者所必须拥有的基本素质、技术知识、工作经验、处理问题的能力等。

为了提供上述两种组织设计的最终成果，组织设计者要完成以下三个步骤的工作：

（1）职务设计与分析。这是组织设计的最基础工作。职务设计是在目标活动逐步分解的基础上，设计和确定组织内从事具体管理工作所需的职务类型和数量，分析担任每个职务的人员应负的责任，应具备的素质要求。

（2）部门划分。根据各个职务之间工作内容的性质以及职务间的相互关系，依照一定的原则，可以将各个职务组合成被称为部门的管理单位。

（3）组织结构的形成。职务设计和部门划分是根据工作要求来进行的。在此基础上，还要根据组织内外能够获取的现有人力资源，对初步设计的部门和职务进行调整并平衡各部门、各职务的工作量，以使组织机构合理。如果再次分析的结果证明初步设计是合理的，那么接下来的任务便是根据各自工作的性质和内容，规定各管理机构之间的职责、权限以及义务关系，使各管理部门和职务形成一个严密的网络。

2. 组织设计的原则

组织处在不断发展变化的环境当中，在不同时期，由于各种内外因素、条件的变化使得组织所需的职务和部门及相互关系也不同。尽管如此，一些经历了实践检验的、经典的设计原则至今仍对组织设计有指导意义。

（1）统一指挥原则。管理理论认为：一个员工只能接受一个上级的指挥，组织中的员工不能就一项职责向一个以上的上级汇报工作。如果两个或两个以上的上级同时对一个下级或一项工作发布命令，就会出现混乱局面。因此，当一项工作需要一个以上的上级进行指挥时，在下达命令以前，领导人之间应先进行沟通，统一思想，避免不同的人员对相同的问题发布相互冲突的命令。遵循统一指挥原则设计组织结构，可以防止出现交叉领导、令出多门、一个职工同时接到两个相互矛盾的命令的情况。

（2）权责一致原则。权责一致原则是指按照具体部门和职位，规定获取、使用和支配必需的组织资源的相应工作条件，规定具体的工作责任和制定相关规则的相应权利，实现组织结构设计中权力与责任的对称。一般来说，组织中具体部门和职位的权力应该与相应的部门和职责配套。权力大于部门和职位的任务要求，会使权力滥用，使组织运行混乱和组织结构变形，并且会出现不负责任的权力；权力小于部门和职位任务的要求，则会出现有关职责无法有效实施，相应的任务不能完成或不能充分完成。法约尔认为，避免滥用职权和克服领导人弱点的最佳方法在于提高个人素质，尤其是必须具备高度的道德素质。

相关链接 6-1

职权与权力

在中国古代，一些生活、工作在皇帝身边的太监常常拥有相当大的权力，以至于许多文武大臣、皇亲国戚都对其恭恭敬敬。事实上，在职权等级链上，太监的身份、地位是很低的，但他们是皇帝身边的人，他们靠近权力的核心。这种现象并非在中国古代才有，现代管理活动中也常常出现这样的事情，一位年薪 7.5 万美元的中层经理会小心谨慎地同一个年薪仅有 2.5 万美元的秘书打交道，就是为了不得罪他们的上司。（资料来源：孙晓琳主编. 管理学. 北京：科学出版社. 2006）

（3）分工协调原则。分工就是按照提高管理专业化和工作效率的要求，把组织的目标分成各级、各部门以及每个人的目标和任务，使组织的各个层次、各个部门，甚至每个人都了解自己在实现组织目标中应承担的工作。有分工就必须有协调，组织只有作为一个系统的整体，才能发挥其协作和集体的特殊作用，这就要求组织结构设计必须从整体系统着手进行。在组织结构设计过程中，除了对组织的层次、部门进行分门别类设计外，必须从纵横两个方向对组织结构进行协调和整合。

（4）管理幅度原则。管理幅度就是一位管理者能够有效地直接指挥其下属的人数。一名管理者有效地监督、指挥其直接下属的人数是有限的。合理的管理幅度有利于管理的控制和沟通，可以加快上情下达和下情上报的传递速度，便于管理者及时做出决策，也有利于下属贯彻上级的决策意图。

管理者应管理多少人数受诸多因素的影响，不仅受个人能力的影响，还受下级掌握的技术和具有的能力的影响。由于管理幅度的大小决定和影响一个组织的管理层次，以及主管人员的数量等一些重要的组织问题，因此，每个主管人员应根据影响自身管理幅度的因素来慎重地确定自己的理想管理幅度。

相关链接 6-2

管理幅度

在同样获得成功的组织中，每位主管直接管辖的下属数量往往是不同的。根据哈罗德·孔茨和奥唐奈介绍：美国五星上将艾森豪威尔在第二次世界大战中任盟军欧洲部队最高司令官时，有 3 名直属下级，而这 3 名下属没有一人有多余 4 名下属。1975 年，通用汽车公司的总经理有两名执行副总经理和一个由 13 名副总经理组成的小组向他直接报告工作。

（5）部门化原则。部门化原则要求组织结构精简有效，富有弹性。部门是指组织中主管人员为完成规定的任务有权管辖的一个特殊的领域。部门划分主要是解决组织的横向结构问题，目的在于确定组织中各项任务的分配与责任的归属，以求分工合理、职责分明，有效地达到组织的目标。

以下介绍几种常见的部门划分方式：

①按职能划分。按职能划分部门是最为普遍的一种划分方法。它遵循专业化原则，以工作或任务的性质为基础划分部门，并按这些工作或任务在组织中的重要程度，分为主要职能部门和次要职能部门，主要职能门处于组织的首要一级。例如：制造厂的经理可以将市场营销、生产、财务、研究与开发以及人事管理等专家分别组合到共同的部门中，来建立工厂的组织结构，如图 6.3 所示。

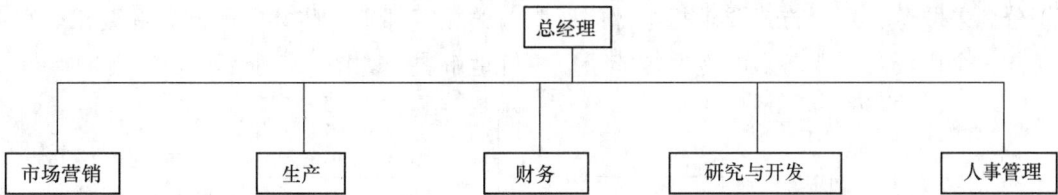

图 6.3　职能型组织结构

按职能进行部门划分具有明显的优点：遵循专业化原则，能充分发挥专业职能，提高劳动力的利用效率，有利于目标的实现；简化了培训工作；明确了各主要职能的权力与威信，加强上层控制手段。但这种划分也存在自身的缺点，易导致各职能部门的专业人员过分专业化和目光狭隘，往往更重视所在部门的目标而不是整个组织的目标，这种部门主义或本位主义，给部门之间的相互协调带来了很大的困难和障碍。

②按地域划分。这种划分是把某一地区内本组织的全部活动集中起来并组成一个部门。对于活动地域分散在不同地区的组织来说，按地区划分部门是一种较普遍采用的方法，跨国公司常常采用这种形式。

这种方法有利于促进地区活动的协调，有利于调动各个地区的积极性，从而取得地方化经营的优势效益；同时也有利于培养能力全面的管理者。其缺点是由于机构重复设置而使费用增加，另外增加了最高主管部门对地方控制的难度，还要求管理者具有全面的管理能力。一般说来，按地域划分部门要辅之以分权式结构。

③按产品划分。产品划分是按组织向社会提供的产品来进行部门划分的方式。它是随着科学技术的发展，为适应新产品的生产而产生的，如图 6.4 所示。

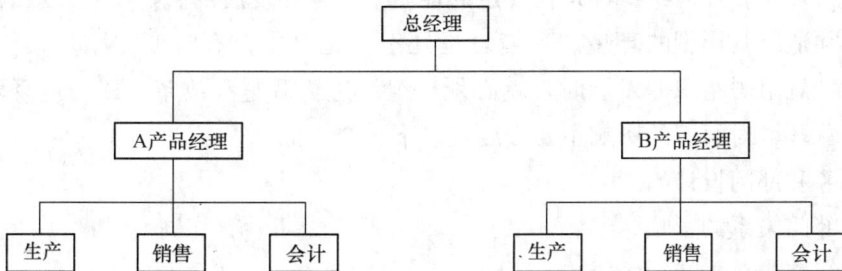

图 6.4　产品部门化

按产品进行划分可以使设备和技能以产品为中心实现专业化，有利于生产的发展，也有利于产品部门内各项职能的协调。主要的缺点在于要求组织中有更多的全局型管理人才，每个部门的经理都须独当一面；产品部门独立性强，整体性差，增加了最高层对各产品部门的协调与控制难度；产品部门某些职能管理机构与企业总部的重叠会导致管理费用的增加，从而提高了待摊成本，影响组织竞争能力。

④按用户划分。按用户划分，即按组织服务的对象类型来划分部门，也可称为按市场

来划分。采取这种划分方式要求每个部门所服务的顾客都有一些共同的问题和要求，可归并为同一个市场，需要各自的专家才能予以更好地解决，如图 6.5 所示。

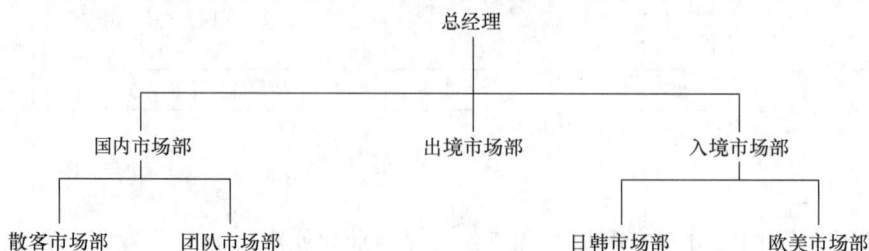

图 6.5　用户部门化

3. 组织结构设计的影响因素

组织结构又称组织机构，它是组织的各类人员、各个部分（部门）之间关系的一种模式。我们走进一些企业、公司的厂长、经理办公室，常常看到墙上挂着一幅企业公司组织结构图，或厂长、经理指挥系统图，有的像金字塔，有的是矩形（方形体），还有其他形状的。企业、公司的指挥沟通系统网络跃然纸上，一目了然。这样的组织结构图对搞好管理起了很大的作用。组织内部的组织结构设计、设置是管理中的一个重要方面，关系到组织是否有生命力，关系到组织管理的效率。所以，必须研究组织结构问题，做好组织结构的设计、设置工作。

但是，组织内外的各种变化因素，都会对组织结构设计产生重要影响。概括起来，影响组织结构设计、设置的因素主要包括以下方面：

（1）经营环境。任何组织都是在一定的环境下生存和发展的。一个组织要保持持续的发展，就必须适应其周围的环境。环境总是处于变化之中，有时变化剧烈，有时变化缓慢。当环境变到阻碍组织的发展时，就必须对组织进行调整和改革，以适应环境的变化。组织外部经营环境对组织的影响主要表现在以下三个方面：

①对职务和部门设计的影响。

②对各部门关系的影响。

③对组织结构总体特征的影响。

（2）经营战略。组织结构只是实现组织目标的手段，因此组织结构的设计和调整必须服从组织战略的需要。适应战略要求的组织结构，为战略的实施、组织目标的实现，提供了必要的前提。

战略是实现组织目标的各种行动方案、方针和方向选择的总称。为实现同一目标，组织可在多种战略中进行挑选。战略选择的不同在两个层次上影响组织结构：不同的战略要求不同的业务活动，从而影响管理职务的设计；战略重点的改变会引起组织的工作重点、各部门与职务在组织中重要程度的改变，因此要求各管理职位以及部门之间的关系作相应调整。

（3）技术及其变化对企业组织设计的影响。组织的活动需要利用一定的技术和反映一定技术水平的物质手段来进行。技术以及技术设备的水平不仅影响组织活动的效果和效率，而且会影响组织活动的内容划分、职务的设置和对工作人员的素质要求。如，信息处理的计算机化必将改变组织中的会计、文书、档案等部门的工作形式和性质。

技术及其变化对企业组织设计的影响主要表现在以下方面：

①生产技术对企业组织的影响。工业企业的生产技术同组织结构及管理特征有着系统的联系。

②信息技术对企业组织的影响。如使组织机构呈扁平化的趋势，对集权化和分权化可能带来双重影响，加强或改善了企业内部各部门之间以及各部门内工作人员间的协调，要求给下属以较大的工作自主权，提高专业人员比率等。

（4）规模与组织所处的发展阶段。组织的规模对其结构的影响是明显的，例如规模小，结构可以简单，规模大则结构复杂得多。组织的规模往往与组织的发展阶段相联系。美国学者 J. Thomas Cannon 提出了组织发展五阶段的理论，并指出在发展的不同阶段，要求有与之相适应的组织结构形态。

①创业阶段。在这个阶段，决策主要由高层管理者个人作出，组织结构相当不正规，对协调只有最低限度的要求，组织内部的信息沟通主要建立在非正式的基础上。

②职能发展阶段。这时决策越来越多地由管理者作出，而最高管理者亲自决策的数量越来越少，组织结构建立在职能专业化的基础之上，各职能间的协调需要增加，信息沟通变得更重要，也更困难。

③分权阶段。组织采用分权的方法对付职能结构引起的种种问题，组织结构以产品或地区事业部为基础来建立，目的是在企业内建立"小企业"，使后者按创业阶段的特点来管理。但随之而来出现了新的问题，各"小企业"成了内部的不同利益集团，组织资源转移，用于开发新产品的相关活动减少，总公司与"小企业"中许多重复性劳动使费用增加，高层管理者感到对各"小企业"失去了控制。

④参谋激增阶段。为了加强对各"小企业"的控制，公司一级的行政主管增加了许多参谋助手，而参谋的增加又会导致他们与直线的矛盾，影响组织中的命令统一。

⑤再集权阶段。分权与参谋激增阶段所产生的问题可能诱使公司高层主管再度高度集中决策权利，同时信息处理的计算机化也使再集权成为可能。

6.2　组织结构与变革

6.2.1　组织结构的形式

企业的组织结构是全面反映组织内各要素及其相互关系的一种模式。它是围绕着组织目标，结合组织的内部环境，将组织的各部分结合起来的框架。组织结构是随着社会的发展而发展起来的，各类组织没有统一的优劣之分，不同的环境、不同的企业、不同的管理者，都将有不同的组织结构。

目前，企业组织结构的基本形式大致有以下几种：

1. 直线制组织结构

直线制组织结构是一种最简单最原始的组织形式。这种组织结构形式不设职能机构，从最高管理层到最基层，实行直线垂直领导。它具有结构简单、权责分明、命令统一、决策迅速、指挥及时和工作效率高等优点。其缺点在于在组织规模较大的情况下，所有的管理职能都集中由一个人承担，往往由于个人的知识和能力有限而感到难于应付，顾此失彼，可能会发生较多失误。因而，这种组织结构形式只适用于那些没有必要按职能实行专业化管理的小型组织，或者是现场的作业管理。直线制组织结构如图 6.6 所示。

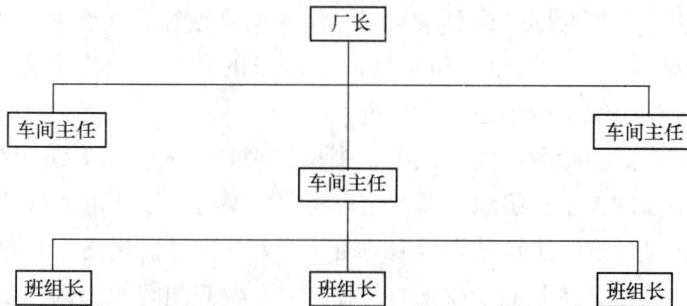

图 6.6　直线制组织结构

2. 职能制组织结构

职能制组织结构又称多线制组织结构，其特点是采用按职能分工实行专业化的管理办法来代替直线型的全能管理者。如图 6.7 所示，在职能制组织结构中，管理者可以将相似或相关职业的专家们组合在一起建立职能机构，在他们各自负责的业务范围内有权向下级下达命令和指示。

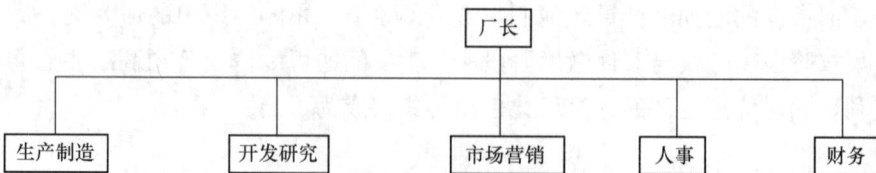

图 6.7　职能制组织结构

职能制机构具有适应管理工作分工较细的特点，能充分发挥职能机构的专业管理作用，提高了管理的专业化程度；同时，由于有专家参与管理，减轻了上层主管人员的负担，使他们有可能集中注意力以履行自己的职责。其缺点表现在：由于每个职能人员都有指挥权，多头领导妨碍了组织的统一指挥，容易造成管理上的混乱；各职能机构由于只重视职能目标和利益，往往不能很好地配合，从而导致职能部门之间产生矛盾和冲突；另外，职能制组织结构强调专业化，这样主管人员往往局限于本专业，对其他职能接触有限，所以不利于培养上层管理者。事实上，在实际工作中不存在纯粹的职能制组织结构。

3. 事业部制组织结构

事业部制组织结构是西方经济从自由资本主义过渡到垄断资本主义以后，在企业规模大型化、企业经营多样化、市场竞争激烈化的条件下，出现的一种分权式的组织形式，也是西方国家大型企业经常采用的组织形式。

事业部制组织结构的特点主要表现为"政策管制集权化，业务经营分权化"。在这样的组织结构中，企业按产品、地区或经营部门分别成立若干个事业部，如图 6.8 所示。各个事业部相对独立，拥有充分的战略和运营决策权、经营权和单独核算体系，是完全自主的经营主体。中央总部则主要负责总目标、总方针、总计划以及各项政策的制定，并保留人事决策、财务控制、价格幅度以及监督等大权。各事业部经理根据中央总部的指示进行工作，统一领导其所管的事业部和研制、技术等辅助部门。

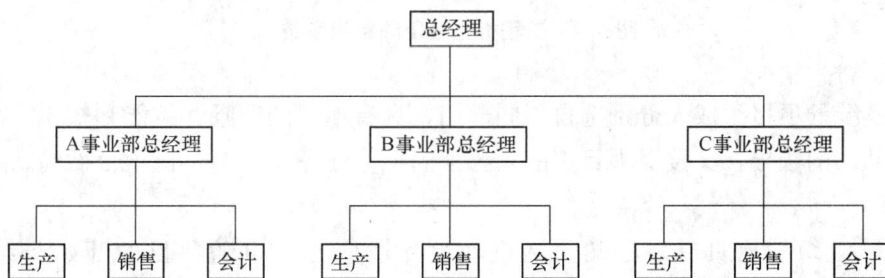

图 6.8　事业部制组织结构

事业部制组织结构将政策集中化和经营分散化有机统一，一方面能使中央总部摆脱日常事务，做好重大决策；另一方面，也使得事业部拥有较高的自主权，有利于发挥各事业部的积极性和主动性。事业部组织结构还是培养高级经理人员的重要形式。每一个事业部都具有相当强的独立性，需要处理市场、人力、技术等独立组织所面临的各种问题，这样便为培养高级管理人员提供了大量的历练机会。事业部制组织结构的缺点主要是活动和资源出现重复配置。例如，每一个分部都可能有一个市场营销部门，从而导致组织总成本的上升和效率的下降。总体上，事业部制组织结构适合大型的或跨国的企业。

4. 矩阵制组织结构

在实际管理活动中，有时会出现这样的情况，有一项复杂的工作任务，需要具有不同专业的人在一起共同工作才能完成。矩阵制组织结构就是为适应这种情况而产生的组织形式，它既有按职能划分的垂直领导系统，又有按项目划分的横向领导系统的结构，如图 6.9 所示。

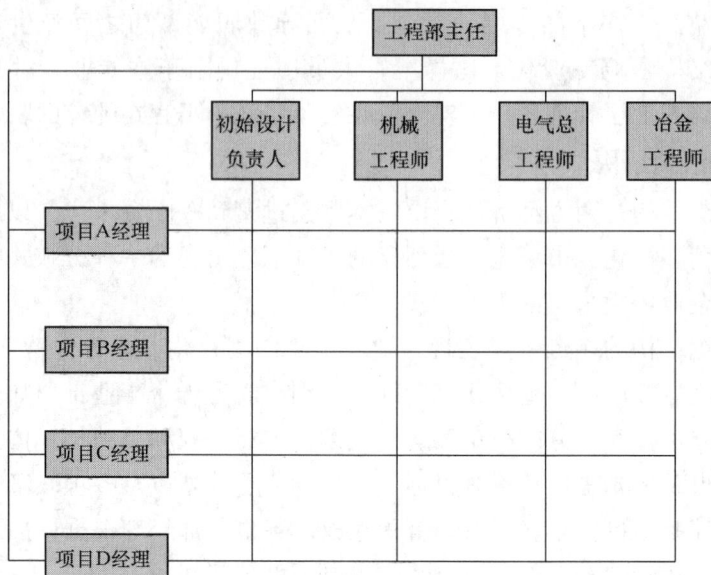

图 6.9　工程类企业矩阵制组织结构

　　横向系统的项目组成人分别选自不同部门，具有不同的背景、技能和知识，他们既接受本职能部门的领导，又接受项目组的领导。当工作任务完成时，该项目撤销，工作人员回到原部门。

　　矩阵制组织结构具有较强的灵活机动性和适应性，可随项目的开始与结束进行组织或给予解散；能够按照项目要求，将具有各种专长的有关人员调集在一起，便于沟通意见和集思广益，有助于解决工作中的难题；有利于把组织的垂直联系与横向联系更好地结合起来，加强各职能部门以及职能部门同各经营单位之间的协作和交流。矩阵制组织结构的缺陷是：稳定性较差，项目组成员隶属于不同的部门，容易产生临时观念；实行双重领导，可能会出现多头指挥，易产生权责不清，相互推诿的现象。矩阵制组织结构适用于产品品种多且变化大的组织，特别适宜以开发研究为主的单位。

5. 网络型组织结构

　　网络型组织结构是一种适应知识社会、信息经济和组织创新要求的新型组织形式，具有强大的适应性和应变能力。网络型组织结构特征鲜明，它只有很小的中心组织，集中精力从事最擅长的活动，其他活动以合同为基础实行外包或依靠其他组织进行制造、分销、营销等经营活动。

　　如图 6.10 所示，管理当局将其经营的主要职能都外包出去，其网络组织的核心是一个小规模的经理小组，他们直接监管公司内部开展的各项活动，协调并控制与执行网络组织其他职能的外部机构之间的关系，图 6.10 中的连线代表这种合同关系。

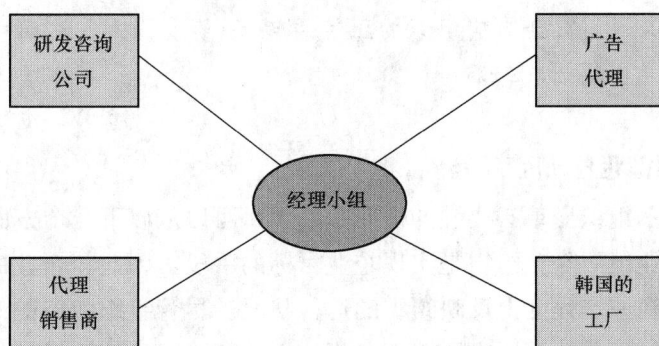

图 6.10　网络型组织结构

网络型组织结构是小型组织的可行选择，但也不乏大型组织所采用。耐克公司、埃斯普里特公司、爱默森无线电设备公司就选择了这样的组织形式。他们与独立的设计者、制造商、代理销售商等联系，按照合同执行相应的职能，自己只拥有少量的制造设施（或没有设备）和几百名员工，每年却售出几百万美元的产品，得到相当富有竞争力的收益。还有些大型组织发展了网络结构的变种，将某些职能活动外包出去。例如，美国电话电报公司将信用卡处理业务包出；美孚石油公司将其炼油厂的维修交给另一家公司；许多图书出版社依靠外包进行编辑、设计、印刷和装订。

6.2.2　组织变革

管理组织经过合理的设计并运行一段时间以后，往往要随着外部环境和内部条件的变化进行调整和变革，以更好地适应组织生存和发展的需要。可以说组织变革是组织实现战略变革的必然要求。

相关链接 6-3

站在炮管下的士兵

一位年轻有为的炮兵军官上任，到下属部队视察操练情况。他在几个部队发现相同的情况：在一个单位操练中，总有一名士兵自始至终站在大炮的炮管下面，纹丝不动。军官不解，究其原因，得到的答案是：操练条例就是这样要求的。军官回去后反复查阅军事文献，终于发现，长期以来，炮兵的操练条例仍因循非机械化时代的规则。站在炮兵下面的士兵的任务是负责拉住马的缰绳（在那个时代，大炮是由马车运载到前线的），以便在大炮发射后调整由于后坐力产生的距离偏差，减少再次瞄准所需的时间。现在大炮的自动化和机械化程度很高，已经不再需要这样一个角色了，但操练条例没有及时地调整，因此出现了"不拉马的士兵"，军官的发现使他获得了国防部的嘉奖。

这个小案例告诉我们，当外部环境发生变化时，组织要及时地审视自己的结构、规章

条例是否依然适用，否则就会影响组织的正常运转。（资料来源：赵涛主编．管理学案例库．天津：天津大学出版社，2005）

1. 组织变革的征兆与动因

一般说来，显示组织变革必要性的征兆和动因，可以从以下几个方面观察：

（1）组织经营业绩下降。组织是实现企业目标的手段，因此，企业的实际成绩与期望目标之间的差距可在一定程度上反映组织的运行状况。尽管组织状态的好坏并不是决定绩效水平的唯一因素，但若从深层次原因上分析，企业长时间的绩效滑坡通常可以追究到组织状况不良这一根源。美国通用汽车公司按照集中政策下的分散经营思想改组组织，被称作"近代企业管理组织的一次革命"，但分析其过程不难发现，该公司是在内部缺乏统一管理、外部面临经济恐慌的形势下，在财务上遭到严重危机的生死关头，接受了杜邦公司和摩根财团的金融援助后才开始进行管理组织变革的。

（2）组织本身存在的缺陷。如机构臃肿，人浮于事，效率低下；相互关系不顺，推诿扯皮严重，矛盾冲突迭起；决策过于迟缓或失误过多，决策执行拖拉或反馈不及时，致使企业坐失良机；组织不能对环境的变化做出灵活的、富有创造性的反应。

（3）内外因素发生变化。如环境不确定性增加；产品市场变动；企业战略改变；组织规模扩大；科技进步加速；人力资源变化。这些都要求"结构跟着战略变"。这是美国管理学家钱德勒早期提出的一个著名观点。

2. 组织变革的内容和对策

组织变革所包含的内容相当广泛，下面按照组织变革涉及的深度不同划分为几个方面。

（1）精简机构与划小单位。精简机构主要是针对人浮于事、机构臃肿状况而采取变革措施的，这是组织调整工作的第一步。还有许多企业为了提高其对外环境的应变能力，在壮大和加强自身销售、经营力量的同时，将部分市场营销业务及其相应决策权下放给基层单位，从而将高度集权的职能型组织调整为分权型组织。比较常见的做法是按照产品和市场建立相对的封闭或半封闭的单位，通过划小核算单位，下放经营权限，使之成为利润中心。

（2）结构重组与流程再造。精简结构和划小单位从某种意义上说也是结构重组的内容，但组织结构调整并不是组织中工作职位和部门结构设置的调整，更是这些要素之间纵向和横向相互关系的重新整合。在传统的以分工为导向，以结构为轴心的组合设计中，一项活动要由许多职位或部门来分别承担其中某一部分或某一步骤的工作，从而造成跨部门衔接的困难和工作任务完成的低效率问题。流程再造就是要打破传统"分工论"的束缚，以首尾相接的连贯的整合性流程来取代以往的各部门隔裂的、不易看见也难于管理的破碎式工作过程。

（3）组织发展与文化变革。组织发展主要是运用行为科学的知识和技巧来改变组织成员的态度、技能和行为，改进个体之间、群体之间和组织内部的各种非正式工作关系。如果我们以冰山来比喻实际运作中的组织,那么,组织的发展和文化的变革就是着眼于改变冰山没入水中、不易观察到的部分。一般来说,露出水面的部分变革起来相对容易,深藏于水中的部分,由于平时不易为人所察知,所以越需要组织变革者加以直接的面对和干预。组织文化变革是更深层次的变革,它最不容易,但又是最根本、最重要的。组织文化作为"行为准则"是由组织中相对稳定的和持久的因素构成的,因此变革起来具有相当大的阻力。不过成功企业的实践证明,当组织面对大规模的危机的时候,采取某种方式使员工清楚地意识到所潜伏的危机,以及高层领导的更换,都会形成有利于组织文化变革的情景条件。

3. 组织变革的两种观点

在组织变革过程中有两种不同的观点,即渐进观和激进观。库尔特·卢因的"三步骤变革过程"对渐进观做了最好的描述,如图 6.11 所示。

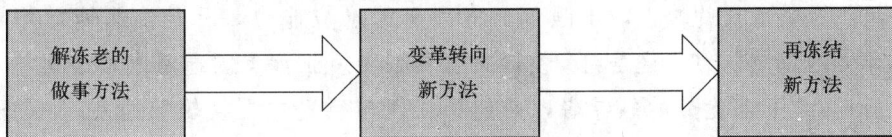

| 解冻老的
做事方法 | → | 变革转向
新方法 | → | 再冻结
新方法 |

图 6.11　三步骤变革过程

按照卢因的观点,组织变革要经历解冻—变革—再冻结的循环过程。"解冻"过程就是促使全体成员统一思想,克服组织惯性和变革阻力的过程。"解冻"一旦完成,就可以顺利地进行变革。渐进观的变革,其最终目的是"再冻结",即将新的状态稳定下来,保持一段相当长的时间,否则组织又会返回到原有的平衡状态中。要成功地进行再冻结就要平衡驱动力和制约力两种力量,使之达到新的平衡状态。

渐进观对于处于相对稳定平衡环境的组织来说,可能是适合的。然而,组织面临稳定的环境已越来越少甚至不复存在。当今的组织必须对迅速变化的环境及时做出有效的反应,而不是按原计划照章行事。尤其是时装行业、计算机行业、信息行业等长期面临急流险滩的经营环境的企业,更适合激进观。

激进式变革就是对组织进行大幅度的、全面的变革,以较快的速度达到目的状态模式。由于调整的范围大,时间短容易导致组织的不稳定性,严重的时候会导致组织崩溃。这就是为什么许多组织变革反而加速了组织灭亡的原因。渐进式和激进式两种组织变革模式各有利弊,也都有着成败的实践,一个组织应当根据组织本身情况和承受能力来选择组织的变革模式。

相关链接 6-4

煮青蛙的故事

如果你把一只青蛙放进沸水中,它会立刻试着跳出。但是如果你把青蛙放进温水里,不去惊吓它，它将呆着不动。现在，你慢慢地开始加温，当水的温度开始从华氏 70 度升到 80 度，青蛙仍显得若无其事，甚至自得其乐。可悲的是，当温度慢慢上升时，青蛙将变得越来越虚弱，最后无法动弹。虽然没有什么因素限制它脱离困境，青蛙仍留在那里直到被煮熟。为什么会这样呢？

青蛙内部感应生存威胁的器官，只能感应出环境中激烈的变化，而不是针对缓慢、渐进的变化。

组织的变革不能是被动地跟随模仿，必须是有计划、有预见地进行。

组织变革的最大阻力来自于组织成员的怀旧心理，来自于他们对现状的满足。一旦遇到变革时，不管是利益受害者还是实际利益的获得者，大家都会说："变革什么，还是以前的好。"

克服组织及其成员的惰性，增强他们对外界的感应能力，及时快速地对外界进行反应，增强环境的适应能力，这是组织变革的重要任务。正如美国通用汽车公司前总裁杰克·韦尔奇所说："未来优秀的领导者，是能够在汽车行进中更换轮胎的人。"（资料来源：孙晓琳主编．管理学．北京：科学出版社．2006）

4. 组织变革的过程

组织变革是一项复杂的系统工程，需要遵循一定的阶段和步骤，有计划的进行。

（1）准备和计划阶段。通过调查现状、分析材料、界定问题以确定目标；采取相应措施增强变革的驱动力，减弱对变革的阻力；制定解决问题的具体方案。

（2）试验和推广阶段。选择适宜的试验地点和规模，选择适当时机及时发动变革，尽快使变革初见成效，然后全面推广实施。

（3）评价和巩固阶段。通过监控组织变革的过程，评价变革的结果，巩固和稳定组织变革的成效。

6.3　人力资源管理

6.3.1　人力资源管理的内涵

随着全球化竞争和知识经济时代的到来，越来越多的管理学者、企业家和管理者认为人力资源日益成为企业竞争优势的基础。芝加哥大学教授、诺贝尔经济学奖获得者西奥多·W·舒尔茨（Theodore W. Schultz）认为，人力资本是通过对人力资源投资而体现在劳动者身上的体力、智力和技能，它是另一种形态的资本，与物质资本共同构成了国民财富，而这种资本的有形形态就是人力资源。这种资源是企业、地区和国家生产与发展的要素之一。

当代经济学家普遍接受了舒尔茨的观点。经济学家认为，土地、厂房、机器、资金等已经不再是国家、地区和企业致富的源泉，惟独人力资源才是企业和国家发展的根本。

现代人力资源管理源于英国的劳工管理，并经由美国的人事管理演变而来。20世纪70年代后，人力资源在组织中所起的作用越来越大，传统的人事管理已明显不适用，它从管理的观念、模式、内容、方法等方面全方位地向人力资源管理转变。从80年代初期起，西方人本主义管理的理念和模式逐步凸显起来。所谓人本主义管理，就是以人为中心的管理。人力资源被作为组织的首要资源，现代人力资源管理便应运而生。它与传统人事管理的差别，已不仅仅是名词的转变，两者在性质上已有了本质的差异。

所谓人力资源管理，是指企业对人力资源的取得、开发、保持和利用等方面所进行的计划、组织、指挥和控制的活动。企业人力资源管理所关注的焦点是如何依据发展战略及其目标，进行人与人关系的调整、人与事的配合，以充分开发和利用人力资源、激发员工的积极性和创造性；在提高企业生产率和竞争力的同时，提高员工的工作生活质量和满意度。人力资源管理包括人力资源的规划和预测，工作设计和工作分析，人员的招聘、甄选和录用，人员培训和开发，薪酬设计，绩效评估，人员调整，劳动关系的处理，人力资源的核算评估，组织文化建设等方面的工作。

6.3.2 人力资源管理的原则和方法

1. 人力资源管理的原则

（1）人本化管理原则。在知识经济时代，员工的积极性、主动性和创造性是企业竞争优势的源泉，这就促使人本化管理上升为管理的主流价值观，即确立人在管理中的主导地位，使企业的管理活动主要围绕调动员工的积极性、主动性和创造性来进行与展开。人本化管理理念要求更多地实行个性化管理，注重员工的工作满意度及工作、生活质量的提高，尽可能减少对员工的控制与约束，更多地为员工提供帮助与咨询，更好地为员工提供培训与发展的机会，指导员工进行职业生涯设计，帮助员工在企业中成长与发展，实现员工个人和企业整体的双赢。

"以人为本"中的"本"，我们既可以解释为"根本"，也可以解释为"资本"（人力资本）。由于作为人力资本载体的人不仅仅具有生产性，同时还具有社会性，所以对企业中的人应当视为人之"本身"，不仅仅是作为一种资源，而是将人作为第一要素，作为第一生产力。当今科技、经济发展一日千里，谁拥有人才优势，谁就能抢占经济发展的制高点。

"以人为本"的管理是一种软管理。它注重对人的管理，注重宽松和谐的气氛，注重灵活的领导方式，承认只有人才具有无限的价值，尊重人、关心人、培养人、重视人、激励人，把人力资源视为比资金、产品等更重要的资源，认为人是生产力诸要素中最具主观能动性的因素，是企业在日趋激烈的市场竞争中立于不败之地的重要保证。

"以人为本"的管理是一种文化控制的管理。强调通过企业文化创造宽松和谐、适合员工自由发展的环境，通过文化的力量来提高凝聚力，使管理变得柔刚并举，人性味十足。惠普的管理举世闻名，最引人注目的是以其"文化控制"作为管理，使得惠普文化能够抓住人心，做到爱戴员工、尊重员工，深得 12 万名员工的信任，激励他们勇于开拓市场，创造骄人成绩。

"以人为本"的管理是人与企业达到"双赢"的管理。鼓励人力作为资本不仅参与价值创造，也参与价值分配。把员工视为伙伴，这是一个很重要的观念。企业获得成功后要与员工一起分享，如组织员工旅游、发放生活福利和调高员工工资等。因为企业之所以能够成长、成功都是所有员工一起努力的结果。员工的价值得到了企业的肯定和满足，其积极性得到了充分发挥，就能够以更旺盛的斗志迎接一轮又一轮的挑战，必定为企业创造更大的财富。

相关链接 6-5

在"安永"感受 People First

"People First"翻译成中文就是以人为本，在安永，这绝不是口号！安永的"以人为本"体现于每一个细节，不仅是拥有完善的培训体系、具有竞争力的薪酬待遇、职业生涯规划和成长空间，更重要的是能够让员工有归属感，甚至是家的感觉，这也是安永最具特色的企业文化和留住人才的关键。很多公司都会说自己的培训做得好，但是安永不会滔滔不绝地表白自己，而是化为具体的行动。至于口碑，则是外界评给他们的众多奖项，诸如"最佳雇主"、"最受推崇的知识型企业"（1998～2004）、"最受员工欢迎之《财富》100 强公司"（1999～2004）、"《人材培训》10 强最佳学习型机构"（2002～2004）……安永北京办事处位于寸土寸金的东方广场，他们将两层办公区的其中半层作为培训中心，配备的师资是各地最优秀的老师，而且为每一位员工度身订制出培训计划和时间表，各个级别的员工都有培训机会，并且是提升的必要条件之一。"每个员工都有压力，工作都非常辛苦，但不仅仅是普通员工，合伙人也如此。比如前几天一位合伙人半夜 3 点与伦敦的同事打电话商榷某公司上市事宜，结果这个电话一直打到翌日中午。"刘醒雄先生话锋一转，"但是在安永，大家做得都非常开心，这是很重要的。公司会组织很多活动，普通员工、高级经理和合伙人都参加，彼此没有什么拘束，玩得都很开心。比如我们每个月最后一个星期五都会开联欢会，就在楼下的培训中心。而且我们每个月都有卡拉 OK 比赛、保龄球比赛等活动，不久前公司还组织了 300 多人集体去郊外度假。"

安永北京办事处设置了"意见箱"，当有员工反映楼下办公室没有冰箱，必须上楼才能拿到冷饮时，一天后就会有崭新的冰箱摆在楼下办公室；公司的发薪日期原来是月底，但因为银行转账等原因，在个别情况下，员工会在下个月的 2 至 3 日才能顺利提款，于是公司就提前了发薪日期，以保证每月 25 日员工的工资就能到账。类似的例子不胜枚举，在安永，"以人为本"是做出来的，而不是简单的口号。也正因为此，才能长期保持较低的员工流失率。

安永中国业务重心的转变和高速扩张战略，势必对人才产生更多更强烈的需求。而作为国际知名的"四大"之一，安永吸引人才之处不仅靠其身上的"金字招牌"，更是他们在用人理念和企业文化中渗透出来的"People First"——能够将"人"视作"唯一的财富"，再次把我们熟知的"以人为本"理念诠释出崭新内涵。（资料来源：中国人力资源开发网）

（2）人力资源竞争力原则。在一定意义上，企业竞争力可以归结为人力资源竞争力。现代人力资源管理与传统人事管理相比，更突出战略性。要突出战略性，必须集中时间、精力于人力资源管理的战略性项目，专注于和构筑人力资源竞争力紧密相关的业务管理。这就要求企业一方面把事务性的、非核心的、重复性较强的人力资源管理项目由机器取代或外包，另一方面要努力营造员工与企业共同成长的组织氛围，关注员工职业生涯管理，为有远大志向的员工提供施展才华、实现自我超越的舞台。

（3）人力资源开发原则。现代人力资源管理将人力视为组织的第一资源，更注重对其进行开发。人力资源开发是指培养和提高员工的素质与技能，使他们的潜能得以充分发挥，从而最大限度地实现个人价值，为企业创造效益。人力资源开发的方式多种多样，岗位轮换、员工职业生涯规划等均成为新型的人力资源开发方法，传统的院校培养及企业使用或企业自己培养、自己使用的方式转为更注重理论与实践相结合的院校与企业联合培养的方式。同时，也更注重对员工的有效使用。事实上，对员工的有效使用是一种投资最少、见效最快的人力资源开发方法。当员工得到有效使用时，对员工而言，就意味着用其所学、用其所长、用其所愿，员工满意度增强，工作积极性提高；对企业而言，则表现为员工得到合理配置、组织高效运作、劳动生产率提高。

（4）人力资源社会化原则。许多成功的企业从战略高度看待人力资源管理，把人力资源看成是一种社会资源。他们把人力当做一项潜在资本，而不仅仅是一种可变成本。在此前提下，对人力资源的管理从企业、个人、社会等不同角度进行多层次的评估。国外一些企业大力支持员工学习深造，而且在他们学成和取得学位后离职时，一律不需负担任何补偿责任。这不仅对整个社会有益，而且这么做的企业多了，形成了良性循环，整个社会的人力资本就会大为提高，最终对企业也是有利的。

2. 人力资源管理的方法

（1）人力资源规划。企业人力资源规划是指根据企业的发展战略、企业目标以及企业内外部环境的变化，科学地分析和预测未来的企业对人力资源的需求和供给状况，并据此制定或调整相应的政策和实施方案，以确保企业在恰当的时间、在不同的职位获得恰当的人选的动态过程。

人力资源规划是企业发展战略的重要组成部分，也是企业人力资源管理各项活动的起点和依据。企业人力资源规划要与企业整体规划（如企业发展战略、企业经营计划、企业年度计划等）相互配合和支持，同时要与人力资源管理的各项活动（如工作分析、员工招聘、员工培训与开发、员工绩效评估和薪酬管理等）相互协调。

（2）工作分析。工作分析是组织的一项管理活动，它旨在通过收集、分析、综合整理有关工作方面的信息，为组织计划、组织设计、人力资源管理和其他管理职能提供基础性服务。

（3）员工的招聘。在激烈的市场竞争中，能否招聘到优秀的人才已成为企业成败的关键。员工的招聘是人力资源管理工作中一项重要的基础性工作，它对于组织人力资源的合理形成、管理和开发具有重要的作用。

招聘就是指根据企业总体发展战略规划，按照职位的发展要求，采取多种措施吸引和寻找合适的候选人来填补职位空缺的活动，其实质就是让有潜力的合格人员对本企业的相关职位产生兴趣并且应聘这些职位。

（4）员工教育培训。员工的教育培训是指以企业为主体，有计划地对员工进行培训与教育，提高员工的知识和技能，帮助员工更有效地推进在企业中的工作业绩，最终使企业的发展目标与员工个人的发展目标得以共同实现。对员工的教育培训是任何企业不可忽视的现实问题，是企业生存与发展的必然要求。

（5）薪酬管理。薪酬管理是为了实现组织目标，发挥员工的积极性并促进其发展，将员工的薪酬与组织目标有机结合的一系列管理活动。

一般来说，组织的薪酬管理必须达到如下目的：

①维系和促进组织的可持续发展。

②强化激励作用。

③有利于稳定员工队伍，吸引高素质的人才。

薪酬管理的内容主要包括以下几个方面：

第一，薪酬计划管理。

第二，薪酬结构管理。

第三，薪酬水平管理。

第四，薪酬日常管理。

员工的工资定级，包括新进人员的工资定级和换岗人员的工资定级。

员工工资异动，包括自然变动和考评异动。

员工工资、福利支付。

（6）员工绩效评估。绩效评估是人力资源管理的重中之重，是提高组织中的员工绩效及开发团队、个体的潜能，使组织不断获得成功的管理思想和具有战略意义的管理方法。

员工绩效评估是指企业按照预先确定的标准和程序，采用科学的方法，检查和评定员工对职位所规定的职责的履行程度，以确定其工作能力和工作成绩的过程。

（7）劳动关系管理。企业的劳动关系管理包括劳动合同的管理和劳动争议的处理。劳动关系有广义和狭义之分。广义的劳动关系是指社会分工协作关系；狭义的劳动关系是指机关、企事业单位、社会团体和个体经济组织（统称用人单位）与劳动者个人之间，依法签订劳动合同后所产生的合作、冲突和权力关系等的总和。《中华人民共和国劳动法》中对劳动关系做了明确的界定，是指劳动者与所在单位之间在劳动过程中发生的关系。

劳动合同也称劳动契约，是劳动者与企业确立劳动关系、明确双方权利和义务的协议。劳动合同是确立劳动关系的法律依据，根据《劳动法》等劳动法律、法规依法订立的劳动合同，受到国家法律的保护，对订立合同的双方当事人产生约束力。

劳动争议又称劳动纠纷，是指劳动关系当事人之间因劳动权利与义务发生的争执。在我国，具体是指劳动者与用人单位之间，在劳动法调整范围内，因订立、履行、变更、终止和解除劳动合同以及其他与劳动关系直接相联系的问题而引起的纠纷。劳动争议是劳动关系不协调的反映，只有妥善、合法、公正、及时处理劳动争议，才能维护劳动关系双方当事人的合法权益。

小　　结

1. 组织是指管理的组织职能（或组织工作），即通过组织的建立、运行和变革去配置组织资源，完成组织任务和实现组织目标。"组织"一词的使用常常很随意。正式组织是有目的形成的角色结构，而非正式组织则是人际和社会关系网络，是自发形成而非正式建立或正式职权所要求的。

2. 组织设计的原则包括统一指挥原则、权责一致原则、分工协调原则、管理幅度原则、部门化原则。管理幅度是指管理人员可以有效管辖的下属人数。管理幅度宽，组织层次就少；而管理幅度窄，组织层次就多。管理人员有效管辖下属的人数是不定的，取决于几个内在的因素，其中包括要求下属人员所受训练的程度和自身受训的程度、授权的清晰度、计划的明确性、客观标准的使用、变革的力度、沟通方式的有效性、所需的个人接触量以及组织中的层次等。

3. 组织结构的主要形式有直线制结构、职能制结构、事业部制结构、矩阵制结构、网络型结构。唯一最佳的组织方式实际上是不存在的，哪种方式最为适合取决于特定环境下的各种因素，如所要完成的工作的类型、完成任务的方式、参加的人员、采用的技术、服务的对象及其他内外因素。

4. 管理组织经过合理的设计并运行一段时间以后，往往要随着外部环境和内部条件的变化进行调整和变革，以更好地适应组织生存和发展的需要。可以说组织变革是组织实现战略变革的必然要求。

5. 人力资源管理是指企业对人力资源的取得、开发、保持和利用等方面所进行的计划、组织、指挥和控制的活动。

➡➡ 课堂讨论

1. 结合身边的例子，谈一谈你对组织的理解。

2. 在事业部型、简单型和矩阵型中，哪一种结构设计你最愿意在其中工作？哪一种又最不愿意呢？为什么？

➡➡ 业务自测

一、单项选择题

1. 最普遍采用的划分部门的方法是按（　　）划分。

　　A. 时间　　　　　　　B. 职能　　　　　　　C. 产品　　　　　　　D. 设备

2. 直线型组织结构一般适用于（　　）。

　　A. 大型企业　　　　　　　　　　　B. 跨国公司

　　C. 现场作业管理　　　　　　　　　D. 实行专业化管理的组织

3. 霍桑试验表明（　　）。

　　A. 非正式组织对组织目标的达成是有害的

　　B. 非正式组织对组织目标的达成是有益的

　　C. 企业应采取一切措施来取缔非正式组织

　　D. 企业应该正视非正式组织的存在

4. 下列关于管理层次与管理幅度的说法正确的是（　　）。

　　A. 管理层次与管理幅度之间成反比例关系

　　B. 直线式结构是一种管理幅度大而管理层次少的组织结构

　　C. 扁平式结构是一种管理层次多而管理幅度小的组织结构

　　D. 规模大，任务量多的组织宜采用少层次结构

5. 从组织外部招聘管理人员可以带来"外来优势"是指被聘干部（　　）。

　　A. 没有历史包袱　　　　　　　　　B. 能为组织带来新鲜空气

　　C. 可以迅速开展工作　　　　　　　D. 具有广告效应

6. 组织结构设计中，划分管理层次的主要原因是（　　）。

　　A. 组织高层领导的偏好　　　　　　B. 法律的规定

　　C. 组织规模　　　　　　　　　　　D. 管理宽度的限制

二、简答题

1. 为什么要重视非正式组织的作用？请结合身边的事举例说明。

2. 统一指挥原则有什么作用？试举例说明违反统一指挥原则给组织带来的危害。

3. 影响管理幅度的因素有哪些？管理幅度与组织层次之间存在什么关系？

4. 简单结构为什么不适应大型组织?

5. 为什么要进行组织变革?

6. 如下图所示,你认为该饭店饮食部的组织结构是否遵循了指挥的统一性原则呢?

```
┌──────────┐      ┌────────┐      ┌──────────┐
│ 饮食部经理 │      │ 厨师长 │      │ 餐厅领班 │
└─────┬────┘      └───┬────┘      └────┬─────┘
      │               │                │
      │          ┌────┴─────┐          │
      └──────────│ 餐厅服务员 │──────────┘
                 └──────────┘
```

某饭店饮食部组织结构

7. 什么是"人力资源管理"?

三、论述题

结合实际说明如何做好组织工作?

▶▶▶ 案例分析 ‖

猫咪游戏玩具公司的人事问题

乔·伯恩斯是一家公司的职员,利用业余时间创办了猫咪游戏玩具公司。起初,他在自己家的地下室里制作一些供人消遣的玩具小猫,谁要买就直接邮寄给他。1980 年,他开了一家乔记精品商店,这是他在市中心商业区的第一个零售小商店。乔的生意越做越大,他终于辞去工作,把商店搬进了一个大型购物中心,把原来的店名也改了,正式定名为猫咪游戏玩具公司。后来,生意红火到在这个大都会地区联手开了 7 家连锁分店,乔又买下了一个小型玩具制造工厂,开始大批量地生产玩具小猫。随着生意上的发展,他感到不得不处理一些一向被忽视的人事问题。

杰拉尔丁·菲茨是总经理,乔雇她来管理这些零售商店。她抱怨说,下一年度她需要补充人手,乔问:"需要多少?"杰拉尔丁举出以下一些数字:

现有职工	350 人
生意扩大,需要追加职工	50 人
为了填补缺勤,400 人按 2.5% 的比率算,需要职工	10 人
为了替换预期中的正常辞职和解雇,需要职工	70 人
为了替换预期中的退休人数,需要职工	20 人

总经理还要求乔批准每个星期给每个商店的首席店员多付薪 50 美元,因为首席店员对清点库存与现金收款负更多的责任。

杰拉尔丁从乔那里获得批准追加职工,在每家商店贴出布告:"招聘零售商店职工"。布告张榜了 3 个星期,这位总经理大失所望,因为几乎没有人来应聘,就是来应聘的那几个人也不具备她所希望的素质。

此外，一家分店的首席店员辞职了，而这家商店的经理法利·曼尼克斯告诉杰拉尔丁，他希望提拔的一个店员当即要他准确描述这份工作该干点什么，这真让他吃了一惊。"我确实不能挑这副担子"，那个人说，"除非你能明确这份工作，明确希望我干什么。"

乔常常灰心丧气，因为他巡访零售商店时常碰到有些店员对公司的产品系列竟一无所知，特别是新职工，看上去甚至不知道猫咪游戏玩具公司有自己的工厂。总经理对商店经理们所做的工作很失望。她说："我们得干点什么来改进他们的工作。"

一家零售商店突然发生的一件令人不愉快的小事，使得乔和杰拉尔丁明白了需要对人力资源更好地管理。这牵涉到一个叫玛丽·泽勒的售货员，她已工作了 3 年。她的表现总得来说令人不满意，但商店经理迈克尔·默里留着她，希望她会改进。但她并没有这样做，一天上午，有位顾客想买东西，玛丽却不理不睬，商店经理当场解雇了她。这件事情没有到此为止，玛丽指控那家商店经理和猫咪游戏玩具公司，说谁也没对她的工作表现说三道四过，都说满意。她认为解雇她纯粹是一种歧视行为。"商店经理不喜欢雇用妇女。"她说道。当迈克尔因此事受到质问时，他辩解道："店里每个人都知道玛丽是这里最差的店员，如果她还不知道，那她不是聋子，就是瞎子。"（资料来源：北京交通大学管理学精品网站）

请分析：

1. 猫咪游戏玩具公司的组织设计存在哪些问题？
2. 猫咪游戏玩具公司的职务设计应该怎样进行？
3. 玛丽的指控和迈克尔的辩解有没有道理？为什么？

▶ 实训建议

模拟公司创建

项目 1：创设公司组织结构

内容：用一个课时讲解公司基本组织结构，并提出创建模拟公司的基本要求，布置学生组队并完成实训任务。

时间：20 分钟讲解；两个礼拜完成组队以及公司宗旨、目标及结构的创建。

完成形式：A4 纸打印稿。

训练目标：学生团队组织能力；语言编辑能力；基本公司管理知识。

项目 2：竞聘公司岗位

内容：学生以团队形式演示公司概况，并由团队成员竞选公司经理，最终由现场评审决定。

时间：20 分钟。

完成形式：PPT 演示公司概况；竞选演说。

训练目标：基本文本操作；公司职位设置及岗位理解能力；团队合作；博弈。

项目 3：模拟公司成立仪式

基本内容：由选出的公司经理在规定时间内确定公司内部人员岗位安排，并策划一个简单的公司成立仪式。

时间：20 分钟。

完成形式：以模拟挂牌等具体形式展示公司文化。

训练目标：岗位设置；人员聘用；营销策划能力；团队合作。

项目 4：情景模拟公司年初研讨会

内容：公司干部在年初确定本年的工作计划及具体工作分配。

时间：20 分钟。

完成形式：模拟公司干部开会场景，并做好当年计划安排与落实。

训练目标：计划、战略管理能力；组织能力。

项目 5：团队合作训练

内容：设定一个目标，让团队所有成员在规定时间内完成。

时间：1 学时。

完成形式：整个团队按照公司职能划分完成预先设定目标。

训练目标：领导、控制能力；危机管理；团队合作能力。

项目 6：成果与检测

投票选出公司总经理，完成模拟公司的初步组建。

班级组织一次交流，每个公司推荐两名成员发表竞聘讲演。

由教师与学生对各公司组建情况（含竞聘提纲）进行评估。

任务 7　领　　导

学习目标

1. 理解领导的内涵和领导者的类型；
2. 了解领导与管理的关系、领导与权力的关系；
3. 掌握领导方式和领导理论；
4. 领会领导艺术。

任务导读

乔利民是一位工程师，他在技术方面有丰富的经验。在技术科，每一位科员都认为他的工作相当出色。不久前，原来的科长调到另一个厂去当技术副厂长了。领导任命乔利民为技术科科长。

乔利民上任后，下定决心要把技术科搞好，他以前在水平差的领导下工作过，知道这是一种什么滋味。在头一个月内，全科室的人都领教了乔利民的"新官上任三把火"。在第二天，小张由于汽车脱班，赶到厂里迟到了三分钟，乔科长当众狠狠地批评了他一顿，并说"技术科不需要没有时间概念的人。"第二个星期，老李由于忙着接待外宾，一项技术改革提案晚交了一天，乔科长又大发雷霆，公开表示，再这样，要把老李调走。当乔科长要一份技术资料时，小林连着加班了三个晚上替他赶了出来，乔科长连一句表扬的话也没有。到了月底，乔科长还在厂部会议上说，小林不能胜任工作，建议把小林调到车间去。

一年过去了，厂领导发现，技术科似乎出问题了，缺勤的人很多，不少人要求调动工作，许多技术工作都应付不过来了。科室里没有一种和谐团结的气氛，厂领导决定要解决技术科的问题了。（资料来源：武汉大学 MBA 网）

乔利民的管理方法有什么问题？厂领导是否应该把乔利民调离？为什么？如果你是乔利民，你会怎么做？

领导是管理的一项重要职能，是计划、组织、人事、控制等各个管理职能的纽带，是实现组织目标的关键。领导职能的功效体现在对组织全体成员进行联络与沟通中，运用恰当的激励手段，对下属施加影响力，统一组织成员意志，保证组织目标实现。

7.1　领导概述

7.1.1　领导的含义

关于领导的含义，通常有两种解释。其一为名词，即人们常把组织者或领导者称为领导；其二为动词，指领导的活动，是领导者在一定客观环境中，指引和影响个体、群体或组织为实现某种预定目标而进行的各种活动过程。

领导作为一个活动过程，主要包含三个基本要素：领导者、被领导者以及二者所处的环境。领导者是领导活动的主体，是实现领导行为的人。被领导者是领导的对象和基础。所以，对领导的确切概念，可作如下表述：

（1）领导一定要有领导者和被领导者。

（2）领导者对被领导者的影响，比被领导者对领导者的影响更大。

（3）领导者的目的是影响被领导者实现群体或组织目标。

（4）将领导的三个要素用公式表示为：

$$领导 = f（领导者・被领导者・环境）$$

这一公式表明，要实现领导效用，需要领导者、被领导者与环境的有机结合。

7.1.2　领导与管理

领导与管理通常被当作同义词来用，似乎管理者就是领导者，领导过程就是管理过程。实际上领导与管理是两个不同的概念，二者既有区别，又有联系。

1. 共性

第一，从行为方式看，领导和管理都是一种在组织内部影响他人的协调活动，实现组织目标的过程。

第二，从权力构成看，两者都是组织层次上岗位设置的结果。

2. 区别

从本质上说，管理是建立在合法的、有报酬的强制性的权力基础上对下属命令的行为。领导则既可能建立在合法的、有报酬的强制性的权力基础上，也可能更多地建立在个人影响权和专长权及模范作用的基础上，且两者所担负的工作内容不同。

领导与管理的区别见表 7.1。

表 7.1　管理与领导的区别

	管　　理	领　　导
确定目标进程	编制计划与预算 • 为达成目标，制定出详细的步骤和计划进度 • 为达到预期目标，进行资源分配	指明方向、给出战略 • 展现未来的愿景与目标 • 指出达到远景与目标的战略
开发实现目标所需的人力和网络结构	组织和配备人员 • 组建所需组织结构及配备人员 • 规定权责关系 • 制定具体政策和规程指导行为	指导人们 • 同协作者沟通，指明方向、路线 • 让人们更好理解目标、战略及实现目标后的效益 • 指引人们根据需要组建工作组、建立合作伙伴关系
执行	控制和解决问题 通过具体详细的计划监督进程和结果	鼓动和激励 • 动员克服改革中的障碍 • 鼓动在初具条件的情况下，努力克服人力与资源的不足，实现改革
结果	• 具有一定程度的预见性并建立良好的秩序； • 得出各利益所有者，如用户、股东期望的关键效果	• 取得较大进展的改革 • 具备进一步改革，如用户期望的新产品潜力

7.1.3　领导者的权力和影响力

1. 领导者的权力

权力是一种影响他人行为的潜力，权力代表了一种资源，领导者通过这种资源影响下属的行为。组织中存在五种领导权力类型：法定权力、奖惩权力、专长权力和感召权力。

（1）法定权力。法定权力来自领导者在组织中担任的职务，来自下属传统观念，即下属认为领导者拥有的职务权力是合理、合法的，得到了社会公认，下属应接受领导者的影响。

（2）奖惩权力。奖惩权力又称强制权力，这种权力建立在下属的恐惧感上。下属认识到，按照上级的指示办事，上级会给予一定的奖赏，满足自己的某些需要。奖赏包括物质和精神两方面的奖赏。如果不按照上级的指示办事，就会受到上级的惩罚。惩罚包括物质处罚、批评、调职、甚至开除等。

（3）专长权力。由于领导者具有某种专业知识和特殊技能，因而赢得同事和下属的尊重和服从。

（4）感召权力。感召权力指由于领导者的个人特征，如具有某种特殊气质、形象或某种荣誉、声望及特殊经历等，其个性特征为下属所接受、尊重和仰慕，以致下属竭力仿效。

上述四种权力中，法定权力和奖惩权力属于职位权力，而专长权力和感召权力是由领导者个人才干、素养等决定的，属于个人权力。要想成为有效领导者，必须职位权力和个人权力有机结合。

表 7.2　领导者四种权力来源

	法定权力	奖惩权力	专长权力	感召权力
领导者	职位	职位	个人专长	个人魅力
被领导者	传统观念	欲望和恐惧	尊敬	信任

2. 领导者的影响力

领导工作的本质就是通过领导者自身的影响力影响一个团体实现目标，所以，领导者要有效地实现领导绩效，关键在于他的影响力如何。根据领导影响力的产生基础，可分为权力型影响力和非权力型影响力两种。

（1）权力型影响力。权力型影响力是由组织赋予个人的职务、地位、权力等所构成的影响力。这种影响力的基础，一是其"法定的"地位，正式组织中的上级主管部门赋予某个人以一定的职务和权力，带有法定的的性质，使领导者拥有合法的指挥、支配下属的工作的权力；二是"奖惩权"，领导者掌握着奖惩权，接受其领导就给予奖励，拒绝其领导就给予惩罚。

权力型影响力的基础决定了其特点与作用，即对别人的影响带有强制性和不可抗拒性，是以外推力的形式发挥作用，这种由职务、权力、地位而产生的影响力，完全是外界赋予的，不是领导者本身的素质及现实行为所形成的，因而在权力型影响力作用下被领导者一般表现为被动服从，它对下属的影响作用有限。

（2）非权力型影响力。非权力型影响力与权力型影响力不同，它与法定权力无关，既没有正式的规定，也不由组织授予，是由领导者自身的品德、才能、学识、专长等因素而对他人形成的影响力。这种影响力是巨大、持久、深刻的。

由领导者自身因素产生的影响力不以外推力的形式改变下属行为，而是对员工心理的自然感召，发自内心自觉自愿改变行为。因此，非权力型影响力的特点是自然的，在这种影响力作用下，员工心理与行为多表现为自觉自愿、积极主动。在具体活动中，它比权力型影响力具有更大的作用。

7.1.4　领导者的作用

领导是任何组织都不可缺少的职能，其作用主要表现在以下四个方面：

1. 指挥作用

指挥是指领导者凭借权威，直接命令或指导下属的行为。具有强制性、直接性、时效性等特点，是领导者经常使用的领导手段。指挥的具体形式有部署、命令、指示、要求、指导、帮助等。

2. 激励作用

激励指领导者通过满足下属心理需要来激发其动机、推动其行为的过程，促进组织成员最大限度发挥才能，实现组织既定目标的过程。具有自觉自愿、间接性和作用持久的特点。激励是领导者调动下属积极性、增强组织凝聚力的有效途径。

3. 协调作用

在组织实现既定目标的过程中，人与人之间、部门与部门之间必然会产生各种矛盾和冲突，出现偏离组织目标的各类行为。因此，要实现组织目标，领导者必须协调好各方面的关系和活动，保证各方面都朝着既定目标前进。

4. 沟通作用

沟通指领导者为有效推进工作而交换信息、交流情感、协调关系的过程。领导者是组织的各级首脑和联络者，在信息传递方面发挥着重要作用，是信息的传播者、监听者、发言人和谈判者，在各管理层次中起着上情下达、下情上达的作用，保证领导决策和各项活动顺利进行。

7.2　领导理论

为解决有效领导问题，西方学者从不同角度进行了研究，如研究领导者个人特性的领导特质理论，研究领导者工作作风和领导有效性的行为理论，研究不同情况采用不同领导方式的领导情景理论。

7.2.1　领导特质理论

领导特质理论主要研究领导者个人最有效的品质特征，即与领导过程的有效性相联系的领导者品质特征。关于领导特质理论，传统观点认为领导者的品质是天生的而不是后天造就的，如美国心理学家吉普的研究，天才的领导者应具有善言、外表英俊、智力过人、具有自信心、心理健康、有支配他人的倾向、外向而敏感等特性，生而不具有这些领导特性的人，不能成为领导者。

现代观点认为，有效的领导者具有某些品质特征，如责任感强、知人善任、善于激励、精通业务、善用科技、决策应变、关系融洽、胆大心细、因才育人、品德高尚等，这些品质特征部分是后天造就的，更多需要通过培训和学习获得。因此，选择领导者需要明确标准，同时对领导者的使用和培训也需要有具体的方向和内容。

7.2.2　领导行为理论

领导行为理论主要研究领导者在领导过程中采取何种领导行为及不同领导行为对员工绩效的影响。

1. 四分图理论

四分图理论是美国俄亥俄州立大学企业管理研究所研究人员在对领导问题深入研究的基础上提出的，主要从两个维度研究领导行为与方式，如图 7.1 所示。

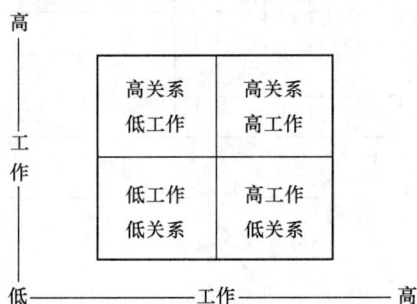

图 7.1　领导行为四分图

第一维度为"工作型"。这种行为类型主要以工作为中心，领导者通过组织设计、明确各部门职责和关系，制定工作任务、确定工作目标和工作程序来引导和控制下属的行为表现。

第二维度为"关系型"。这种行为类型主要以人际关系为中心，关心和强调下属需要的满足，尊重下属意见，建立同事之间、上下级之间的互信氛围。

为获取领导绩效，领导者可以是单一的"工作型"或"关系型"行为方式，也可以是两者任意结合的行为方式。

2. 管理方格理论

为探讨四分图理论在实践中的应用，美国心理学教授布莱克和默顿于 1964 年提出了"领导方格理论"，使四分图理论得到了发展，进一步反映了领导行为变化的客观规律。

在管理方格图中，横轴表示对工作的关心程度，积分越高，表示领导对工作越重视；纵轴表示对人的关心程度，积分越高，表示领导对处理上下级关系越重视。如图 7.2所示。

1.1 型——对工作和关系都不关心。

9.1 型——只抓工作，不关心人。

5.5 型——仁慈集权领导，任务完成一般，人际关系相对稳定。

1.9 型——关系融洽，不关心工作，俱乐部式管理。

9.9 型——既关心工作，又注重人际关系。

管理方格理论为培养有效的领导者提供了衡量模式，使领导者清晰地认识到自身领导行为存在的问题，并指出了改进方向。

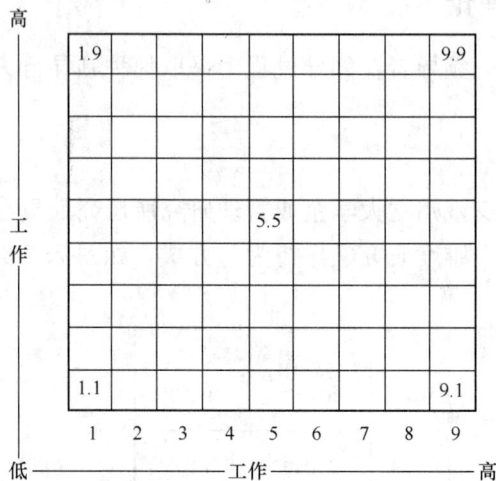

图 7.2　管理方格理论

7.2.3　领导情境理论

领导情境理论认为，领导作为一个动态过程，有效的领导行为应随着被领导者的特点和环境的变化而变化。领导的效率如何，既不完全取决于领导者个人的品质、才能，也不完全取决于某种固定不变的领导行为，而是取决于领导者所处的环境，如被领导者的条件、工作性质、时间要求、组织气氛等。

1. 领导权变理论

菲德勒是权变理论的代表人物，领导权变理论认为，在领导方式方面不存在普遍适用的"最好的"或"最差的"领导方式。有效的领导行为，取决于组织环境、任务、个体与群体的特点，领导者与下属的关系等许多因素。影响领导行为的情境因素主要有以下三个方面：

第一，职位权力。这是指领导者所处职位的权力，即职权。领导者职权的强弱会影响下属服从领导的程度，职权越大，越能取得他人的追随。

第二，任务结构。即下属所承担任务的明确性。只有任务明确，才能清晰确定下属的职责，并能对其业绩进行有效控制。

第三，上下级关系。领导者与下属的关系融洽，就会受下属的爱戴和追随，才可能取得较佳的绩效。否则，领导绩效就会受到影响。

2. 不成熟－成熟理论

"不成熟－成熟"理论是由美国哈佛大学教授阿吉里斯提出来的，其目的是探索领导方式对个人行为和其在环境中成长的影响。他认为，一个人由不成熟转变为成熟的过程，主要表现在以下 7 个方面的转变，见表 7.3。

表 7.3　由不成熟到成熟转变比较

不 成 熟	成 熟
被动	主动
依赖	独立
少量的行为	能做多种行为
错误而浅薄的兴趣	较深与较强的兴趣
时间和知觉性短暂	时间和知觉性较长
附属的地位	同等或优越的地位
不明白的自我	明白和控制自我

　　阿吉里斯认为，以上由不成熟到成熟的变化是持续的循序渐进的过程，一般人都随着年龄的增加、生理的成熟，心理也由不成熟到日趋成熟。因此，领导者应针对下属不同的成熟程度分别指导，对那些心理不成熟或心智迟钝的人，应使用传统的领导方式；对比较成熟的人，应扩大个人的责任，创造一个有助于发挥其才能和成长的环境。

3. 领导生命周期理论

　　领导生命周期理论是在"领导行为四分图"理论与"不成熟—成熟"理论结合的基础上发展起来的，从三个维度研究领导效率，如图 7.3 所示。

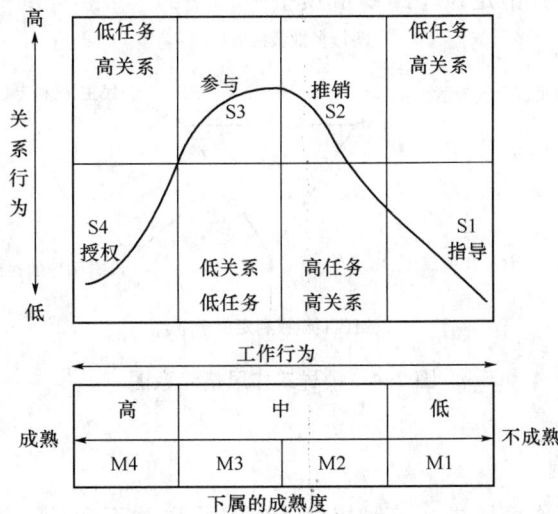

图 7.3　领导生命周期理论

　　由图 7.3 可以看出，当下属很不成熟时，采用高工作、低关系专制型领导方式最有效；当下属不成熟时，采用高工作、高关系的说服教育型领导方式最合适；当下属比较成熟时，采用高关系、低工作的参与型领导方式最有效；当下属的成熟程度很高，采用低工作、低关系的授权型领导方式最有效。

领导生命周期理论认为，有效的领导行为应该把工作行为、关系行为和被领导者的成熟程度结合起来考虑。领导者应根据下属的不同年龄、不同成熟程度、不同成就感、不同责任心、能力等条件，采取不同的领导行为。

7.3　领导风格与领导艺术

7.3.1　领导风格

1. 领导风格的含义

领导风格指领导者的工作作风。美国心理学家勒温等人研究发现，领导者的领导风格对组织成员的工作绩效、工作满意度及团体氛围产生重要影响。

2. 领导风格的类型

以权力定位为基本变量，有三种领导风格，即专制型、民主型和放任型的领导风格。详见图 7.4 所示。

专制作风——权力定位于领导者个人手中。

民主作风——权力定位于全体。

放任自流作风——权力定位于组织成员手中。

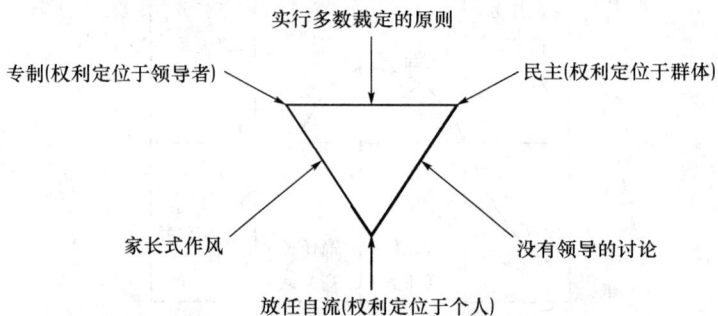

图 7.4　领导工作风格示意图

3. 领导风格的影响

勒温认为在实际工作情境中，三种极端的领导作风并不常见，领导者表现的工作作风常常处于极端类型的混合型。

专制型的领导者只注重工作的目标，仅仅关心工作任务和工作效率。被领导者与领导者之间的社会心理距离比较远，领导者对被领导者缺乏敏感性，被领导者对领导者存有戒心和敌意，容易使群体成员产生挫折感和机械化的行为倾向。

民主型的领导者注重对团体成员的工作加以鼓励和协助，关心并满足团体成员的需要，营造一种民主与平等的氛围，领导者与被领导者之间的社会心理距离比较近。在民主型的领导风格下，团体成员有较强的工作动机，责任心也比较强，团体成员自己决定工作的方式和进度，工作效率比较高。民主型领导者所领导的群体的工作质量与工作满意度更高。

放任型的领导者采取的是无政府主义的领导方式，对工作和团体成员的需要都不重视。无规章、无要求、无评估，工作效率低，人际关系淡薄。群体的绩效低于专制型和民主型领导者所领导的群体。

相关链接 7-1

某市建筑工程公司是个大型施工企业，下设一个工程设计研究所、三个建筑施工队，研究所由50名高中级职称的专业人员组成。施工队有400名正式职工，除少数领导骨干外，多数职工文化程度不高，没受过专业训练。在施工旺季还要从各地招收400名左右农民工补充劳动力的不足。

张总经理把研究所的工作交给唐副总经理直接领导、全权负责。唐副总经理是位高级工程师，知识渊博，作风民主，在工作中，总是认真听取不同意见，从不自作主张、硬性规定。公司下达的施工设计任务和研究所的科研课题，都是在全所人员共同讨论、出谋献策取得共识的基础上作出具体安排的。他注意发挥每个人的专长，尊重个人兴趣、爱好，鼓励大家取长补短、相互协作、克服困难。在他的领导下，科技人员积极性很高，聪明才智得到了充分发挥，年年超额完成创收计划，科研方面也取得显著成绩。

公司的施工任务，由张总经理亲自负责。张总是工程兵出身的复员转业军人，作风强硬，对工作要求严格认真，工作计划严密、有部署、有检查，要求下级必须绝对服从，不允许自作主张、走样变型。不符合工程质量要求的，要坚决返工、罚款；不按期完成任务的扣发奖金；在工作中相互打闹、损坏工具、浪费工料、出工不出力、偷懒耍滑等破坏劳动纪律的都要受到严厉的批评、处罚。一些人对张总的这种不讲情面、近似独裁的领导方式很不满意，背地骂他"张军阀"。张总深深地懂得，若不迅速改变职工素质低、自由散漫的习气，企业将难以长期发展下去，于是他亲自抓职工文化水平和专业技能的提高。在张总的严格管教下，这支自由散漫的施工队逐步走上了正轨，劳动效率和工程质量迅速提高，第三年还创造了全市优质样板工程，受到市政府的嘉奖。

张总经理和唐总经理这两种完全不同的领导风格在公司中引起了人们的议论。你认为这两种风格方式谁优谁劣？为什么他们都能在工作中取得好成绩？

7.3.2 领导艺术

领导活动既有科学性，又有艺术性。领导实践表明，领导艺术包含着科学的成分，领导科学只有被艺术地表现和运用，才能获得较高的领导绩效。

1. 领导艺术的含义

领导艺术指领导者在个人素质的基础上，以丰富的领导经验、深厚的领导科学造诣，对各种条件、方式方法成熟并富有创造性地运用，表现出领导的风格和艺术形象。简言之就是领导技巧与风格的巧妙结合，具体表现为四个统一。

（1）灵活性与原则性的统一。领导艺术的运用是因事、因时、因地而宜，即时即兴而发。体现了领导者在千差万别的事物面前，在复杂多变的情况下，在艰难的环境中，发挥积极性、创造性、及完成各项任务的灵活性。

（2）经验性与理论性的统一。领导艺术的表现形式本身就是经验的升华，同时又是领导理论的实践应用。

（3）创造性与规律性的统一。面对内外环境的变化，领导者实施领导艺术的过程就是尊重客观规律、不断因地制宜、不断创造的过程。

（4）多样性与综合性的统一。领导者自身素质的多样性使得领导艺术呈现出与众不同的个性，但作为领导的一项技能，运用领导艺术的过程既要以领导者的知识和经验为基础，又要以领导者的才能和素质为前提，还要以领导者的有效方法和灵活技巧为手段。因此，领导艺术是领导者多样个性与素质的综合反映。

2. 领导艺术的类型

（1）领导者权力艺术。领导者拥有的权力，是领导者实施领导的基础和前提，可分为组织法定权和个人影响权两个方面。组织法定权包括指挥控制权和奖惩权；个人影响权由领导者个人的品德、知识、才能及资历等因素构成。领导只有遵守组织法定权，不断培养个人影响力，才能有效发挥用权的艺术。

第一，谨慎用权。严格遵守法定权限，不对上越权和向下侵权，这是权力规则的基本要求。越权是任何上级都忌讳和反感的，而侵权既是对下属人格的不尊重，也会挫伤下属工作的积极性。在领导集体里，要相互尊重对方的权力，不要轻易动用法定权力，如命令、指令；对下属用权一般不宜过多和过细，要给下属自主活动的余地，不要炫耀权力，但在必要时却敢于坚决果断用权，决不优柔寡断，贻误大事。

第二，讲求实效。首先，用权主要应用事先诱导、警告、指示的方法，使下属从敬畏感出发，自觉服从领导，同领导者行动一致。如事先将组织法定权向下属详细宣布，使下属知道哪些事是不能擅自做主的。其次，要善于运用权力对下属进行诱导和控制。批评和处罚，表扬与奖励，都是激励手段。及时肯定下属积极、创造的行为，必要时重申相关纪律和禁令。再次，使用奖惩也是一种用权，但必须同时做耐心细致的说服教育工作。奖罚必须公平，应就事论事，奖罚要及时，刺激作用才大。奖惩一般都应公开进行，必要时还要大张旗鼓的宣传，以便扩大教育面和影响面。

第三，相宜授权。授权要讲技巧。授权的技巧主要有：①因事择人，视能授权。择人的标准就是看员工是否有这方面的专长和处理该事的能力。授权不是提升职务，所以对人做全面考察，只要能胜任该任务就可以授权。②明确权责，适度授权。向直接下属明晰所授权的权力和责任范围及执行该任务的要达到的具体目标，使下属摸清了领导的意图，充分发挥主动性和创造性。授权一般是一事一授，任务完成及时收回权力。③授权留责，监督控制。授权留责是对下属充分信任的表现。授权没有卸责，出了问题，领导要勇于承担责任，这样下属会就乐意接受授权并大胆工作。同时领导者还要支持、监督、控制其工作，以免偏离目标方向，或出现滥用权力的现象。

授权的类型有四种。一是刚性授权，对一些重大事项宜用这种授权形式。即对所授全力、责任、完成任务的要则、时间均有明确规定，下属必须严格遵守。二是柔性授权，这种授权只指示一个大纲，给下属较大自由，可随机应变处理。它宜用在事情复杂多变、领导对情况也不甚清楚、被授权人又精明能干的任务上。三是惰性授权，就是领导者自己不愿也不必处理的繁杂事务，交由下属去处理，其中包括领导本人也不知道应如何处理的事务。四是模糊授权，它与柔性有些相似，只是给予被授权人的权力比较模糊。在任务艰巨的情况下，这样做可以充分发挥下属的主人翁精神和首创精神，较容易克服困难，顺利完成任务。

(2) 领导者理事艺术。人的时间和精力是有限的，要胜任领导工作就要讲究理事的艺术，在肯干苦干的基础上巧干。所谓理事艺术，就是领导者把握事物的特性和分寸，灵活运用多种处事方法和技巧。提高理事效果，可从以下几个方面努力：

第一，增强领导意识。与领导者理事相关的主要是全局、目标、决策三大意识。全局意识指领导者明确自己在组织团体中的地位，时时事事从全局出发审视领导活动的全过程，发现和识别与全局、长远有关的事，并着力抓好、处理好。目标意识就是领导者时时事事以目标为准绳，把目标当作评判鉴别组织内各种人事的标准。决策意识就是领导者能打开思路，突破狭隘的经验框架，冲破思维定势，敢于创新，敢于决策。有决策意识的领导者能听取多方面的意见，从群众中吸取营养，减少主观固执和唯我独尊，从而拥有更加灵活多样的方式方法应对领导活动中的多类情况和多种问题。

第二，用可持续发展观指导领导工作。领导者的事分为过去的事、当前的事、将来的事。认真总结过去的事，是做好当前领导工作的必要前提。当前的事是过去事的果，是将来事的因。领导工作的当前事具有继往开来的性质，以昨天的经验和教训来审视、指导当前的工作，可以避免重返过去的错误，少走和不走弯路。因此，用可持续发展的观念指导工作实践，可以使领导者更加明确目标，立足当前，谋求长远。

第三，对日常事务理性分析和分类处理。提高领导处事艺术，应从以下几个方面着手：一是常规事情规范化。对常规事情，规定具体要求、操作程序、考核指标和奖惩规则，领导者不必事必躬亲，可授权下属去做。二是一般事情案例化。一般事情是指有先例可循，有处理经验，但对其规范尚未完全认识的工作事项。应珍视以往处理此事项的经验教训，不因循守旧，形成工作方案后交部属执行，听取汇报，进一步总结应验。三是例外事情决策化。例外事情是指新情况下的新问题、新矛盾，没有先例，单凭经验难以处理的事项。领导者应遵循决策程序组织力量，群策群力，制定方案，督导实施，检查考评，全程调控和调适，从中总结经验，摸索规律，使之走向案例化和规范化模式。四是重点事项亲自抓。重点事项首先是关键性，指与领导目标密切相关，并在一定程度决定领导工作成败的事项；其次就是薄弱性，指因主客观条件不充分，使工作受到延误，或无起色，需要加强的事项。

（3）领导者讲话艺术。讲话是领导者的基本功。要取得良好的工作效果，领导者必须掌握讲话艺术。影响领导讲话艺术的主要因素有理论分析解决实际问题的能力、广博的知识面和丰富的经历与阅历、敏捷的思维能力和临场应变能力、善于阐发事理和思想的口头表达能力、端庄大方的仪表和仪态。

提高领导讲话艺术的方法有：第一，了解讲话的对象。由于个性、年龄、职业、文化程度、思想意识、欲望、情绪不同，对领导者讲话内容理解的角度也不同。领导者讲话之前，应深入了解对象的特点，选择合适的讲话方式和措词，谋取最佳的现场效果。第二，围绕主题，明确讲话目的。一个主题的要点不宜过多，讲话内容要实，引用的数据资料要准确，正视事实，不回避矛盾和问题，讲真话、实话，以理服人。第三，把握讲话的技巧。领导者讲话要口齿清楚、声音洪亮，语速和节奏与讲话的内容、听者的反映相匹配，不仅生动、富有哲理，还要善于用员工语言，不讲套话、官话、空话、大话、无用的话；要根据工作实际情况选择适当的讲话方式。第四，根据会议性质和目的来决定讲话方式和内容。在咨询会议上，领导者的角色是向导和导演，要少讲或不讲，仔细聆听各方面的意见，不轻率肯定或否定哪方面意见，总结时要全面吸收各家之长，引导群众深入探讨，但不做结论；在领导班子内部的政策研究会上，应在深思熟虑的基础上，敢于亮出自己的观点，要有坚持真理的勇气；在执行性会议上，则要指明目标任务，作出具体部署和分工，落实人员和资源，应讲得具体、明确、清晰而没有歧义；在告之会议上，要依据文件，作出必要的解说，但不能随便发挥，以免冲突淡化主旨，干扰正听。

（4）领导者开会艺术。会议是领导活动的一项主要内容，是实施领导的常用工具。提高领导技能，领导者必须善于开会，掌握开会的艺术方法。

第一，树立会议价值观。基于价值工程原理，对会议价值进行分析，领导者必须综合会议功能和成本两个方面，以领导目标为依据，具体研究不同会议的功能，在确保会议目标功能实现的前提下，适当选择会议的地点、形式、研究决定参加会议的人数和会议的时间等问题。

第二，提高领导者开会艺术的原则与方法，掌握好开会的原则。会前做好准备，明确会议主题，让与会者有准备地参加；注重会议的效率和效果，要严肃会议纪律，议题不宜过多，限定发言时间，言简意明，整个会议应围绕中心议题进行；会议要有决，决要有行，行要有果，果要有反馈，检查落实，确保会议产生较好的后果。

第三，控制好会议的规模。按照会议的性质和目的决定参加会议的人员人数。开法也要灵活，有的人因工作需要，可参加某些问题的讨论；有的人可参加会议的总结，场内的会与场外的征求意见会可以同步进行、相互沟通，这样促使会议具有更高的价值。

第四，控制好会议进程，提高主持会议的技巧。掌握好会议的逻辑过程，即引导、讨论、趋同和总结四个阶段。营造良好的会议气氛，会议主持者应和与会者建立平等的关系，耐心引导与会者。主持人不可先表露自己的意见，或简单地肯定一些、否定一些，要巧妙地制止夸夸其谈者，鼓励不善言谈者，启发引导暂时默然者；做好会议总结，要围绕会议主题和目的巧妙地综合归纳各方面的意见，使各种意见整合成相互补充、相互印证的系统意见，并强调会议的成功乃是大家共同努力的结果。这既可以增强与会者的团结气氛，又有益于决策后的贯彻执行。

（5）领导者处人艺术。人际关系矛盾不仅影响领导活动的开展，而且在很大程度上决定着领导工作的成败。科学艺术的处理好人际关系，营造温馨和睦、健康愉悦的人际氛围，是领导者开发利用人际关系资源、确保领导工作成效的根本所在。领导者处理人际关系需要考虑三个层次的问题：一是处理与上级关系的艺术。首先应创造性地完成领导交付的任务，为领导目标的实现尽心尽力；第二要在日常工作中挑重担，为领导者分忧排难；第三要经常主动地向领导请示汇报，帮助领导掌握基层的真实情况；第四要自觉尊重领导，维护领导的威信；第五要坚决服从组织决定，执行领导的指示，因为下属服从上级是保护领导活动整体性的必要条件。二是处理与同级关系的艺术。领导者处理同级关系主要做好以下几点：同级之间权力不争，责任不推，风雨同舟、肝胆相照，危难时敢为人先，名利面前甘居人后，让名利轻权势，不搞恶性竞争，以高风亮节为赢；工作上同级之间分工不分家，相互支持、默契配合，急人所急、想人所想、助人所需；生活上互相关心、互相帮助，同事家兄弟、亲密无间，不搞小团体、不拉帮结派。三是处理与下属关系的艺术。处理好与下属的关系，主要有以下几个方面的工作：第一，在思想上牢固树立领导就是服务的观念，要把扶植和帮助下属在岗位上有效履行职责当成自己的职责，并为他们提供良好的工作条件和空间；第二，对下属工作要立足于帮，当向导不当保姆，下属出了问题要主动承担领导管理职责，共同总结教训、挽回损失，不片面追求个人责任，更不能透过揽功；第三，行动上要身先士卒、为人表率，自觉遵守规章制度；第四，尊重下属人格、自尊心和爱好兴趣，在与下属发生矛盾或冲突时，要讲领导风格和领导气度，给下属和自己留一个反思悔过的余地。

小 结

1. 领导是指引导和影响个体、群体或组织为实现某种预定目标而进行的各种活动过程。一个领导者要实现领导绩效，关键在于有效处理领导者、被领导者以及所处环境的关系。

2. 领导的影响力分权力性影响力和非权力性影响力，两者对下属的影响不同。权力性影响力通过组织任命、领导者手中的奖惩权力对下属施加影响；非权力性影响力通过领导者自身品格魅力、专家才能等对下属产生深远影响。

3. 众多管理学家、心理学家都对领导问题进行了深入广泛的研究，提出领导理论。这些领导理论可分为领导特质理论、领导行为理论、领导情景理论。

4. 领导风格指领导者的工作作风。以权力定位为基本变量，有三种领导风格，即专制型、民主型和放任型的领导风格。

5. 领导艺术指领导者在个人素质的基础上，以丰富的领导经验、深厚的领导科学造诣，对各种条件、方式方法成熟并富有创造性地运用，表现出领导的风格和艺术形象。

▶ 课堂讨论

1. 讨论管理与领导的区别。
2. 领导者的影响力来自哪些方面？如何提高领导者的影响力？
3. 你喜欢哪一种领导风格？为什么？

▶ 业务自测

一、单项选择题

1. 领导者有意分散领导权，决策之前主动听取下属意见，给下属较大的自由，只是检查工作成果，不主动做具体工作的指导，这种领导类型属于（　　）。
　　A. 专制型领导　　　　B. 民主型领导　　　　C. 自由型领导　　　　D. 放任型领导

2. 按照领导生命周期理论，对于已比较成熟的中年骨干员工，领导风格宜取（　　）。
　　A. 命令式　　　　B. 说服式　　　　C. 参与式　　　　D. 授权式

3. 关于领导者的作用，下列叙述中不正确的是（　　）。
　　A. 帮助组织成员认清所处的环境和形势
　　B. 协调组织成员之间的关系和活动
　　C. 帮助员工解决家庭困难问题
　　D. 为组织成员主动创造能力发展的空间

4. 在一次管理技能培训班上，就如何调动企业员工积极性的问题展开讨论时，学员们众说纷纭，莫衷一是，这里归纳四种不同的主张。假如四种主张都能切切实实做好，你认为哪一种应成为首选的主张（　　）。
　　A. 成立员工之家，开展文体活动等，以增强凝聚力
　　B. 从关心员工需要出发，激发员工的主人翁责任感，从而努力做好本职工作
　　C. 表扬先进员工，树立学习榜样
　　D. 批评后进员工，促进其增强工作责任心

5. 某企业多年来工作任务完成得都比较好，员工经济收入也很高，但领导和员工的

关系却很差，该领导很可能是管理风格中所说的（　　）。

　　A. 贫乏型　　　　　B. 乡村俱乐部型　　　C. 任务型　　　　　D. 中庸之道型

6. 关于领导者必须具备的要素，不正确的有（　　）。

　　A. 有部下或追随者　　　　　　　　B. 拥有影响追随者的能力或力量

　　C. 具有明确的目的　　　　　　　　D. 没有上级

二、简答题

1. 领导者的权力和作用有哪些？

2. 简述管理风格理论的观点并加以评论。

3. 集权式领导方式与民主式领导方式各有哪些优势？

4. 领导者应掌握哪些领导艺术？

三、论述题

从所学的领导方式及其理论中，谈谈你得到了哪些启示？

▶▶▶ 案例分析

1. 梅格·惠特曼的领导方式

易趣（eBay）成立于 1995 年 9 月，是全球最大的电子商务网站，任何人都可以在这里出售商品和参加拍卖，eBay2004 年第一季度的注册用户数量增加了 720 万人，达到了 2970 万人。

现任总裁兼首席执行官为梅格·惠特曼。她登上王牌经理人的秘诀不是"商业精英"招牌式的张扬性格，而是其勤奋、低调、务实的管理哲学。惠特曼没有商业领袖的明星派头，没有专属的直升机，也没有豪华的装扮。她处事低调、衣着朴素，在 8 英尺大小的办公室中工作，与一般的雇员并无二致。但在她的领导下，eBay 公司从一个年收入只有 400 万美元的小公司，逐步发展成为全球超级网络交易中心，占全球网络拍卖业务的 80%。2004 年第一季度 eBay 公司的利润达到了华尔街预期的两倍。同时该公司还收购了印度最大的网络商城 Baazee.corn。世界各地每天都有成千上万的人或企业在 eBay 上进行在线交易，交易产品无所不有。有减肥药丸、芭比娃娃、桌子、天花板灯、手表等小玩意，也有宝马汽车和工业设备等大型产品。为了保证消费者随时都能进行在线交易，网络的稳定性至关重要。惠特曼会穿着牛仔裤、T 恤出现在现场，帮助找到解决问题的方法。现在 eBay 每天网站的流量超过 2.6 亿页面，而平均每月网站瘫痪时间不超过 4 秒，可靠程度达到 99.999%，已经连续四年平稳运行。

惠特曼把自己的工作时间表排得满满的，基本上都是为了满足客户。惠特曼经常亲自回复电话、阅读来自 eBay 用户的电子邮件，几乎所有的用户都知道惠特曼的邮箱地址 meg@ebay.com。每隔两个月，eBay 就会询问几十个买主和卖主"怎样评价 eBay 的工作"、"还需要他们做些什么"等。惠特曼一周至少开两次电话会议，调查用户对新功能或新政策的看法。每年 6 月份，eBay 都会举行一场别开生面的用户大会"eBay 现场！"，在这里，惠特曼不再是 eBay 高高在上的领袖，而是所有用户的朋友。在现场，惠特曼身着蓝衬衫与卡其布裤子，与其他员工完全一样，面对上万名 eBay 的用户，她不停地在 T 恤衫上签名，分发明信片，那上面印有她用假绳钩钓鱼的卡通版漫画。她还在现场摆起了咨询台，每一个走上前来询问的人，她都笑脸相迎。惠特曼就是这样的随和，她赢得了同事和客户们由衷的钦佩。（资料来源：万方．著名跨国企业管理鲜活镜鉴：八十案例透析．北京：石油工业出版社，2008.）

请分析：

1. 案例中梅格·惠特曼的领导方式有什么特点？属于哪种领导方式？

2. 该领导方式有什么缺陷？如何克服？

2. 哪种领导类型最有效

ABC 公司是一家中等规模的汽车配件生产集团。最近，对该公司的三个重要部门经理进行了一次有关领导类型的调查。

（1）安西尔。安西尔对他本部门的产出感到自豪。他总是强调生产过程、出产量控制的必要性，坚持下属人员必须很好地理解生产指令以得到迅速、完整、准确的反馈。当遇到小问题时，安西尔会放手交给下属去处理，当问题很严重时，他则委派几个有能力的下属人员去解决问题。通常情况下，他只是大致规定下属人员的工作方针、完成怎样的报告及完成期限。安西尔认为只有这样才能更好的合作，避免重复工作。

安西尔认为对下属人员采取敬而远之的态度对一个经理来说是最好的行为方式，所谓的"亲密无间"会松懈纪律。他不主张公开谴责或表扬某个员工，相信他的每一个下属人员都有自知之明。

据安西尔说，在管理中的最大问题是下属不愿意接受责任。他讲到，他的下属人员可以有机会做许多事情，但他们并不是很努力地去做。

他表示不能理解在以前他的下属人员如何能与一个毫无能力的前任经理相处，他说，他的上司对他们现在的工作运转情况非常满意。

（2）鲍勃。鲍勃认为每个员工都有人权，他偏重于管理者有义务和责任去满足员工需要的学说，他说，他常为他的员工做一些小事，如给员工两张下月在伽里略城举行的艺术展览的入场券。他认为，每张门票才 15 美元，但对员工和他的妻子来说却远远超过 15 美元。通过这种方式，也是对员工过去几个月工作的肯定。

鲍勃说，他每天都要到工场去一趟，与至少 25％的员工交谈。他已经意识到在管理中有不利因素，但大都是由于生产压力造成的。他的想法是以一个友好、粗线条的管理方式对待员工。他承认尽管在生产率上不如其他单位，但他相信他的雇员有高度的忠诚与士气，并坚信他们会因他的开明领导而努力工作。

(3) 查理。查理说他面临的基本问题是与其他部门的职责分工不清。他认为不论是否属于他们的任务都安排在他的部门，似乎上级并不清楚这些工作应该谁做。

查理承认他没有提出异议，他说这样做会使其他部门的经理产生反感。他们把查理看成是朋友，而查理却不这样认为。

查理说过去在不平等的分工会议上，他感到很窘迫，但现在适应了，其他部门的领导也不以为然了。

查理认为纪律就是使每个员工不停地工作，预测各种问题的发生。他认为作为一个好的管理者，没有时间像鲍勃那样握紧每一个员工的手，告诉他们正在从事一项伟大的工作。他相信如果一个经理声称为了决定将来的提薪与晋职而对员工的工作进行考核，那么，员工则会更多地考虑他们自己，由此而产生很多问题。

他主张，一旦给一个员工分配了工作，就让他以自己的方式去做，取消工作检查。他相信大多数员工知道自己把工作做得怎么样。

如果说存在问题，那就是他的工作范围和职责在生产过程中发生的混淆。查理的确想过，希望公司领导叫他到办公室听听他对某些工作的意见。然而，他并不能保证这样做不会引起风波而使情况有所改变。他说他正在考虑这些问题。

请分析：

1. 你认为这三个部门经理各采取什么领导方式？这些模式都是建立在什么假设基础上的？试预测这些模式各将产生什么结果？

2. 是否每一种领导方式在特定的环境下都有效？为什么？

3. 刘主管的领导方式

刘某从西部的一所财经大学拿到会计专业的学士学位后，到一家大型的会计师事务所的贵阳办事处工作，由此开始了他的职业生涯。9 年后，他成了该事务所的一名最年轻的合伙人。事务所执行委员会发现了他的领导潜能和进取心，遂指派他到遵义开办了一个新的办事处。其最主要的工作是审计，这要求员工具有高度的判断力和自我控制力。他主张员工之间要以名字直接称呼，并鼓励下属参与决策制定。办事处发展得很迅速，经过 5 年，专业人员达到了 30 名，刘某被认为是一位很成功的领导者。

于是刘某又被安排到乌鲁木齐办事处当主管。他采取了他在贵阳遵义工作时取得显著成效的同样的管理方式。他上任后，更换了几乎全部 25 名员工，并制定了短期的和长期的客户开发计划。为了确保有足够数量的员工来处理预期扩增的业务，很快办事处有了约40 名员工。但在贵州成功的管理方式并没有在乌鲁木齐取得成效，办事处在一年时间内就丢掉了最好的两个客户。刘主管马上意识到办事处的人员过多了，因此决定解聘前一年刚招进来的 12 名员工，以减少开支。他相信挫折只是暂时性的，因而继续采取他的策略。在此后的几个月时间里又招聘了 6 名员工，以适应预期增加的工作量，但预期中的新业务并没有接来，所以又重新削减了员工队伍，13 名员工离开了乌鲁木齐办事处。伴随着这两次裁员，留下来的员工感到工作没有保障，并开始怀疑他的领导能力。事务所的执行委员会了解到这一问题后，将他调到昆明办事处，在那里，他的领导方式显示出很好的效果。

请分析：

1. 刘主管作为一位领导者，其权力的来源有哪些？

2. 这个案例更好地说明了领导的行为理论还是领导的权变理论？说明你的理由。

3. 刘主管在乌鲁木齐办事处没有获得成功，你能帮助分析其原因吗？

实训建议

项目一：群体冲突化解

1. 实训目的

(1) 培养学生探讨群体冲突积极与消极影响的能力。

(2) 培养学生分析、归纳群体冲突原因、类型的能力。

(3) 培养学生运用群体冲突管理知识处理群体矛盾、提出应对措施的能力。

2. 实训内容与要求

(1) 由学生自愿组成两个工作群体，模拟开展群体目标冲突活动。

(2) 运用群体冲突基本知识，讨论群体冲突积极与消极影响。

(3) 讨论分析、归纳群体冲突的原因与类型。

(4) 运用群体冲突管理理论提出改进群体关系、完成群体目标的有效措施。

3. 实训成果与检验

(1) 以 3～5 人为学习小组讨论交流实践感受。

(2) 每位学生提出一项有效化解群体冲突的可行性措施。

(3) 两组分别汇总化解双方冲突的可实施性措施。

(4) 教师根据实训完成过程、学生参与程度及实训报告质量评定分数。

项目二：在班级展开一次"最喜欢的领导方式"的调查。并以小组为单位，讨论如何实现该种领导方式。

任务 8 激　　励

学习目标

1. 理解激励的含义和作用；
2. 熟悉主要激励理论的基本观点；
3. 掌握激励的手段和原则。

任务导读

一家 IT 公司的老板，每年中秋节，老板会额外给员工发放一笔 1000 元的奖金。但几年下来，老板感到这笔奖金正在丧失它应有的作用，因为员工在领取奖金的时候反应相当平和，每个人都像领取自己的薪水一样自然，并且在随后的工作中，也没有人会为这 1000 元表现得特别努力。既然奖金起不到激励作用，老板决定停发，加上行业不景气，这样做也可以减少公司的一部分开支。但停发的结果却大大出乎意料，公司上下几乎每一个人都在抱怨老板的决定，有些员工明显情绪低落，工作效率也受到不同程度的影响，老板很困惑，为什么有奖金的时候，没有人会为此在工作上表现得积极主动，而取消奖金之后，大家都不约而同地指责抱怨甚至消极怠工呢？

8.1　激励及其作用

8.1.1　激励的含义及构成

1. 激励的含义

激励是指持续地激发人的动机和内在动力，使其心理过程始终保持在激奋的状态中，鼓励人朝着所期望的目标采取行动的心理过程。这也就是说，激励在本质上就是激发、鼓励和调动人的积极性的过程。作为管理手段的激励，通常是指管理者运用各种管理手段，利用人的需要的客观性和满足需要的规律性，激励刺激被管理者的需要，激发其动机，调动人的积极性和创造性，促使满足需要的行为朝着实现组织目标的方向运动。激励手段的运用，赋予了管理活动以主动性的特征。因为激励是激发人的内在动力，使人的行为建立在人的希望、愿望的基础上的。这样一来，人的行为就不再是一种外在的强制，而是一种自觉自愿的行为。

2. 激励的构成

构成激励的要素主要包括动机、需要、外部刺激和行为。其中，激励的核心要素就是动机，需要是激励的起点和基础，外部刺激是激励的条件，而行为则是激励的目的。这四个要素相互组合与作用，构成了对人的激励。从心理学的角度看，人的行为是由动机所支配的，动机是由需要引起的，人的需要是人们积极性的源泉和实质，外部刺激主要指管理者为实现组织目标而对被管理者所采取的种种管理手段及相应形成的管理环境，行为则在要激励状态下，人们为动机驱使所采取的实现目标的一系列动作，行为的方向是寻求目标、满足需要。当人产生需要而未得到满足时，会产生一种紧张不安的心理状态，在遇到能够满足需要的目标时，这种紧张不安的心理就转化为动机，并在动机的推动下，向目标前进，目标达到后，需要得到满足，紧张不安的心理状态就会消除。随后，又会产生新的需要，引起新的动机和行为。由此可见，行为的基本心理过程就是一个激励过程，通过有意识地设置需要，使被激励的人产生动机，进而引起行为，满足需要，实现目标。

8.1.2　激励的作用

1. 激励有利于调动人的积极性和创造性

激励是调动员工创造性和积极性，使他们始终保持高昂的工作热情的重要关键。它的主要作用是通过动机的激发，调动被管理者工作的积极性和创造性，自觉自愿地为实现组织目标而努力，其核心作用是调动人的积极性。激励的过程直接涉及员工的个人利益，直接影响到能否调动员工的积极性。一般来说，每一位员工总是由一种动机或需求而激发自己内在的动力，努力去实现某一目标。当达到某一目标后，他就会自觉或不自觉地衡量自己为达到这个目标所作的努力是否值得。因此，绝大多数人总是把自己努力的过程看做是为获得某种报酬的过程。如果他的努力得到了相应的报酬，那么，就有利于巩固和强化他的这种努力。因此，激励的目的就是要调动员工的积极创造性，并使这种积极创造性保持和发挥下去。

2. 激励有利于发挥人的能动作用

激励作为一种管理手段，其最显著的特点就是内在驱动性与自觉自愿性。由于激励是起源于人的需要，它的功能就在于以个人利益和需要的满足为基本作用力，是被管理者追求个人需要满足的过程，因此，激励不仅可以提高人们对自身工作的认识，还能激发人们的工作热情和兴趣，使成员对本职工作产生强烈的积极的情感，并以此为动力，以自己全部精力为达到预定的目标而努力，有利于充分发挥员工的能动性。

3. 激励有利于挖掘人的潜力，提高工作效率

员工的积极性与组织的绩效密切相关，在组织行为学中有这么一个公式：

$$绩效＝f（能力，激励，环境）$$

从这个公式中可以看出，组织的绩效本质上取决于组织成员的能力、被激励的情形和工作环境条件。由此可见，激励是提高绩效的一种很重要的有利因素，当然，能力和环境也都是不可或缺的。

4. 激励有利于增强企业凝聚力

企业是由若干员工个体、工作群体组成的，为保证企业作为一个整体协调运行，除了用严密的组织结构和严格的规章制度进行规范外，还需通过运用激励方法，满足员工的多种心理需求，调动职工工作积极性，协调人际关系，进而促进内部各组成部分的协调统一，增强企业的凝聚力和向心力。

相关链接 8-1

日立公司的"婚姻介绍所"

在把公司看作大家庭的日本，老板很重视员工的婚姻大事。例如，日立公司就设立了一个专门为员工架设"鹊桥"的"婚姻介绍所"。一个新员工进入公司，可以把自己的学历、爱好、家庭背景、身高、体重等资料输入"鹊桥"电脑网络。当某名员工递上求偶申请书，他（或她）便有权调阅电脑档案，申请者往往利用休息日坐在沙发上慢慢地、仔细地翻阅这些档案，直到找到满意的对象为止。一旦他被选中，联系人会将挑选方的一切资料寄给被选方，被选方如果同意见面，公司就安排双方约会。约会后双方都必须向联系人报告对对方的看法。日立公司人力资源部门的管理人员说："由于日本人工作紧张，职员很少有时间寻找合适的生活伴侣，我们很乐意为他们帮这个忙。另一方面，这样做还能起到稳定员工、增强企业凝聚力的作用。"

8.2　激励理论

自 20 世纪二三十年代以来，许多管理学家、心理学家和行为科学家从不同角度提出了各种激励理论，基本上可以分为三大类：内容型激励理论、过程型激励理论、行为改造型激励理论。

8.2.1　内容型激励理论

内容型激励理论主要研究激发人动机的因素，即研究如何从满足人生理和心理上的需要来激发员工的工作积极性。主要有需要层次理论、双因素理论。

1. 需要层次理论

需要层次理论是美国心理学家马斯洛提出的影响较大的一种激励理论。马斯洛认为，人的需要按其重要程度可划分为五个层次：生理需要、安全需要、社交需要、尊重需要、自我实现需要，从低级到高级排成一个序列，只有在较低层次的需要得到基本满足后，人的需要才能进一步上升到较高层次。如图 8.1 所示。

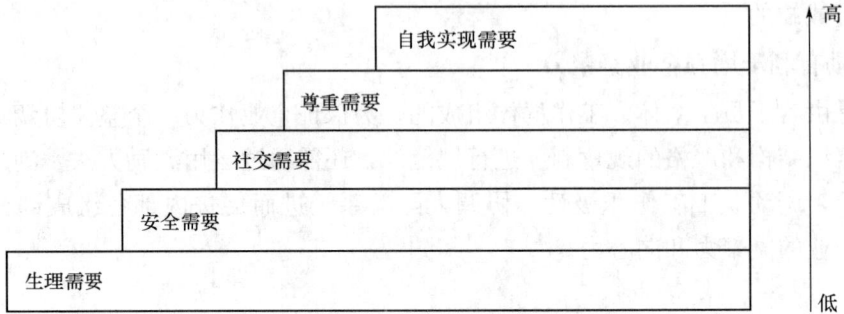

图 8.1　需要层次理论示意图

第一，生理需要。生理需要指个人对维持生存所需的衣、食、住、行等基本生活条件及性的需求。当这些需要得不到满足时，其他需要就不会产生激励作用。

第二，安全需要。安全需要指对人身安全、就业保障、工作和生活的环境安全、经济安全等的需求，主要包括人身、财产、食物、住所、就业、养老、医疗等方面。

第三，社交需要。社交需要指人们希望获得友谊、爱情和归属的需要，希望与他人建立良好的人际关系，希望得到他人的关心和爱护，希望成为社会的一员，在其所处的群体中占有一席之地。社交需要的程度因人的个性、经历、受教育程度的不同而有所差异。

第四，尊重需要。尊重需要指希望自己保持自尊与自重，获得他人尊敬，得到他人好评的需要，包括自尊心、自信心、威望、荣誉、表扬、地位等。

第五，自我实现需要。自我实现需要指促使自己的潜在能力得到最大限度的发挥，使自己的理想、抱负得到实现的愿望。这种需要通过胜任感和成就感来满足，是最高层次的需要，往往在其他需要得到满足之后个人才会产生自我实现的需要。

2. 双因素理论

20 世纪 50 年代后期美国心理学家赫茨伯格提出双因素理论，他把影响人积极性的因素分为"激励因素"和"保健因素"两大类，如图 8.2 所示。

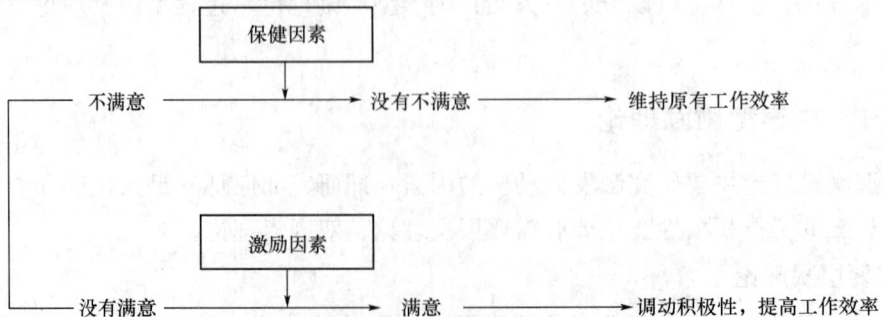

图 8.2　双因素理论示意图

第一，激励因素。双因素理论认为，改善激励因素可以调动人的积极性和工作热情，提高工作效率。激励因素指个人工作上的成就感、工作得到认可和赞赏、工作具有挑战性、工作职务上的责任感、工作的发展前途、个人成长、晋升与机会。

第二，保健因素。保健因素指能消除员工的不满情绪，维持原有工作热情、积极性和工作效率，维持工作现状的因素。保健因素包括组织的政策和管理、人际关系、工作环境与条件、薪酬、职位、地位和工作安全感等。

赫茨伯格认为，领导者首先必须确保职工在保健因素方面得到满足，尽可能将保健因素转化为激励因素，如福利性分配到奖金的调整，并充分利用激励因素，为员工创造出成绩和作贡献的条件和机会，丰富工作内容，加强个人责任感，使工作取得成就，得到赏识，这样才能调动员工的积极性，提高工作效率。

8.2.2　过程型激励理论

过程型激励理论着重研究从动机产生到采取行动的心理过程，即研究人的行为如何产生，朝何方向发展，如何保持行为及怎样结束的发展过程。过程型激励理论主要包括期望理论和公平理论。

1. 期望理论

期望理论是美国心理学家弗鲁姆 1964 年在《工作与激励》一书中正式提出的。其理论基础是，人之所以能够从事某项工作并达成组织目标，是因为这些工作和组织目标有助于达成自己的目标，满足在自己某方面的需要。弗鲁姆认为，某一目标对个人的激励力量取决于所能得到结果的全部预期价值乘以他人为达成该结果的期望概率，用公式可以表达为

$$激励力量＝效价×期望值$$

其中，激励力量指动机强度，即激发内在潜力的强度，表示人们为了达到自己的目标而努力的强度；效价指目标对满足个人需要的价值；期望值指通过特定活动导致目标实现的概率，即主观估计实现目标可能性的大小。从公式可以看出，要调动人的积极性，必须努力提高效价和期望值。期望理论示意图如图 8.3 所示。

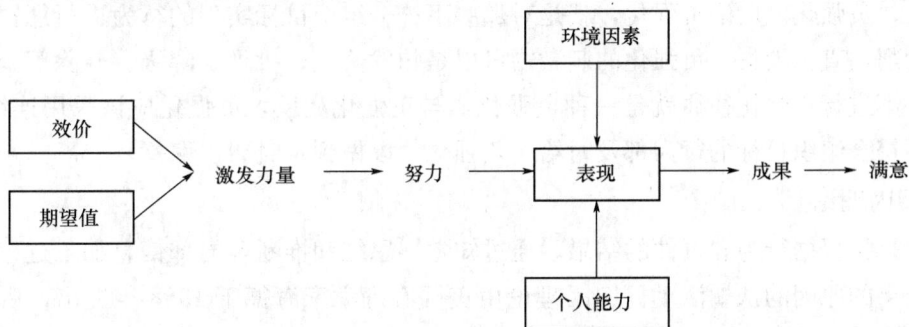

图 8.3　期望理论示意图

2. 公平理论

公平理论是美国心理学家亚当斯 1967 年提出的。他认为员工的工作动机不仅受其所得的绝对报酬影响，还受相对报酬影响。工作中个人会把自己付出的劳动和所得报酬与他人付出的劳动和获得的报酬进行比较，以此衡量其所得报酬的公平性，用公式表示如下：

$$\frac{个人工作报酬}{个人贡献} \geqslant \frac{他人工作报酬}{他人贡献}$$

公式中，当自己的报酬与贡献的比率与别人的工作与报酬的比率基本相等，被认为是合理的，员工则心情舒畅，努力工作。否则，就被认为不公平，从而影响工作的积极性。由于在比较过程中对象是自己选定的，所以是否公平的感觉实际上来自主观判断。

8.2.3　行为改造型激励理论

行为改造型激励理论主要研究如何修正和改造人的行为、变消极为积极的一种理论，包括强化理论、归因理论、挫折理论。

1. 强化理论

强化理论由美国心理学家斯金纳首先提出，被广泛地应用于激励人和改造人的行为。强化理论认为，当行动的结果对其有利时，人或动物都会采取一定的行动，即趋向于重复这种行为；当结果不利时，这种行为就会趋向于减弱或者消失。斯金纳认为人类的行为可以用过去的经验来解释，通过对过去行为和行为结果的学习来影响将来的行为。因此，人们凭借以往的经验来"趋利避害"的情形在心理学上被称为"强化"，这种理论被称为"强化理论"。

根据强化理论的性质和目的，强化可以分为正强化和负强化两种基本类型。

第一，正强化。所谓正强化就是对个人行为提供奖励，这些行为得到进一步的加强。这种结果一般是管理者所期盼的，符合组织目标的行为。正强化的刺激物不仅是金钱和物质，表扬、改善工作条件、提升、安排承担挑战性工作、给予学习的机会等都能给个人提供某种满足，成为正强化的刺激物。正强化可以是连续的、固定的，也可以是间断的、时间和数量都是不确定的。

第二，负强化。所谓负强化，就是对那些不符合组织目标实现的行为进行惩罚，以使这些行为削弱直至消失。负强化的刺激物可以是扣发奖金、批评、降级、开除等。在有些情况下，不进行正强化往往就是一种负强化，与正强化相反，负强化应该采用连续方式，对每次不符合组织目标的行为都及时给予负强化，以做到及时纠正偏差。

2. 归因理论

归因是指根据行为和事件的结果，通过知觉、思维和推断等内部信息加工过程，找到造成该结果的原因的认知活动。归因理论由美国心理学家海德于 1958 年提出，后经美国心理学家韦纳及其同事的研究予以完善。归因理论是研究人们如何解释自己或他人的行为，以及这种解释如何影响他们的情绪、动机和行为的心理学理论。

韦纳认为，能力大小、努力程度、任务难度和运气是人们在解释成功和失败时考虑到的四种主要原因。

第一，努力程度（相对不稳定的内因）。

第二，能力大小（相对稳定的内因）。

第三，任务难度（相对稳定的外因）。

第四，运气和机会（相对不稳定的外因）。

每一种原因又可从控制点、稳定性和可控性三个维度进行分析：

（1）控制点（原因源）：是外在归因，还是内在归因。

（2）稳定性（稳定程度）：是稳定原因（领导的原因或个人能力的原因），还是不稳定的原因（运气、心境）。

（3）可控性（可控程度）：是可以控制的原因（如努力工作），还是不可控制的原因（任务太难）。

归因理论认为：一个人解释自己行为的原因会反过来影响他的行为动机，导致行为、期望和情感反应产生变化。例如，把成功归为内部原因，会使员工感到满意和自豪；归结为外部原因，会使员工产生惊奇和感激的心情。把失败归因于内部原因，会使员工产生内疚和无助感；归因于外部原因，会产生气愤和敌意。把成功归因于稳定因素，会提高工作的积极性；归因于不稳定因素，工作的积极性可能提高也可能降低。把失败归因于稳定因素，会降低工作的积极性；归因于不稳定因素，则可能提高工作的积极性。

在多数情况下，归因总是有意识地进行的，归因的目的，并不只是为追求事情为什么产生，更重要的是为了激发员工的工作积极性或控制未来事件的发生。

3. 挫折理论

挫折指个体在目标行为中，遇到难以克服的困难和障碍，导致目标无法实现时产生的一种内心体验。挫折理论专门研究个体遇到挫折后的反应，管理者应针对员工挫折采取相应措施，引导员工走出挫折阴影，积极努力地对待工作。

第一，及时了解并排除造成挫折的根源。对员工来说，挫折的产生与下列因素有关：

（1）由管理方式引起的挫折。工作中如领导作风不民主，对下属过分严厉的监督、控制及惩罚；下属无法获得信任、尊重及发挥个人潜力的满足；薪酬分配及人事任用不合理；职责不清、任务不明；多头领导和指挥等都易引发挫折。

（2）人际关系矛盾导致挫折。组织成员之间缺乏沟通、相互猜疑、妒忌、不满和埋怨，甚至敌意，都会引起挫折。

（3）工作本身的矛盾导致挫折感。如工作性质不适合员工个性、兴趣、爱好等，使员工产生不胜任感或大材小用等，都会引发挫折。

（4）适应组织文化导致挫折。当员工进入新部门、新组织，必然要经历一个改变原有工作行为模式的过程，这个适应过程会使新员工产生种种不适应，工作流程、工作行为与习惯、人际关系改变等方面都会使产生挫败感。

第二，正确对待受挫折的人。但凡遭遇挫折，即使是"自作自受"，他们都是不幸的人，管理者应张开宽阔的胸怀，伸出热情的手，采取适当的方法给予帮助。有以下途径可以选择：

（1）宽容相待。正在经受挫折的员工，是需要关心、照顾的人，冷淡歧视，以行政手段施加压力，会使矛盾激化，甚至把受挫折的员工推向"绝路"，唯有关怀和温暖的开导、劝慰才能帮助他恢复心理平衡。

（2）提高认识、分清是非。宽容的态度并不等于不分是非、一味迁就，相反，只有帮助受挫者提高认识、分清是非，才能使其战胜挫折。

（3）改变环境。改变环境有两种：第一，离开原有的工作环境；第二，改变环境的心理氛围，给受挫者以广泛的关怀。

（4）员工心理关怀工作开展。请心理辅导专家引导员工进行自我成长、提高应对挫折的训练。向员工普及心理健康知识，培养和提高员工应对挫折的能力。

8.3 激励实务

激励是运用科学手段，以灵活的制度调动人的情感和积极性的艺术。组织发展一定要根据实际情况，综合运用多种激励机制，加强对员工的激励。

8.3.1 激励手段

1. 物质利益激励

物质利益激励即采用物质的手段，如增加员工的工资、生活福利、保险，发放奖金，奖励住房、生活用品，工资晋级等来激发员工的积极性。主要包括以下形式：

（1）目标激励。通过推行目标责任制，把利润指标层层落实，并使之与每个员工的经济利益直接挂钩，使员工既有目标又有压力，产生强烈的动力和紧迫感，努力完成任务。

（2）利润分享和全员持股激励。在薪酬管理中，若按员工职位、考核成绩与收益挂钩，会使员工干劲更高。现行的一般做法是按员工与组织共同承担风险的比例来持有股份，使员工个人利益与组织利益紧密捆绑在一起，使员工真正认识到自己是主人。

（3）晋级激励。一般情况下企业每年进行一次晋级。为了使晋级真正发挥激励的作用，应与员工绩效挂钩，使优秀员工工资增长率高于一般员工。同时，也应有一定比例的员工不晋升工资。

（4）带薪休假激励。带薪休假是对努力工作并取得好绩效的员工的激励，对员工个体和企业都有利。一般的休假安排在企业业务不忙时，统一安排进行。

（5）长期工作荣誉激励。长期在企业工作的员工，一般对企业很忠诚，为企业成长壮大做过贡献。应对在企业工作五年、十年、二十五年的员工发放荣誉奖品，并规定相应的福利待遇。

（6）特别福利激励。特别福利激励即按员工的需求进行特别奖励，它更能调动员工的工作积极性。对于在全年工作中表现突出的员工，可根据个人的需要和公司的能力，奖励以下项目：增加养老金数额、增发保险金、提供住房、提供交通工具、按月增发特殊补助等。

2. 社会心理激励

社会心理激励是指管理者运用各种心理学方法，刺激被管理者的社会心理需要，以激发其动机的方式与手段。这类激励是以人的社会心理因素作为激励的诱因，主要包括以下形式：

（1）目标激励。目标激励即以目标为诱因，通过设置适当的目标，激发动机，调动员工积极性。用于激励的目标主要有三类：工作目标、个人目标和生活目标。管理者可以通过对这三类目标的恰当选择与合理设置有效调动员工的积极性。

（2）教育激励。指通过教育方式与手段，激发动机，调动下属积极性的形式。具体包括：

①政治教育。如通过世界观教育、爱国教育、敬业爱岗教育等，提高员工的觉悟，激发他们的政治热情和工作积极性。

②思想工作。要通过个别沟通，谈心等多种方式，做深入细致的工作，以收到预期的效果。

（3）表扬与批评。表扬与批评是管理者经常运用的激励手段。运用表扬与批评的艺术，提高表扬与批评的效果。应注意以下几点：

①坚持以表扬为主，批评为辅。表扬为主，能够满足人们受尊重心理需要，易于为下属所接受，效果也好。

②必须以事实为依据。无论是表扬，还是批评，都必须尊重事实。

③要讲究表扬与批评的方式、时机、地点，注重实际效果。

④批评要对事不对人。

⑤要限制批评的频次，尽量减少批评的次数，注意一事一评，重点突出。

⑥批评与表扬的适当结合。应首先肯定其优点与成绩，这样受批评者觉得受到公正对待容易接受批评。

（4）感情激励。感情激励指以感情作为激励的诱因，调动人的积极性。现代人对于社会交往和感情的需要强烈，感情激励已成为现代管理中调动人的积极性的重要手段。主要包括以下几个方面内容：

①上下级建立融洽和谐的关系。管理者对下属影响的来源是亲和权，这要求管理者应高度重视与下属的个人关系。

②促进下属间关系的协调与融合。对组织成员间的关系，特别是非正式组织的关系进行积极引导，尽可能地满足各成员的社会交往的需要。

③营造健康、愉悦的团体氛围，满足成员的归属感。管理者应以维系感情为中心，组织展开各种健康、丰富多彩的组织文化活动，营造愉悦的团体氛围，使每个成员以置身于

这一团体感到满意自豪，满足其归属感，令其自觉地、心情愉快地实现组织目标努力工作。

（5）尊重激励。随着社会发展人们越来越重视尊重的需要，管理者应利用各种机会信任、支持、鼓励下属，努力满足其工作积极性。

①尊重下属人格。上下级只是管理层次和职权的差别，管理者应尊重自己的下属，特别是尊重其人格，使下属始终获得受到尊重的体验。

②满足下属的成就感。要尊重下属自我实现的需要，创造条件鼓励和支持下属实现自己的工作目标，追求事业的成功，以满足其成就感。

③支持下属自我管理，自我控制。管理者要授权于下属，充分信任他们，放手让下属实行自我管理，自我控制，以满足其自主心理。

（6）参与激励。参与激励即以让下属参与管理为诱因，调动下属的积极性和创造性，下属参与管理，有利于集中群众意见，以防决策失误；满足下属受尊重的心理需要，提高对决策的认同，并积极参与管理，要注意以下三点：

①增强民主管理意识，建立参与的机制。

②真正授权于下属，使下属实实在在地参与决策和管理过程。

③有效利用多种参与形式，鼓励全员全面参与管理活动，以最大限度地开发员工的潜能，调动其积极性和创造性。

（7）榜样激励。"榜样的力量是无穷的"，管理者应注意用先进典型来激发下属的积极性。榜样激励主要包括以下两方面：

①先进典型的榜样激励。管理者要注意发现和总结先进事迹和先进人物，以他们的感人事迹来激励下属。

②管理者自身的模范作用。即管理者身先士卒，率先垂范，以影响、带动下属。

（8）竞赛（竞争）激励。人们普遍存在着争强好胜的心理，这是由于人谋求实现自我价值、重视自我实现需要所决定的。管理者结合工作任务，组织各种形式的竞争，就会极大地激发员工的热情、工作兴趣和克服困难的勇气与力量。在组织竞赛、鼓励竞争的过程中，注意以下三个方面：

①要有明确的目标和要求。

②竞争必须是公平的。竞争的基础、条件、起点、过程、成果衡量与对待，都必须是公平合理的。

③竞赛与竞争的结构要有明确的评价和相应的奖励，并尽可能增加竞争结果评价或奖励的效价，以加大激励作用。

相关链接 8-2

处罚单上的一句话

当公司制作处罚单的时候，能否加上一句话，以达到减弱处罚在员工心理上造成的负面影响？——"纠错是为了更好地正确前行。"再把单子的台头"处罚单"三字改为"改进单"。这样的处罚单比单纯的严肃的处罚单效果要好得多。以往所有的处罚单，都是清一色的严肃的面孔，一句多余的话都没有。改进后加上了富有人情味、文化味、教育性、启迪性非常强的一句话，处罚单的面孔立即由严肃、冷酷、无情，变得慈祥、安静、期盼和充满着希望；当员工接到处罚单的时候，看到了这句话，心理上会发生一系列的变化，由本能的反感、抵触、反抗到理解、认知，到接受、改进错误，因此，台头叫"改进单"再合适不过了。

在处罚单上做一小小的改进，面目大为改观、境界迥然。这就是处罚的艺术，这就是企业文化。处罚本是反面的教育，这样就变成了正面教育、鼓励改进错误，激励员工向正确的方向前行。

3. 工作激励

按照赫茨伯格的双因素论，对人最有效的激励因素来自于工作本身，即满意于自己的工作是最大的激励。因此，管理者必须善于调整和调动各种工作因素，搞好工作设计，千方百计地使下属满意于自己的工作，以实现最有效的激励。有以下几种途径可以选择：

（1）工作适应性。即工作的性质特点与从事工作的员工条件与特长相吻合，能充分发挥其优势，引起其工作兴趣，从而使员工高度满意于工作；如果组合不好，员工的长处与兴趣受到压抑，不满意于工作，则工作情绪低落。所以，科学合理的人与事的配合是有效激励的重要手段。管理者要善于研究人和工作的性质与特点，用人之所长，用人之兴趣，科学配合与重组，实现人与事的最佳配合，尽可地使下属满意于自己的工作。

（2）工作的意义与工作的挑战性。员工怎样看待自己所从事的工作，直接关系到其工作的兴趣与热情，进而决定其工作积极性的高低。人们愿意从事重要的工作，并愿意接受挑战性的工作，这反映了人们追求实现自我价值，渴望获得别人尊重。因此，激励员工的重要手段就是向员工说明工作的意义，并增加工作的挑战性，从而使员工更加重视和热衷于自己的工作，达到激励的目的。

（3）工作的完整性。人们愿意在工作实践中承担完整的工作。从一项工作的开始到结束，都是由自己完成的，工作的成果就是自己努力与贡献的结晶，从而可获得一种强烈的成就感。管理者应根据工作的性质与需要以及人员情况，尽可能将工作划分成较为完整的单元分派给员工，使每个员工都能承担一份较为完整的工作，为他们创造获得完整工作成果的条件与机会。

（4）工作的自主性。人们出于自尊和自我实现的需要心理，期望独立自主地完成工作，而自觉不自觉地排斥外来干预，不愿意在别人的指使或强制下被迫工作。这就要求管理者能尊重下属的这种心理，通过目标管理等方式，明确目标与任务，提出规范与标准。然后，大胆授权，让下属进行独立运作，自我控制。完全由下属自主运作，下属将受到巨大激励，会对由自己自主管理的工作高度感兴趣，并以极大的热情全身心投入，以谋求成功。

（5）工作扩大化。影响工作积极性的最突出原因是员工讨厌自己所从事的工作，而造成这种现象的原因之一就是工作的单调乏味或简单重复。为解决这一问题，管理者应开展工作设计研究，即如何通过工作调整，克服单调乏味和简单重复，千方百计地增加工作的丰富性、趣味性，以吸引员工。工作扩大化旨在消除单调乏味的状况，增加员工工作的种类，令其同时承担几项工作或周期更长的工作。

（6）工作丰富化。工作丰富化指让员工参与一些具有较高技术或管理含量的工作，即提高其工作的层次，从而使职工获得一种成就感，使其渴望得到尊重的需要得到满足。工作扩大化是指从横向上增加工作的种类，而工作丰富化则是指从纵向上提高工作的层次，两者的作用都在于克服工作的单调乏味，拓展工作的内涵或外延，增加员工的工作兴趣。

（7）及时获得工作成果反馈。人们对于那种工作周期长，长时间看不到或根本看不到的工作成果的工作很难有很大的兴趣。而对于只要有投入，立即就能看到产出的工作则兴趣较浓。管理者在工作中，应注意及时测量并评定、公布员工的工作成果，尽可能地使员工得到工作的反馈，及时看到他们的工作成果，就会有效地激发其工作积极性，促使其努力扩大战果。

8.3.2　激励原则

1. 物质利益原则

人们参与管理实践活动，都直接或间接地和物质利益联系在一起，物质利益除了经济方面的重要作用外，还是人的安全、自尊不可缺少的依据。因此，在员工的物质利益未得到充分满足时，对员工的激励尤其应注意物质利益原则，即使在个人的物质利益已被认为充分满足后，也不应忽视物质利益的刺激作用。

2. 公平原则

根据公平理论，人们是需要公平的，而公平是相对的，是在比较中获得的。人们注重的不只是所得的绝对量，更注重可比的相对量。因此，管理者应充分考虑一个群体内及群体外相关人员激励的公平性。“按劳分配”的原则就是为了体现公平性，但公平理论中的公平原则与“按劳分配”相比，则考虑到个人的主观感受，因而显得更加实际。

3. 差异化和多样化原则

差异化是针对不同的个人采用不同的激励方式。多样化即不拘泥于一种方式，视情况不同，采用灵活运用多种激励方法。既然激励的本质就是满足个人的需要，而个人的需要又是多种多样、不断变化发展的，因而激励方式也应多种多样、彼此差异。事实证明，在激励工作中只有坚持差异化和多样化原则，才能保持激励的有效性。

小 结

1. 激励是指持续地激发人的动机和内在动力，使其心理过程始终保持激奋的状态，鼓励人朝着所期望的目标采取行动的心理过程。构成激励的主要要素包括动机、需要、外部刺激和行为。

2. 激励对人的行为起着加强、激发和推动的作用，通过人的行为表现及效果来对激励的程度加以推断和测定。研究者对激励过程的规律进行研究提出了内容型激励理论、过程型激励理论及行为改造型激励理论。

3. 激励是运用科学手段，以灵活的制度调动人的情感和积极性的艺术。组织发展一定要根据实际情况，综合运用多种激励机制，加强对员工的激励。

▶ 课堂讨论

1. 结合实际谈谈表扬和奖金对你有强烈的激励作用吗？批评和惩罚也有激励作用吗？
2. 假如你赞同 Y 理论，你将如何激励员工？

▶ 业务自测

一、单项选择题

1. 赫兹伯格的双因素理论认为下列（　　）因素属于保健因素。
   A. 工作本身　　　　　　　　　　B. 职业发展
   C. 工资　　　　　　　　　　　　D. 成就

2. 一个尊重需求占主导地位的人，下列（　　）激励措施最能产生效果。
   A. 提薪　　　　　　　　　　　　B. 升职
   C. 工作扩大化　　　　　　　　　D. 解聘威胁

3. 提出期望理论的是（　　）。
   A. 马斯洛　　　　　　　　　　　B. 赫茨伯格
   C. 斯金纳　　　　　　　　　　　D. 弗鲁姆

4. 有效激励的原则是（　　）。
   A. 坚持物质激励为主　　　　　　B. 重视精神奖励
   C. 物质与精神奖励并重　　　　　D. 以上各项

5. 以下现象中不能在需要层次理论中得到合理解释的是（　　）。
   A. 一个饥饿的人会冒着生命危险去寻找食物

B. 穷人很少参加排场讲究的社交活动

C. 在陋室中苦攻"哥德巴赫猜想"的陈景润

D. 一个安全需要占主导地位的人，可能因为担心失败而拒绝接受富有挑战性的工作

二、简答题

1. 什么是激励？激励包括哪些要素？

2. 对比马斯洛需要层次理论中较低层次需要与较高层次需要的不同之处。

3. 当员工感觉到自己的投入产出比与相关他人比较时不相等，可能会出现什么结果？

三、论述题

根据强化理论的观点，谈谈为什么管理者绝不应该惩罚员工？

案例分析

林肯电气公司的激励制度

林肯电气公司总部设在克利夫，年销售额为 44 亿美元，拥有 2400 名员工，并且形成了一套独特的激励员工的方法。该公司 90% 的销售额来自于生产弧焊设备和辅助材料。

林肯电气公司的生产工人按件计酬，他们没有最低小时工资。员工为公司工作两年后，便可以分享年终奖金。该公司的奖金制度有一整套计算公式，全面考虑了公司的毛利润及员工的生产率与业绩，可以说是美国制造业中对工人最有利的奖金制度。在过去的 56 年中，平均奖金额是基本工资的 95.5%，该公司中相当一部分员工的年收入超过 10 万美元。近几年经济发展迅速，员工年均收入为 44000 美元左右，远远超出制造业员工年收入 17000 美元的平均水平，在不景气的年头里，如 1982 年的经济萧条时期，林肯电气公司员工收入降为 27000 美元，这虽然相比其他公司还不算太坏，可与经济发展时期相比就差了一大截。

公司自 1958 年开始一直推行职业保障政策，从那时起，他们没有辞退过一名员工。当然，作为对此政策的回报，员工也相应要做到以下几点：在经济萧条时他们必须接受减少工作时间的决定；要接受工作调换的决定；有时甚至为了维持每周 30 小时的最低工作量，而不得不调整到一个报酬更低的岗位上。

林肯电气公司极具成本和生产率意识，如果工人生产出一个不合标准的部件，那么除非这个部件修改至符合标准，否则这件产品就不能计入该工人的工资中。严格的计件工资制度和高度竞争性的绩效评估系统，形成了一种很有压力的氛围，有些工人还因此产生了一定的焦虑感，但这种压力有利于生产率的提高。据该公司的一位管理者估计，与国内竞争对手相比，林肯电气公司的总体生产率是他们的两倍。自 20 世纪 30 年代经济大萧条以后，公司年年获利丰厚，没有缺过一次分红。该公司还是美国工业界中工人流动率最低的公司之一。前不久，该公司的两个分厂被《财富》杂志评为全美十佳管理企业。

请分析：

1. 你认为林肯电气公司使用了何种激励理论来调动员工的工作积极性？

2. 为什么林肯电气公司的方法能够有效地激励员工的工作？

3. 你认为这种激励制度可能给公司管理当局带来什么问题？

实训建议

项目：恰当运用激励方式

1. 实训目的

(1) 熟悉激励相关知识。

(2) 学会恰当运用激励方式。

2. 实训内容与要求

(1) 调查某一企业员工的激励方式。

(2) 运用激励相关知识，评价该企业激励方案。

(3) 修订该企业员工激励方案。

3. 实训成果与检测

(1) 书写调查与评价报告。

(2) 书写为该公司修订的员工激励方案。

(3) 组织班级交流与讨论。

(4) 教师评估打分。

任务 9 沟　　通

学习目标

1. 理解沟通的含义和重要性；
2. 熟悉沟通方式和沟通渠道；
3. 理解沟通障碍和实现有效沟通的途径；
4. 掌握冲突与管理。

任务导读

　　王岚是一个典型的北方姑娘，在她身上可以明显地感受到北方人的热情和直率，她喜欢坦诚，有什么说什么，总是愿意把自己的想法说出来和大家一起讨论，正是因为这个特点她在上学期间很受老师和同学的欢迎。今年，王岚从西安某大学的人力资源管理专业毕业，她认为，经过四年的学习自己不但掌握了扎实的人力资源管理专业知识而且具备了较强的人际沟通技能，因此她对自己的未来期望很高。为了实现自己的梦想，她毅然只身去广州求职。

　　经过将近一个月的反复投简历和面试，在权衡了多种因素的情况下，王岚最终选定了东莞市的一家研究生产食品添加剂的公司。之所以选择这家公司是因为该公司规模适中、发展速度很快，最重要的是该公司的人力资源管理工作还处于尝试阶段，如果王岚加入她将是人力资源部的第一个人，因此她认为自己施展能力的空间很大。

　　但是到公司实习一个星期后，王岚就陷入了困境中。

　　原来该公司是一个典型的小型家族企业，企业中的关键职位基本上都由老板的亲属担任，其中充满了各种裙带关系。尤其是老板给王岚安排了他的大儿子做王岚的临时上级，而这个人主要负责公司研发工作，根本没有管理理念更不用说人力资源管理理念，在他的眼里，只有技术最重要，公司只要能赚钱其他的一切都无所谓。但是王岚认为越是这样就越有自己发挥能力的空间，因此在到公司的第五天王岚拿着自己的建议书走向了直接上级的办公室。

　　"王经理，我到公司已经快一个星期了，我有一些想法想和您谈谈，您有时间吗?"王岚走到经理办公桌前说。

"来来来，小王，本来早就应该和你谈谈了，只是最近一直扎在实验室里就把这件事忘了。"

"王经理，对于一个企业尤其是处于上升阶段的企业来说，要持续发展必须在管理上狠下功夫。我来公司已经快一个星期了，据我目前对公司的了解，我认为公司主要的问题在于职责界定不清；雇员的自主权力太小致使员工觉得公司对他们缺乏信任；员工薪酬结构和水平的制定随意性较强，缺乏科学合理的基础，因此薪酬的公平性和激励性都较低。"王岚按照自己事先所列的提纲开始逐条向王经理叙述。

王经理微微皱了一下眉头说："你说的这些问题我们公司确实存在，但是你必须承认一个事实——我们公司在赢利，这就说明我们公司目前实行的体制有它的合理性。"

"可是，眼前的发展并不等于将来也可以发展，许多家族企业都是败在管理上。"

"好了，那你有具体方案吗？"

"目前还没有，这些还只是我的一点想法而已，但是如果得到了您的支持，我想方案只是时间问题。"

"那你先回去做方案，把你的材料放这儿，我先看看然后给你答复。"说完王经理的注意力又回到了研究报告上。

王岚此时真切地感受到了不被认可的失落，她似乎已经预测到了自己第一次提建议的结局。果然，王岚的建议书石沉大海，王经理好像完全不记得建议书的事。王岚陷入了困惑之中，她不知道自己是应该继续和上级沟通还是干脆放弃这份工作，另找一个发展空间。

9.1　沟通概述

沟通是将组织活动统一起来的重要手段，是管理各项职能中不可或缺的重要组成部分，任何一个组织都应该对沟通活动予以高度重视。

9.1.1　沟通的含义

沟通是指为了达到一定的目的，将信息、思想和情感在个人或群体间进行传递与交流的过程。人与人之间的沟通不同于机器之间、人与机器之间的信息交流，人与人之间的信息交流主要是通过语言进行，在沟通中不仅有信息交流，更有思想观点、态度、情感的交流。

9.1.2　沟通的重要性

领导者或管理者在工作过程中都离不开沟通，沟通是指把可以理解的信息或思想在两个或两个以上人群中从一方传送给另一方的传递或交换的过程，是把组织成员联系在一起以实现共同目标的手段。从某种意义上说，整个管理都与沟通有关。沟通在管理中的重要性体现在以下几方面：

（1）沟通为组织提供内外环境资料。获取组织内外信息，适应外部环境求得生存与发展，是组织经营管理的重要条件。通过外部信息沟通为组织提供政策方针、市场动态，竞争态势等有用信息。通过组织内部信息沟通，可以确切把握组织成员需求状况、工作士气、群体凝聚力、管理效能等状况，为决策提供参考。

（2）沟通是管理者与员工之间增进了解、密切配合的基本途径。沟通可以增强领导工作的透明度，帮助员工了解组织工作任务与目标，了解工作的具体要求及存在的问题与困难，统一意志与行为，有利于组织目标的实现。沟通能使管理者及时了解员工意见、要求和情绪状态，有利于决策者制定政策及调整计划。

（3）沟通调节人际关系。人与人之间的沟通既是信息沟通，也是情感交流。沟通中成员间的意见、看法彼此传递，表达喜、怒、哀、乐等情感，互相满足交往需要和友谊需要，由此产生亲密感，加强了团结，改善和调节了人际关系。同时，群体间的信息沟通，不仅互通信息、协调工作，并且建立了群体间的情感联系，促进了工作中的密切配合。

9.1.3　沟通方式

1. 口头沟通方式

口头沟通主要是指面对面的交谈、小组讨论、电话或其他情况下以讲话形式出现的沟通方式。

口头沟通的优点在于：

（1）口头沟通成本低，费时少，可以迅速地相互交换彼此思想，了解对方的反馈意见，能够当场提出问题和回答问题，提高沟通效率。

（2）口头沟通方便，不用准备或稍做准备便可安排。

（3）口头沟通，沟通双方可以直接从对方脸部表情、手势和说话时的语气等表达方式了解对方的真实信息。

（4）解决了有些管理人员书面表达能力较差的问题。

口头沟通也存在不足之处：

（1）口头讲话时可能会因思考不周而无法全面系统阐明问题或因语言表达的疏忽而造成不必要的误解。

（2）有些人还可能因口齿不清而影响沟通效果。

（3）由于种种原因（如自身口头表达能力差、对信息发送者权威的敬畏等），许多信息接受者提不出应提的问题，因而只得到一些不完整的或断章取义的信息，从而可能导致代价高的错误。

（4）口头沟通若不作记录，则易造成事后口说无凭，容易遗忘等。

相关链接 9-1

秀才买柴

有一个秀才去买柴，他对卖柴的人说："荷薪者过来！"卖柴的人听不懂是什么意思，但是能听懂"过来"两个字，于是把柴担到秀才面前。秀才问他："其价如何？"卖柴的人听不太懂这句话，但是听得懂"价"这个字，于是就告诉秀才价钱。秀才接着说："外实而内虚，烟多而焰少，请损之。"卖柴的人因为听不懂秀才的话，于是担着柴火离开了。

管理者平时最好用简单的语言、易懂的言词来传达命令和传递信息，而且对于说话对象、时机要有所掌握，有时候过分的修饰反而达不到想要的结果。

2. 书面沟通方式

书面沟通信息往往显得比较严肃和正式，而且可以避免口头沟通存在的不足，主要包括文件、报告、信件等。

书面沟通的优点在于：

（1）用词比较准确，并便于归档保存，可供随时查阅。

（2）书面沟通可以使许多人同时了解信息，提高信息传递速度和扩大信息传递范围。

（3）便于反复阅读、斟酌、理解。

书面沟通的缺点在于：耗费时间较长，缺乏反馈。

3. 非语言沟通方式

除了使用口头和书面形式的沟通外，还可以使用其他的含蓄的非语言沟通方式。人体是一个有力的、多样的表达工具。以身作则也是一种很有效的沟通方式，下属对上级的要求远远大于他对同事和他自己的要求，因此行动示范的信息沟通效果往往优于其他任何一种沟通方式。

9.2　沟通渠道

9.2.1　正式沟通渠道

正式沟通渠道是指通过正式的组织结构而建立起来的信息沟通渠道。它包含四种形式，即自上而下的沟通、自下而上的沟通、横向沟通和斜向沟通。这四种沟通渠道其信息流向不同，所起的作用也不尽相同。以上四种沟通渠道形式如图 9.1 所示。

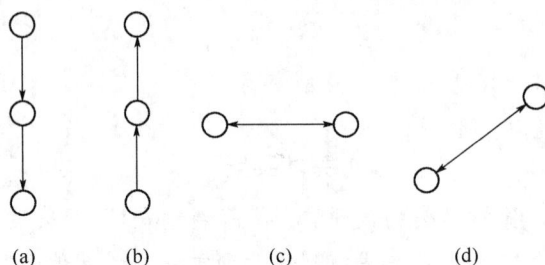

图 9.1　沟通渠道形式示意图

1. 自上而下的沟通

自上而下的沟通指信息在组织内部从较高的组织级别层次，按照组织的上下隶属关系和等级层次，向较低的组织级别、层次传递的沟通过程。这种沟通往往带有指令性、法定性、权威性和强迫性，容易引起重视，并严肃对待。自上而下的沟通的主要目的是使组织成员了解组织的目标，改变组织成员的态度以形成与组织目标一致的观点并加以协调，从而消除组织成员的疑虑和不稳定心理。

2. 自下而上的沟通

自下而上的沟通指的是信息从组织内部的较低级别、层次开始，按照组织的上下隶属关系和等级序列，向较高的组织级别、层次传递的沟通过程，它通常表现为下属对上级信息的反馈和下层情况的反映。这种沟通往往带有非命令性、民主性、主动性和积极性，是上级掌握基层动态和下属反映个人愿望的必要手段。但是由于各种原因，大多数组织较重视自上而下的沟通，忽视自下而上的沟通，使自下而上的沟通效率低下。

3. 横向沟通

横向沟通指发生在组织内部同级层次成员之间的相互的信息沟通，以谋求相互之间的了解和工作上的协作配合。这种沟通往往带有非命令性、协商性和双向性。金字塔型组织结构显示，越是在基层员工彼此间的距离越大，对信息的需求越强烈。横向沟通最大的障碍是组织内部部门化造成的，个人的冲突也会影响横向沟通的效率。

4. 斜向沟通

斜向沟通指的是发生在组织内部既不属于同一隶属序列，又不属于同一等级层次之间的信息沟通，这样做有时也是为了加快信息的交流，谋求相互之间的合作和支持。这种沟通往往更带有协商性和主动性。

9.2.2　非正式沟通渠道

非正式沟通渠道是指通过非正式的组织结构建立起来的信息沟通渠道。这种非正式的传递方法的效力有时远远超过正式的传递方法。

非正式沟通渠道通常被称作蜿蜒小道，正如其名称一样，就像蜿蜒的小道在整个组织内盘绕着，其分支伸向各个方向，因而缩短了正式的垂直和横向沟通的路线。其特点主要有以下几点：

（1）蜿蜒小道是一种非常快的沟通方式。由于这些信息与职工利益相关或者是他们比较感兴趣的问题，无需正式沟通的程序，这就大大加快了信息传递速度。

（2）信息较为准确。据国外的一项研究，非正式沟通中信息的准确率高达 95% 以上。

（3）可以满足员工需要，沟通效率较高。

（4）有一定的片面性。非正式沟通中信息常常被夸大、曲解，需要慎重对待。

9.3 沟通管理

9.3.1 沟通障碍

沟通过程由于多种因素影响，必然存在影响沟通的多种障碍，有主观障碍、客观障碍和方式障碍三个方面的表现。

1. 主观障碍

沟通的主观障碍表现在以下五个方面：

（1）个性与认知差异。个人的性格、气质、态度、情绪、见解等差别，使信息在沟通过程中受个人的主观心理因素的制约。

（2）经验水平。在信息沟通中，如果双方在经验水平和知识结构上差距过大，就会产生沟通障碍。

（3）对信息的态度。对待信息的不同态度，会使有些成员和管理者忽视对自己不重要的信息，不关心组织目标、管理决策等信息，而只重视和关心与他们利益有关的信息，使沟通发生障碍。

（4）缺乏信任。管理人员和下属之间相互不信任。这主要是由于管理人员考虑不周，伤害了下属的自尊心或决策错误所造成，而相互不信任又会影响沟通的顺利进行。

（5）下属畏惧感。下属人员的畏惧感也会造成障碍，这主要是由于管理人员管理严格、咄咄逼人和下属人员本身的素质所决定。

相天链接 9-2

有一个表演大师上场前他的弟子告诉他鞋带松了，大师点头致谢，蹲下来仔细系好。等到弟子转身后，又蹲下来将鞋带解松。有个旁观者看到了这一切，不解地问："大师，您为什么又要将鞋带解开呢？"大师回答道："因为我演的是一位劳累的旅者，长途跋涉让他的鞋带松开，可以通过这个细节表现他的劳累憔悴。"

旁观者问:"那你为什么不告诉你的弟子呢?"

大师说:"他能细心地发现我的鞋带松了,并且热心地告诉我,我一定要保护他这种热情的积极性,及时地给他鼓励,至于为什么要将鞋带解开,将来会有更多的机会教他表演,可以下一次说。"

尊重下属和沟通者的建议,不管是对与错,这样才能保持对方沟通的积极性,促使沟通更顺畅。

2. 客观障碍

沟通的客观障碍表现在以下两个方面:

(1) 距离障碍。信息的发送者和接受者如果距离太远、接触机会少,就会造成沟通障碍。社会文化背景不同、种族不同而形成的社会距离也会影响信息沟通。

(2) 层级障碍。组织结构过于庞大,中间层次太多,信息从最高决策层到下属基层单位而产生失真,而且还会浪费时间,影响其及时性。这是由于组织机构设置所造成的障碍。

3. 方式障碍

沟通的方式障碍表现在以下两个方面:

(1) 语言系统所造成的障碍。语言是沟通的工具。人们通过语言、文字及其他符号将信息经过沟通渠道来沟通。但是语言使用不当就会造成沟通障碍。这主要表现在:

①误解。这是由于发送者在提供信息时表达不清楚,或者是由于接收者接收失误造成的。

②歪曲。这是由于语言符号的记忆模糊所导致的信息失真。

③信息表达方式不当。这表现为措词不当,辞不达意,丢字少句,空话连篇,文字松散,句子结构别扭,使用方言、土语,千篇一律等。这些都会增加沟通双方的心理负担,影响沟通的进行。

(2) 沟通方式选择不当,原则、方法使用不活所造成的障碍。沟通的形态和网络多种多样,且它们都有各自的优缺点。如果不根据组织目标及其实现策略来进行选择,不灵活使用其原则、方法,则沟通就不能畅通进行。

在管理工作实践中,存在着信息的沟通,也就必然存在沟通的障碍。管理人员的任务在于正视这些障碍,采取一切可能的方法消除这些障碍,为有效的信息沟通创造条件。

4. 影响有效沟通的因素

(1) 个人因素。个人因素主要包括两大类:一是接受的有选择性;二是沟通技巧的差异。所谓接受的有选择性,是指人们拒绝或片面地接受与他们的期望不相一致的信息。研究表明,人们往往听或看他们感情上有所准备的东西,或他们想听到或者看到的东西,甚至只愿意接受中听的,拒绝不中听的。

相关链接 9-3

美国知名主持人林可莱特一天访问一个小朋友，问他："你长大后想要做什么？"小朋友天真地回答："我要当飞机的驾驶员！"主持人接着问："如果有一天，你的飞机在太平洋上空所有的引擎都熄灭了，你会怎么办？"小朋友想了想："我会先告诉坐在飞机上的人绑好安全带，然后挂上我的降落伞跳出去。"当在现场的观众笑得东倒西歪时，林可莱特继续的注视这个孩子，想看他是不是自作聪明的家伙，没想到，接着孩子的两只眼含着眼泪，这才使林可莱特发觉这个孩子的悲伤之情非笔墨能形容。于是林克莱特问他："你为什么要这么做？"小孩子的答案透露出一个孩子真挚的想法："我要去拿燃料，我还要回来。"

您听别人说话时候，真懂对方说的意思吗？如果不懂，请听别人说完吧，这就是听的艺术。提醒我们：听话不要听一半，不要把自己的意思强加到别人说的话里面去。

(2) 人际因素。人际因素主要包括沟通双方的相互信任、信息来源的可靠程度和发送者与接收者之间的相似程度三方面。信息传递不是单方的而是双方的事情，沟通是发送者与接收者间"给"与"受"的过程，因此沟通双方的诚意和相互信任至关重要。上下级间的猜疑只会增加抵触情绪，减少坦率交谈的机会，也就不可能进行有效的沟通。例如，当下属怀疑某些信息会给他带来损害时，他在与上级沟通时常常对这些信息作一些有利于自己的加工。许多研究表明，很多经理自动地认为他们听到的信息是有偏见的，为了防止"偏听偏信"，便根据自己的想象对"偏见"进行"纠偏"。信息来源的可靠性由下列四个因素决定：诚实、能力、热情、客观。有时，信息来源可能并不同时具有这四个因素，但只要信息接受者认为其具有即可。可以说信息来源的可靠性实际上是由接受者主观决定的。沟通的准确性与沟通双方间的相似性有着直接的关系。沟通双方特征（如性别、年龄、智力、种族、社会地位、兴趣、价值观、能力等）的相似性影响了沟通的难易程度和坦率性。沟通一方如果认为对方与自己相似，那么他将比较容易接受对方的意见，并且容易较快达成共识。相反，如果沟通一方视对方为异己，那么信息的传递将很难进行下去。例如，年龄差距或"代沟"在沟通中就是一个常见的问题。

(3) 结构因素。结构因素主要包括地位差别、信息传递链、团体规模和空间约束四个方面。一个人在组织中的地位很大程度上取决于他的职位。许多研究表明，地位的高低对沟通的方向和频率有很大的影响。一般说来，信息通过的等级越多，到达目的地的时间也越长，信息失真率也越大。这种信息连续地从一个等级到另一个等级所发生的变化，称为信息链现象。当工作团体规模较大时，人与人之间的沟通也相应地变得较为困难。这一方面可能是由于沟通渠道的增长大大超过人数的增长，如组织中的工作常常要求员工只能在某一特定的地点进行操作，这种空间约束不仅不利于员工间的交往，也限制了他们的沟通。一般说来，两人间的距离越短，交往的频率也越高。

（4）技术因素。技术因素主要包括语言、非语言暗示、媒介的有效性和信息过量。

第一，语言。大多数沟通的准确性依赖于沟通者赋予字和词的含义。由于语言只是个符号系统，本身并没有任何意义，仅仅作为我们描述和表达个人观点的符号或标签。每个人表述的内容常常是由他独特的经历、个人需要、社会背景等决定的。因此，语言和文字极少对发送者和接收者双方都具有相同的含义，更不用说许许多多的不同接收者。

第二，非语言暗示。语言的不准确性还不仅仅表现为符号，还常常带有各种各样的感情，这些感情可能会歪曲信息的含义。当人们进行交谈时，常常伴随着一系列有含义的动作。这些动作包括身体姿势、头的偏向、手势、面部表情、移动、触摸和眼神。这些无言的信号强化了所表述的含义。

第三，媒介的有效性。即信息传递载体的通畅程度，如书籍、报刊、电影、电视、声音、电波、网络等沟通工具发布信息的有效性，通畅有效，则沟通顺利，否则会阻碍沟通。

第四，信息过量。现在是一个信息爆炸的年代，高层管理人员面临着"信息过量"的问题。大量涌来的信息使得管理人员很难一下子找到所需要的重要信息，增加了筛选信息的难度，管理人员只能利用他们获得信息的 1/100 到 1/1000 进行决策。信息过量不仅使高层管理人员没有时间做出处理，而且使他们难以向同事及下属提供有效的、必要的信息，沟通也随之变得困难重重。

5. 实现有效沟通的途径

要克服沟通障碍，实现有效沟通，管理者一方面要明确沟通的原则，灵活运用沟通的方法，同时还需要不断提高沟通技巧。

（1）明确沟通原则。组织沟通中应坚持以下原则：

第一，准确性原则。当信息沟通所用的语言和传递方式能被接收者理解时，才是准确的信息，沟通才具有价值。沟通的目的是使发送者的信息能够被接收者明确，看起来似乎简单，但在实际工作中，常会出现接收者对发送者非常严谨的信息缺乏足够理解的情况。信息发送者的责任是将信息加以综合，无论是笔录或口述，都要求用容易理解的方式表达。这要求发送者有较高的语言或文字表达能力，并熟悉下属、同级和上级所用的语言。这样，才能克服沟通过程中的各种障碍，而对表达不当、解释错误、传递错误的信息予以澄清。

当然，在坚持准确性原则之后，沟通并不一定能正常进行，这是由于要注意的信息太多而人的注意力有限。所以，接收者必须集中精力、克服思想不集中、被其他信息干扰等问题，才能够对信息有正确的理解。

第二，完整性原则。在信息沟通中，要注意必须以保证维护组织的完整性为前提。各级管理人员为了达到组织目标，都要进行沟通，以促进他们之间的互相了解。但沟通是手段而不是目的，为维护组织的完整性，要求上级管理人员支持下属的工作，避免越级向有关人员发布指示、进行接触。否则，会使下属处于尴尬境地，而违背统一指挥的原理。当然，如果确实需要直接发布指示，上级主管应事先同下属进行沟通。例如紧急动员完成某一项任务，越级指挥才是必要的。只要注意这个原则，下属才会主动配合上级，共同完成任务。

第三，及时性原则。在沟通过程中，向下、向上及横向沟通信息，还应注意及时性原则。这样可使组织新制定的政策、组织目标、人员配备等情况尽快得到下属的理解和支持，同时可以使管理人员及时掌握下属的思想、情感和态度，提高管理水平和管理效果。在实际工作中，信息沟通常因发送者不能及时传递或者接受对信息的理解、重视程度不够而出现事后信息，或从其他渠道了解信息，使沟通渠道发挥不了正常的作用。

第四，非正式组织策略性运用原则。只有当管理人员使用非正式组织来补充正式组织的信息沟通时，才会产生最佳的沟通效果。非正式组织传递信息的最初缘由，是由一些信息不适合于由正式组织传递的情况所致。所以，在正式组织之外，应鼓励非正式组织传达并接收信息，以辅助正式组织做好组织协调工作，共同为达到组织目标而努力。

（2）灵活沟通方法。沟通的方法是多种多样的，除了前面所述的沟通形式外，还有发布指示、会议制度、个别交谈等，其运用要随机制宜，因人而定。

第一，发布指示。在指导下属工作时，指示是重要方法之一。指示可使一项活动开始着手，变更或中止，它是组织正常运转的必要环节。管理中使用指示方法时应考虑下列问题：

①一般的或具体的。一项指示是一般的还是具体的，取决于管理人员根据其对周围环境的预见能力以及下属的响应程度。对授权持有严格观点的管理人员倾向于用具体的指示，而在对实施指示的周围环境不能预见的情况下，大多采用一般的形式。当指示的实施远离上级的监督时，下达指示应该特别小心。

②书面或口头的。在决定指示是采用书面的还是口头的时候，应考虑的问题是上下级之间关系的持久性，信任程度以及避免指示的重复等。如果上下级之间关系持久，信任程度高，则不必采用书面指示。如果为了防止命令的重复和司法上的争执，为了对所有有关人员宣布一项特定的任务，则书面指示大为必要。

第二，会议制度。领导与领导工作的实质是处理人际关系，影响他人，而人与人的沟通是人们思想、情感交流的主要渠道。采取开会的方法，就是提供交流的场所和机会。会议有以下作用：

①会议是组织活动的重要表现形式，与会者在组织中的身份、影响、地位、作用都在会议中有所表现，会议中的信息交流能在人们的心理上产生影响。

②会议可集思广益。与会者在交流意见后，会形成共同的见解和行动方针。

③会议可使员工了解共同目标，了解自己工作与他人工作的关系，更好地选择自己的工作目标，明确自己怎样为组织做出贡献。

④通过会议，可以对每一位与会者产生约束力。

⑤通过会议，能发现人们未注意到的问题，从而加以认真地考虑和研究。

第三，个别交谈。个别交谈就是指领导者用正式和非正式的形式，在组织内外，同下属或同级人员进行个别交谈，征询谈话对象对组织中存在的问题和缺陷的看法，对别人或对别的上级，包括对管理人员自己的意见。这种形式大部分是建立在相互信任的基础上，无拘无束，双方都感到亲切感，这对双方统一思想、认清目标、体会各自的责任和义务有很大的好处。在这种情况下，人们往往愿意表露真实思想，提出不便在会议场所提出的问题，从而使领导者能掌握人员的思想动态，在认识、见解、信心诸方面容易取得一致。

（3）提高沟通技巧。掌握沟通技巧，可从信息沟通、情感沟通、行为（态度）沟通三个层次进行。

①信息沟通。在信息沟通方面，有三个方面需要注意。第一，沟通主体发布信息要清楚、有效，同时要提高沟通主体的权威性、对沟通信息的熟悉程度及与沟通对象的相互关系等，只有把握好这些因素，才能有效的沟通。第二，认真研究沟通对象对信息的需求、接受能力及价值观、知识、思维特点等，充分准备、有效把握。第三，准确把握沟通的方式、时间、地点、手段等，提高沟通效果。

②情感沟通。沟通是满足沟通双方社会心理需要的有效手段，除了信息内容外，更多是双方情感的交流。因此，了解沟通对象的社会心理需要，并尽可能满足，会促进沟通效果的达成。第一，在沟通中真诚、热情、助人为乐，替对方着想。第二，运用心理规律，促进情感融通。

③行为（态度）沟通。管理沟通最主要的目的是影响组织成员的态度，改变其行为，保证组织目标的实现。因此，要提高沟通效果，必须转变态度。第一，利用态度改变机制促进沟通对象态度改变。第二，有效把握影响态度改变的因素，如角色、信心差异、沟通对象特征、社会压力、情境等。第三，善于运用说服技巧和策略，以理服人、以事实服人。

9.3.2　冲突与管理

冲突普遍存在组织中，由于组织成员的个体差异、工作任务、环境、条件的影响不同，管理制度、方式和方法的不同，在工作中必然存在多种矛盾和冲突。

1. 冲突的含义

冲突指个人与个人、个人与群体及群体与群体之间目标上的互不相容、互相排斥，引起人们心理和行为上的矛盾和斗争的状态。当交往双方或多方中的一方所采取的行动，有害于交往目标实现或需要满足时，就会导致双方或多方的冲突。

2. 冲突的作用

传统观点认为冲突是团体交流不善、员工需要不能满足而带来的破坏性后果，现代人认为冲突有积极作用也有消极作用。

（1）冲突的积极作用。现代观点认为，冲突是工作或生活的一个组成部分，具有一定的更新及创新的作用，是"功能性"的。冲突可以体现活力，帮助人们关注工作任务，增强群体内聚力，属于建设性的冲突。这类冲突是由于双方目的一致、手段或途径不同所产生的冲突。其特点是：冲突双方对实现共同的目标都十分关心，双方彼此乐意了解对方的观点和意见，大家都以争论的问题为中心，双方互相交换情况不断增加。冲突的积极影响表现为：冲突可促进问题的公开讨论；冲突可促进问题的尽快解决；冲突可提高员工在组织事务处理中的参与程度；冲突能增进员工间的沟通与了解；冲突能化解积怨；冲突有助于提高员工的相关能力。因此，应该运用多种手段利用冲突，改进和提高决策质量，增强管理效能。

（2）冲突的消极作用。一般而言，管理过程出现的冲突是消极的，影响组织功能的正常发挥，甚至具有破坏作用。这类冲突是由于冲突双方目的不同而造成的，属于对抗性冲突。其特点是：双方对赢得自己观点的胜利非常关心，不愿听取对方的观点和意见。导致员工不能参加某些重要问题的研究与处理；冲突在组织内部造成不满与不信任；冲突导致员工和整个组织变得封闭、孤立、缺乏合作。因此，领导者的任务是采取各种办法避免冲突，设法协调各方的利益，寻求共同目标，尽可能减少冲突的发生。

3. 冲突管理策略

（1）冲突管理的意义。冲突管理就是要透过适当的手段，以解决组织内人与人、部门与部门之间呈现的各种矛盾。在任何组织中，冲突都是无法避免的，冲突不一定具有破坏性，有时更可能因为冲突而擦出火花，扩阔思想领域，更有创意地解决难题，令公司得益。领导者的任务，并非要消除冲突，而是将冲突维持在适当的水平，促进组织效益增加。

（2）分析冲突来源。一个有效的领导者要能够面对不同的冲突情况，采取不同的处理办法。充分了解工作冲突的性质及其产生原因，以及能够采取十分恰当的方法来避免或解决冲突，这对于任何领导者来说都是非常重要的。

冲突通常起源于私人及公事上的矛盾。私人恩怨，可能由于性格不合、个人利益分配不均或误会等。工作上的矛盾，可能是因为组织内部资源分配欠公允、目标不清晰或公报私仇等。这些矛盾引起的冲突，如果不及时、彻底地解决，可能会产生雪球效应，愈滚愈大，最后一发不可收拾。由矛盾而引起的冲突，可能已潜伏多时，一旦浮现出来，在很多情况下，都难以在短时间内解决。领导者的任务主要是合理地处理冲突。

（3）采取措施避免冲突。冲突摩擦是日常生活工作的一个组成部分，冲突太少，工作、生活会单调枯燥；冲突太多，工作会面临太多压力，生活变得紧张。领导者要能够在充分了解工作冲突的性质和冲突产生的原因的基础上，采取恰当的方法避免或处理好工作中出现的冲突。

避免工作冲突的具体方法包括：

①要承认这样一个事实：人们的价值观、需求期望以及对问题的看法往往存在差异。

②对他人和自己都要诚实。

③抽出足够时间和精力与你常打交道的人多进行一些交流，更好地了解他们的价值观、信仰等。

④不要以为你总是对的，别人一定是搞错了。

⑤不要对不同意你的看法的人心存敌意。

⑥耐心倾听别人的谈话。

⑦为人们表达对某件事的看法和意见提供适当的渠道。

⑧促使人们从以往的工作冲突处理中总结经验，吸取教训。

（4）正确处理人际冲突。人际冲突是在组织中较复杂的冲突，解决人际冲突，领导者应做到以下几点：

第一，要正确处理人际冲突。在不损害原则前提下，在冲突中不妨妥协一下；可请共同上司、权威人士裁决或通过法规解决；拖延时间，任其发展，期待环境变化解决分歧；适当忍让、回避、宽恕对方。

第二，合理利用人际冲突。用合理的方式让冲突表露出来，使对抗者发泄胸中的不满，冲突者由此可能更亲近；利用群体间的冲突，加强内部的凝聚力；用一定程度的冲突造成权力的平衡，反而能减少进一步的冲突；小事情的冲突，可引起人们的注意，从而建立相应的应对机制；解决冲突中，双方消除误会、增加信任、共同合作，达到双赢目标。

第三，经常性运用"移情"和"换位思考"，站在对方立场上想问题。

第四，充分利用中国传统文化的知识宝库，运用几千年积累下来的人际交往的点子、招术、技法，但要注意去其糟粕，防止在人际交往中损人利己、玩弄权术和骗术。时下出版界诸多的厚黑学、缺德学、行骗学之类实在不足取，有违现代市场经济的商业道德。

小　　结

1. 沟通是指为了达到一定的目的，将信息、思想和情感在个人或群体间进行传递与交流的过程。

2. 沟通方式包括口头沟通、书面沟通和非语言沟通。

3. 沟通过程由于多种因素影响，必然存在影响沟通的多种障碍，有主观障碍、客观障碍和方式障碍三个方面的表现。

4. 要克服沟通障碍，实现有效沟通，管理者一方面要明确沟通的原则，灵活运用沟通的方法，同时还需要不断提高沟通技巧。

5. 因为利益目标等因素，组织内外会产生各种冲突，研究冲突种类及原因，通过积极措施，有效管理，化解组织内外矛盾与冲突。

▶ **课堂讨论**

1. 结合实际，谈谈沟通的重要性。

2. 下属汇报工作时，有时会投领导所好或报喜不报忧。你如何看待这种现象？如何避免这种现象发生？

▶ **业务自测**

一、单项选择题

1. 口头沟通最主要的缺点是（　　）。

　　A. 缺乏技巧　　　　　　　　　　B. 沟通简单

　　C. 反馈迅速　　　　　　　　　　D. 没有记录

2. 以下属于非语言沟通方式的是（　　）。

　　A. 小组会议　　　　　　　　　　B. 电子邮件

　　C. 纸质文件　　　　　　　　　　D. 电话交谈

3. 管理中使用（　　）来补充正式组织的沟通渠道，沟通的效果才可能达到最佳状态。

　　A. 书面沟通　　　　　　　　　　B. 口头指挥

　　C. 外部信息　　　　　　　　　　D. 非正式组织

4. 一位山东人与一位四川人合伙做生意，经常因为"四"、"十"读音不同而相互误解。造成这种沟通障碍的原因是（　　）。

　　A. 管理方面　　　　　　　　　　B. 心理方面

　　C. 语言方面　　　　　　　　　　D. 物理方面

二、简答题

1. 沟通的类型有哪些？它们各有何特点？

2. 沟通的障碍有哪些？实现有效沟通的途径是什么？

3. 如何加强冲突管理？

三、论述题

结合实际，谈谈如何提高沟通效果？

▶ **案例分析**

迪特尼公司的企业员工意见沟通制度

迪特尼·包威斯公司是一家拥有 12000 余名员工的大公司，公式早在 20 年前就认识到员工意见沟通的重要性，并且不断地加以实践。现在，公司的员工意见沟通已经相当成熟和完善。特别是在 20 世纪 80 年代，面临全球性的经济不景气，这一系统对提高公司劳动生产率发挥了重要作用。

公司的"员工意见沟通"系统是建立在这样一个基本原则上的：个人或机构一旦购买了迪特尼公司的股票，他就有权知道公司的完整账务资料，并得到有关资料的定期报告。

本公司的员工，也有权知道并得到这些账务资料及一些更详尽的管理资料。迪特尼公司的员工意见沟通系统主要分为两个部分：一是每月举行的员工协调会议；二是每年举办的主管汇报和员工大会。

一、员工协调会议

早在 20 年前，迪特尼·包威斯公司就开始试行员工协调会议，员工协调是每月举行一次公开的讨论会。在会议中，管理人员和员工共聚一堂，商讨一些彼此关心的问题。无论在公司的总部、各部门、各基层组织都举行协调会议。这看起来有些像法院结构，从地方到中央，逐层反映上去，以公司总部的首席代表协会会议为最高机构。员工协调会议是标准的双向意见沟通系统。

在开会之前，员工可事先将意见或怨言反映给参加会议的员工代表，代表们将在协调会议上把意见转达给管理部门，管理部门也可以利用这个机会，同时将公司政策和计划讲解给代表们听，相互之间进行广泛的讨论。

在员工协调会议上将讨论些什么呢？这里摘录一些资料，可以看出大致情形。

问：新上任人员如发现工作与本身志趣不合，该怎么办？

答：公司一定会尽全力重新安置该员工，使员工能发挥最大作用。

问：公司新设置的自动餐厅的四周墙上一片空白，很不美观，可不可以搞一些装饰？

答：管理部门已拟好预算，准备布置这片空白。

问：公司的惯例是工作 8 年后才有 3 个星期的休假，管理部门能否放宽规定，将期限改为 5 年？

答：公司在福利工作方面作了很大的努力，诸如团体保险、员工保险、退休金福利计划、意见奖励计划和休假计划等。我们将继续秉承以往精神，考虑这一问题，并呈报上级，如果批准了，将在整个公司实行。

问：可否对刚病愈的员工行个方便，使他们在复原期内，担任一些较轻松的工作？

答：根据公司医生的建议，给予区别对待，只要这些员工经医生证明，每周工作不得超过 30 个小时，但最后的决定权在医生。

问：公司有时要求员工星期六加班，是不是强迫性的？如果某位员工不愿意在星期六加班，公司是否会算他旷工？

答：除非重新规定员工的工作时间，否则，星期六加班是属于自愿的。在销售高峰期，如果大家都愿意加班，而少数不愿意加班，应仔细了解其原因，并尽力加以解决。

要将迪特尼 12000 多名职工的意见充分沟通，就必须将协调会议分成若干层次。实际上，公司内共有 90 多个这类组织。如果有问题在基层协调会议上不能解决，将逐级反映上去，直到有满意的答复为止。事关公司的总决策，那一定要在首席代表会议上才能决定。总部高级管理人员认为意见可行，就立即采取行动，认为意见不可行，也得把不可行的理由向大家解释。员工协调会议的开会时间没有硬性规定，一般都是一周前在布告牌上通知。为保证员工意见能迅速反映上去，基层员工协调会应先开。

同时，迪特尼公司也鼓励员工参与另一种形式的意见沟通。即在四处安装许多意见箱，员工可以随时将自己的问题或意见投到意见箱里。

为了配合这一计划的实行，公司还特别制定了一项奖励规定，凡是员工意见经采纳后，产生了显著效果的，公司将给予优厚的奖励。令人欣慰的是，公司从这些意见箱里获得了许多宝贵的建议。

如果员工对这种间接的意见沟通方式不满意，还可以采用更直接的方式来面对面和管理人员交换意见。

二、主管汇报

对员工来说，迪特尼公司主管汇报、员工大会的性质和每年的股东财务报告、股东大会类似。公司员工每人可以接到一份详细的公司年终报告。

这份主管汇报有 20 多页，包括公司发展情况、财务报表分析、员工福利改善、公司面临的挑战以及对协调会议提出的主要问题的解答等。公司各部门接到主管汇报后，就召开员工大会。

三、员工大会

员工大会都是利用上班时间召开的，每次人数不超过 250 人，时间大约 3 小时，大多在规模比较大的部门里召开，由总公司委派代表主持会议，各部门负责人参加。会议先由主席报告公司的财务状况和员工的薪金、福利、分红等与员工有切身关系的问题，然后便开始问答式的讨论。

这里有关个人问题是禁止提出的。员工大会不同于协调会议，提出来的问题一定要具有一般性、客观性，只要不是个人问题，总公司尽可能予以迅速回答。员工大会比较欢迎预先提出问题的这种方式，因为，这样可以事先充分准备，不过大会也接受临时性的提议。

下面列举一些讨论的资料：

问：本公司高级管理人员的收入太少了，公司是否准备采取措施加以调整？

答：选择比较对象很重要。如果选错了参考对象，就无法作出客观评价，与同行业比较起来，本公司高层管理人员的薪金和红利等收入并不少。

问：本公司在当前经济不景气时，有无解雇员工的计划？

答：在可预见的未来，公司并没有这种计划。

问：现在将员工的退休基金投资在债券上是否太危险了？

答：近几年来债券一直是一种很好的投资，虽然现在的经济不景气，但是，如果立即将这些债券脱手，将会造成很大的损失，为了这些投资，公司专门委托了几位财务专家处理，他们的意见是值得我们考虑的。

迪特尼公司每年在总部要先后举行 10 余次员工大会，在各部门要举行 100 多次员工大会。

那么，迪特尼公司员工意见沟通系统的效果究竟如何呢？

在 80 年代全球经济衰退中，迪特尼公司的生产每年平均以 10％以上的速度递增。公司员工的缺勤率低于 3％，流动率低于 12％，在同行业中最低。许多公司经常向迪特尼公司要一些有关意见沟通系统的资料，以作参考。

请分析：

1. 迪特尼公司是怎样具体实施员工沟通制度的？
2. 迪特尼公司的总体指导原则是什么？依据是什么？

⟹ 实训建议

运用所学知识，主动与一名熟人通过沟通解决某个难题。

任务 10 控 制

▄▄ 学习目标

1. 了解控制的概念、控制的原则以及控制的特征;
2. 理解控制的作用及目的;
3. 掌握控制的原理、类型、内容和控制过程;
4. 熟悉控制的不同方式和相互关系;
5. 熟悉基本的控制方法;
6. 了解现代控制方法及其对管理活动的影响。

▄▄ 任务导读

魏文王问名医扁鹊:"你们家兄弟三人,都精于医术,到底哪一位医术最好呢?"

扁鹊回答:"大哥最好,二哥次之,我最差。"

魏文王再问:"那么为什么你最出名呢?"

扁鹊答:"我大哥治病是治病于病情发作之前,由于一般人不知道他事先能铲除病因,所以他的名气无法传播出去,只有我们家里的人才知道。我二哥治病是治病于病情刚刚发作之时,一般人以为他只能治轻微的小病,所以他只在我们的村子里小有名气。而我扁鹊治病是治病于病情严重之时,一般人看见的都是我在经脉上穿针放血、在皮肤上敷药等大手术,所以他们以为我的医术最高明,因此名气响遍全国。"

魏文王连连点头称道:"你说得好极了。"

事后控制不如事中控制,事中控制不如事前控制。对企业管理来说,最重要的莫过于作出正确的判断和进行有效的控制。

10.1 控制与控制过程

10.1.1 组织及其分类

控制的功能在于衡量下属之绩效,以确保目标及计划之完成。

1. 控制的含义与必要性

"控制"一词最初来源于希腊语"掌舵术"，意指领航者发号施令将偏离航线的船只拉回到正常的轨道上来。由此说明，维持朝向目的地的航向，或者维持达到目标的正确行动的路线，是控制概念的核心含义。所谓控制，从狭义角度理解就是"纠偏"，也即照计划标准衡量所取得的成果，并纠正所发生的偏差，以确保计划目标的实现。从广义的角度来理解，控制工作实际上应该包括纠正偏差和修改标准两个方面的内容。控制工作应该能促使管理者在适当的时候对原定的控制标准和目标做出适当的修改，以便把不符合客观需要的活动拉回到正确的轨道上来。就像在大海中行驶的船只，出现巨大的风暴和故障时，船只也有可能需要改变航向，驶向新的目的地。所以，控制职能是指由管理人员对组织实际运行是否符合预定的目标进行测定并采取措施确保组织目标实现的过程。

为什么需要控制呢，控制有什么必要性呢？控制是日常生活中的常见现象。企业在开展生产经营活动中，受外部环境和内部条件变化的影响，在认识问题上的局限性，管理权力的分散集中与否和管理者能力的差异以及管理者自身的变化，都会使管理实施情况和预期目标经常出现不一致的现象。对于管理来讲，重要的是能否及时发现已出现的偏差或者预见到潜在的偏差，采取措施予以预防和纠正，以确保各项活动的正常进行。

控制是管理工作过程中的一个重要环节。控制通过监视组织各方面的活动和组织环境的变化，保证组织计划与实际运行状况保持动态适应。控制和计划既相互区别，又紧密联系。计划为控制工作提供标准，没有计划，控制也就没有依据。如果只编制计划，不对其执行情况进行控制，计划目标就很难得到圆满实现。因此，有人把计划工作和控制工作看成一把剪刀的两刃，失去任何一刃，剪刀都无法发挥作用。控制和计划的关系还包括：一方面，有些计划本身的作用就已经具有控制的意义。如政策、程序和规则，它们在规定人们行动的准则的同时，也就对人的行为产生极大的制约作用。另一方面，广义的控制职能实际上也包含了对计划在其执行期间内的修订或修改。因此，计划和控制是同一事物的两面。控制好比是汽车驾驶员的方向盘，它把组织、人员配备、领导指挥职能与计划设定的目标连接在一起，在必要时，它能随时启动新的计划方案，使组织运行的目标更加符合自身的资源条件并适应组织环境的变化。

在现实中，组织的运行往往是"非零"起步的，这样，上一阶段的控制结果就可能导致组织确立新的目标，提出新的计划，并在组织机构、人员配备和领导等方面做出相应的改变。控制既是一个管理工作的终结，又是一个新的管理工作过程的开始。例如，一家企业制定了一个五年计划，计划在今后的五年内每年要增加2%的市场占有率。到计划第一年年底时，市场占有率确实增加了2%，管理者得到这一反馈信息后认为可按照原定的计划执行下去。第二年，市场占有率只增加了1%，这就表明管理者应当采取适当的纠正措施（如加强广告宣传）来扩大市场份额。第三年年底检测出市场占有率增加了3%，超过了原定计划，第四年保持这样的势头，这样，管理者可能就要考虑对原来的控制目标做出调整。如此，计划、控制、再计划、再控制，管理工作过程就不断循环往复下去。从这个意义上说，控制是连接管理过程循环的支点。

2. 控制的特征与目标

不同于物理、机械、生物与其他方面的控制，管理控制有其自身的特征。

（1）管理控制具有整体性。整体性有两方面的含义：一方面，管理控制是组织全体成员的职责，完成计划是组织全体成员共同的责任，参与控制是全体成员的共同任务。另一方面，控制的对象是组织的各个方面。确保组织各部门和各单位彼此在工作上的均衡和协调是管理工作的一项重要任务，为此，需要了解各部门和各单位的工作情况并予以控制。

（2）管理控制具有动态性。管理工作的控制不同于电冰箱的温度控制。后者的控制过程是高度程序化的，具有稳定性的特征；而组织不是静态的，其内部条件和外部环境都在发生变化，从而决定了控制标准和方法不可能固定不变。

（3）管理控制是对人的控制并由人执行的控制。管理控制是保证组织工作按计划进行并实现既定目标的管理活动，而组织中的各项工作要由人来推动，靠人来完成，各项控制活动也要靠人来执行。管理控制首先是对人的控制。

（4）管理控制是提高员工素质的重要手段。控制工作不仅仅是监督，更重要的是指导和帮助。管理者可以指定矫正偏差的计划，但只有职工认识到纠正偏差的必要性时，并且帮助他们具备矫正的能力时，才有可能真正地纠正偏差。通过控制工作，管理者可以帮助员工分析偏差原因，端正他们的态度，并指导他们采取矫正措施。

在现代管理理论中，管理控制的目标有两个：

（1）限制偏差的累积。一般来说，任何工作的展开都不可避免地会出现一些误差。虽然有的偏差和失误不会立即给组织带来比较严重的损害，但在组织运行一段时间后，随着小误差的不断积累和放大，最后将对计划目标的实现造成威胁，甚至带来灾难性的后果。及早地发现潜存的错误和问题并进行处理，有助于确保组织按照预定的轨迹运行。有效的管理控制系统应该能够及时地获取相关的偏差信息，及时采取有效的措施以防偏差的积累影响到组织目标的实现。

（2）适应环境的变化。计划与目标总是要在一段时间的实施后才能够实现。在这段时间的实施过程中，组织内部和外部的环境可能会发生变化，如组织内部人员结构的变化、政府可能出台新的政策法规等，这些变化可能会妨碍到计划的实施，甚至可能影响到计划本身的科学和现实性。因此，任何组织都需要构建有效的组织控制系统，帮助管理人员预测和把握内外部环境变化，并对这些变化可能带来的机会和威胁做正确和有效的反应。

3. 控制的基本要素

（1）具有明显的控制目的。目的性主要体现在实际成绩与控制标准、目标相吻合，或者使控制标准、目标适时调整。有效的控制系统应该能使执行偏差得到及时地纠正，还应该能够使管理者在现实情况发生较大的变化时对原定标准或目标做出正确的修正和更改。

（2）具有可靠的、适用的信息。信息是控制的基础，只有掌握了相关信息，管理者才有可能做出有针对性的决策来。

（3）具有行之有效的行动措施。管理者应该能制定出相应的措施，并使之行之有效，使执行中的偏差得到尽快纠正，或者形成新的控制标准和目标。总之，控制系统是由控制的标准和目标、偏差或变化的信息以及纠正偏差或调整标准和目标的行动措施这三个要素构成。

10.1.2　控制的类型

控制的类型很多，最常见的有如下几种分类方法：根据控制的性质可以分为预防性控制和纠正性控制；根据控制点位于整个活动过程中的位置可以分为事前控制、事中控制和事后控制；按控制的手段划分为直接控制和间接控制；根据控制信息的性质可以分为反馈控制和前馈控制。

1. 预防性控制与纠正性控制

根据控制的性质可以把控制划分为预防性控制和纠正性控制。

预防性控制是为了避免错误又尽量减少今后的更正活动。例如，国家对新出台的法律条款的解释和大力宣传，这就是预防性控制措施。这样就可以尽量减少那些因为不知法、不懂法而导致的违法行为。一般来说，规章制度、人员培训等都起着预防性控制的作用。在设计预防控制措施时，人们遵循的原则是为了更有效地达到组织目标。纠正性控制的目的是当出现偏差时，使实施进程返回到预先确定的或所希望的水平。例如，为了减少某些地区的走私现象，在交通要道上设立检查站。

2. 事前控制、事中控制和事后控制

控制职能按照控制活动的位置，即侧重于控制事务进程的哪一阶段而划分为事前控制、事中控制和事后控制。事前控制又可以称为预先控制，事中控制又可以称为过程控制。

事前控制（预先控制）位于过程的初始端，投入与制造过程的交接点就是活动的关键点。这一点是活动过程及时间的开始点，它可以防止组织使用不合要求的资源，保证组织在投入上达到预期的标准，可以在整个活动之前指出先天缺陷。例如，进厂材料和设备的检查、验收、工厂的招工考核、大学的入学考试和体检等。

事中控制（过程控制）是对正在进行的活动给予指导和监督，以保证活动按规定的原则和方法进行。过程控制一般都在现场进行，而遥控不易取得良好的效果。指导和监督应该遵循计划中所确定了的组织方针、政策与标准，临时确定或由个人主观确定新标准，将导致标准的多样化，无法统一测量和评价。另外，指导和控制的内容应该与被控制对象的工作特点相适应，对于简单重复的体力劳动者也许采取严厉的监督可以取得好的效果，而对于创造性劳动者，控制的内容应该转向如何创造良好的工作环境，并使之维持下去。

事后控制是历史最悠久的控制类型。传统的控制方法几乎都是属于这种类型。例如，质量控制往往局限于成品的检查把次品或废品挑选出来，以保证出厂的产品都符合质量标准，这是典型的事后控制。这种控制位于活动过程的终点，把好最后一关，不会使误差扩大化，有利于保证系统外部处于正常状态。

3. 直接控制和间接控制

按所采用的手段可以把管理控制分为直接控制和间接控制。

直接控制就是控制者与被控制者直接接触进行控制的形式。间接控制是控制者与被控制者之间并不直接接触，而是通过中间媒介进行控制的形式。在现代经济管理活动中，人们把直接控制理解为通过行政手段进行的控制，采用行政命令是一种最直观而又最简单的办法。但是，这种直接控制的方法往往不能使整个系统的效果最优。主要的原因是因为信息的反馈引起了时滞现象；信息太多以致在现有的技术条件下无法进行全面的、科学的处理；直接控制忽略了企业中人的因素，不利于下级积极性和创造性的发挥。在现代经济管理活动中，人们习惯于把利用经济杠杆进行的控制称为间接控制。经济杠杆主要指税收、信贷、价格等经济措施或经济政策。在企业内部将奖金与绩效挂钩的分配政策，以及运用思想工作手段，形成良好的风气，高品位的价值观，可以有效地控制人们的行为，这些都属于间接控制。

4. 前馈控制和反馈控制

按控制的信息的性质可以把管理控制分为前馈控制和反馈控制。

管理人员在工作开始之前对工作中可能出现的偏差进行预测和评估，及时采取措施预防问题的产生，称为前馈控制。例如，在企业中制订一系列的规章制度让员工遵守，从而保证工作的顺利进行；为了生产出高质量的产品而对原材料进行控制；职工的岗前培训等等。汽车上坡的情况可以很好的解释前馈控制的概念。当司机要保持在一个基本恒定的速度时，他往往并不等到上坡后汽车实际速度慢下来时才加速，而是在上坡前就预测到汽车速度将要下降，因而提前加速，使汽车速度保持稳定。

前馈控制有许多优点：首先，从理论上讲，它是人们最乐于采用的类型，因为它能避免预期问题的出现，有防患于未然的效果。其次，前馈控制适用于一切领域中的所有工作，如企业、医院、学校、军队都可以运用这种控制方法。因此，前馈控制使用范围最广。最后，前馈控制是在工作之前，针对某项计划行动所依赖的条件进行控制，不针对个体人员，因而不会造成心理冲突，易于被员工接受并付诸实施。但是由于未来的不确定性，要实行切实的前馈控制也不是一件容易的事情，它需要及时和准确的信息，必须对整个系统和计划有透彻的分析，懂得计划行动本身的客观规律性，从而建立前馈控制的模式，经常注意保持它和现实情况的吻合，并且输入变量数据，估计它们对预期的最终结果的影响，还要采取措施以保证最后结果合乎需要。

反馈控制是一种最常见的控制类型，控制作用发生在行动后，主管人员分析以前工作的执行结果，将它与控制标准做比较，发现偏差所在及其原因，拟定纠正措施以防偏差发展或者继续存在。企业对不合格产品进行淘汰，发现产品销路不畅而减产、转产或加强促销等，都属于反馈控制。

反馈控制的不足在于管理者获得信息时，可能的失误和损失已经发生，弥补的措施只能在新的工作中产生效果，但从实际工作中，反馈控制是运用得最多的控制方式。它的优点在于：首先，反馈控制提供了关于计划的效果究竟如何的真实信息。如果反馈显示标准与现实之间偏差很小，说明计划的目标达到了；如果偏差很大，管理者应该使计划制定得更为有效。其次，反馈控制可以增强员工的积极性。在管理中使用最多的反馈控制有财务报表、标准成本报告、质量控制报告和工作人员成绩评定。

10.1.3　控制的过程

控制工作作为管理工作中相对独立的一个环节，由若干活动步骤组成。医生看病要以健康人作为标准来对比患者，找到患者和健康人的差别后要设法把病因找到，才能对症下药。在控制工作中，为强化和优化控制职能，控制工作一般划分为三个具有内在联系的基本步骤：第一步是为要完成的任务制定标准；第二步是为了衡量实际绩效来对照这些步骤；第三步是如果绩效与标准不符合，则应采取纠偏行动。这三个步骤必须按上述顺序去实施，否则很难取得控制效果。

1. 确立标准

标准是一种作为模式或者规范而建立起来的测量单位或具体的尺度。标准是控制的基础，离开标准对一个人的工作或者一个制成品进行评估，则毫无意义。标准的类型很多，它的建立取决于所需衡量的绩效和成果领域。

（1）标准的分类。

①生产作业标准。作业控制标准是评价一个组织转换过程中的效率和效果问题。作业控制一般适用于耗费原材料、使用劳力、提供劳务和生产产品等的基层生产单位。相应的标准有产品的合格率、产品的等级、公差的精确度等。

②财务标准。企业在追求利润最大化目标时，管理者需要借助于费用控制、成本控制、资金控制等，由此产生一系列财务标准如成本标准、资金标准、收益标准等。

③人员标准。管理应重视对员工工作表现的控制。为此，应建立员工的工作规范，明确每个员工工作所表现的标准，明确每个员工在各个时期的阶段成果，并把成果与人的工作挂钩，对员工工作进行系统化评估。员工是比较特殊的控制对象，具有主观能动性，应灵活对待。

④组织绩效标准。它是对组织整体活动效果的评价，是判断一个组织经营能力的直接依据，是控制的最终内容。一个组织的绩效可以在下列三种基本方法中选用一个来进行评估：

第一，组织目标法：以组织最终完成其目标的结果来衡量其效果，而不是以实现目标的手段。

第二，系统方法：一个组织可以描述成一个获得输入、从事转换过程、产生输出的实体。系统所考虑的相关标准包括市场份额、收入的稳定性、员工旷工率、资金周转率、雇员的满意度等。值得注意的是，系统的方法强调那些影响组织长期生存和兴旺发达的因素的重要性，这些因素对短期行为可能并不是很重要。

第三，战略伙伴法：这种方法假定一个有效的组织能够满足顾客群体的各种要求，并获得他们的支持，就能让组织持续地生存下去。用这种方法的前提条件是一个来自有关利益集团的经常性和出于自我利益的要求。由于这些利益集团的重要性各不相同，因此组织的效果取决于它识别出关键性或战略伙伴的能力，以及满足他们对组织所提出要求的能力。更进一步，这种方法假定管理者所追求的一组目标是对某些利益集团要求的一种反应，是从那些控制了组织生存所需资源的利益集团中选出来的。

（2）制定标准的方法。由于控制的对象不同，所需要衡量的绩效成果的领域不同，标准的类型也就不同，一般来说，常用的方法有统计分析法、经验判断法和技术分析法。

①统计分析法。统计分析法也称历史分析法，是以分析反应企业经营在各个时期状况的数据或与同类企业对比的水平为基础，运用统计方法经过分析，来为未来活动而建立的标准。

②经验判断法。是根据管理人员的经验、判断和评估来建立控制标准。实际上是依据价值判断建立的标准，管理者对目标的期望及其个人价值系统将起决定作用。因此，制定标准时，应注意主观性。

③技术分析法。这种方法的对象是制定工程的标准，通过对工作情况进行客观的定量分析，制定准确的技术参数和实测数据标准。

2. 对照标准检测实际绩效

对照标准衡量实际工作成绩是控制过程的第二步，它又可以分为两个小步骤：测定或预测实际工作成绩；进行实际绩效和标准的比较。

掌握实际绩效包括两种方式：测定已经产生的工作结果或预测即将产生的工作结果。这两种方式都需要收集到的信息能为控制工作所用。控制工作对信息的要求可以从以下五个方面来考虑：信息是及时的吗？测量单位是适宜的吗？收集到的信息有多大的可靠性和准确性？信息是否适用有效？信息是否送到了需要该信息的权威机构？

接下来对于管理主体来说，要考虑的问题就是需要衡量项目、确定衡量方法和衡量主体等问题。

（1）衡量的项目。管理者应该针对决定实际成效好坏的重要特征进行衡量。实际管理中容易出现一种趋向，即侧重衡量那些易于衡量的项目，而忽视那些不易衡量、较不明显但相当重要的项目。

（2）衡量的方法。主要有四种方法来获得实际工作绩效方面的资料和信息：第一种方法是亲自观察法。通过个人的观察，管理者可以看到现场的实际情况，还可以通过与工作人员谈话来了解进展情况及存在的问题。第二种方法是利用报表和报告。这种方法可以节省管理者的时间。第三种方法是抽样调查。这种方法可节省调查时间及成本。最后一种方法是召开会议。这种方法有助于管理者了解各部门的工作情况，加强部门之间的沟通和协作。

（3）衡量的主体。衡量工作绩效的人是工作者本人，还是同一层次的其他人员，或者上级主管人员或职能部门的人？主体不同，控制工作的类型也就存在差别。

3. 采取纠偏行动

解决问题需要先找出产生差距的原因，然后采取措施纠正偏差。有句谚语说："冰冻三尺，非一日之寒"。所以，必须花大力气找出造成偏差的真实原因，而不能头痛医头，脚病医脚。例如，销售收入的明显下降，是销售部门的问题？实施授权的问题？实施质量的问题？还是技术部门新产品开发太慢导致产品老化，竞争力下降的原因呢？每一种可能的原因和假设都不容易通过简单的判断确定下来。

对偏差原因进行分析后，下一步管理者就要开始确立采取怎样的纠偏行动。纠偏措施包括两种：一是立即执行的临时紧急性措施，另一种是永久性的根治措施。对于直接影响组织活动的紧急性问题，多数应采取第一种方式。例如，某一种规格的部件在加工过程中出现问题，一周后如果不能生产出来，其他部门就会受到影响而出现停工待料。此时，应该立即采取措施确保按期完成任务，而不是考虑追究责任。等待危机缓解以后，则可转向永久性的根治措施。

以上控制主要着眼于纠正偏差方面介绍的。但积极地控制还会导致计划的修改或重定，从这个角度来说，控制工作过程的步骤会有所变化。

10.2 控制的方法

在企业管理实践中也运用着多种控制方法，管理人员除了利用现场巡视、监督和分析下属依据组织路线传送的工作报告等手段进行控制外，还经常借助预算控制、生产与库存控制、质量控制、成本控制和人员控制等方法。

10.2.1 预算控制

企业在未来的几年所有活动可以利用预算进行控制。预算，就是用数据、特别是用财务数据来描述企业未来的活动计划，预计了企业在未来时期的经营收入或现金流量，同时也为各部门或各项活动规定了在资金、劳动、材料、能源等方面的支出不能超过的额度界限。预算控制就是根据预算规定的收入和支出标准来检查和监督各个部门的生产经营活动,以保证各项活动或各个部门在充分达到既定目标、实现利润的过程中对经营资源的利用,从而使费用支出受到严格有效的约束。

1. 预算的形式

整个预算工作中,不仅要对各个部门、各项活动制定分预算,还需要对企业整体编制全面预算。分预算是指按照部门和项目编制的,它们详细说明了相应部门的收入目标或费用支出的水平,规定了各部门在生产活动、销售活动、采购活动、研究开发活动或财务活动中筹措和利用劳动、资金等生产要素的标准;全面预算则是对所有部门或项目分预算进行综合平衡的基础上编制而成的,它概括了企业相互联系的各个方面在未来时期的总体目标。任何预算都需要用数据形式表达。全面预算必须用统一的货币单位来衡量,而分预算不一定用货币单位来计量。例如,劳动预算可能用用工数量或者人工小时来表达。

2. 预算的内容

不同的企业,预算表中的项目会有不同程度的差异,一般来说,预算内容主要涉及以下几个方面:收入预算、支出预算、现金预算、资金支出预算、生产负债预算等。

收入预算和支出预算提供了企业未来时期经营状况的一般说明,从财务角度计划和预测未来活动的成果以及为了取得这些成果需要付出的费用。收入预算的主要内容是销售预算。销售预算是在销售预测的基础上编制的,它是通过分析过去的销售状况、目前和未来的市场需求特点及其发展趋势,比较销售对手和本企业的销售实力,确定企业在未来时期为了实现目标利润必须达到的销售水平。与销售预算相对应,企业必须编制能够保证销售过程得以进行生产活动的预算即编制各种支出预算。支出预算包括直接材料预算、直接人工预算、附加费用预算等等。现金预算是企业对未来生产与销售活动中的现金的流入和流出进行预测,再由财务部门进行编制。现金预算不需要反映企业的资产负债情况,而只要反映企业未来的实际现金流量和流程。上述的各种预算通常只涉及某几个经营阶段,是短期预算,而资金支出预算,则可能涉及好几个阶段,是长期预算。资金支出预算的项目包括:用于更新改造或扩充,包括厂房、设备在内的生产设施的支出;用于增加品种、完善产品性能或改进工艺的研究与开发支出;用于提高职工和管理队伍素质的人事培训与发展支出;用于广告宣传、寻找顾客的市场开发支出等等。资产负债预算是对企业会计年度末期的财务状况进行预测。作为各分预算的汇总,管理人员在编制资产负债预算时虽然不需要做出新的计划或决策,但通过对预算表的分析,可以发现某些分预算的问题,从而有助于采取技术的调整措施。

3. 预算控制的作用及其局限性

由于预算的实质是用统一的货币单位为各个部门的各项活动编制计划,因此它在不同时期的活动效果和不同部门的经营绩效在一定程度上具有很强的相关性,可以使管理者了解企业经营状况的变化方向和组织中的优势部门与问题部门,从而为调节企业的活动指明方向；通过为不同职能部门和职能活动编制预算，同时也为协调企业活动提供了依据。另外，预算的编制始终是和控制过程联系在一起的，方便了控制过程的绩效衡量工作。

在预算的编制和执行中，也有一定的局限性，主要表现在：它不能促使企业参照上期的预算项目和目标，从而忽视本期的活动的实际需要，因此会导致一些错误，如上期有的而本期不需要的项目仍然使用，而本期需要的、上期没有的项目会因缺乏先例而不能增设；企业活动的外部环境不断地变化会改变企业获取资源的支出或销售产品实现的收入，从而使预算变得不合时宜。

因此，缺乏弹性、非常具体、特别是涉及较长时间的预算可能会过度约束决策者行动，使企业经营缺乏灵活性和适应性。预算可能使管理者在活动中精打细算、小心翼翼不超过支出预算的准则，而忽视本来的目的。

4. 预算的改进方法

预算的改进方法包括零基预算、弹性预算和滚动预算。

零基预算是以零为基础编制的预算，其原理是：对任何一个预算期，任何一种费用项目的开支，都不是从原有的基础编制出发，即根本不考虑各项目基期的费用开支情况，而是一切都以零为基础，从零开始考虑各费用项目的必要性及其预算规模。其程序包括建立预算目标体系、逐项审查预算、排定各个项目和各个部门的优先顺序并编制预算。

弹性预算就是在编制费用时，考虑到计划期业务量可能发生的变动，编制一套能适应多种业务量的费用预算，以便反映各项业务量所对应的费用水平。弹性预算主要是对影响销售量变化的各种因素给出一个变动区间，对各项支出按销售量预算、趋势判断、市场等因素给予一定的浮动区间。弹性预算增加了传统预算的灵活性。

滚动预算或称为永续预算。其特点是：预算在其执行中自动延伸，当原预算中有一个季度的预算已经执行，只剩下三个季度的预算数，就把下个季度的预算补上，经常保持一年的预算期。根据滚动预算的编制原理，企业可以把长期规划和短期目标给结合起来，并根据短期目标的完成情况来调整长期规划，使企业各项活动能够及时反馈，及时发现差异，及时处理。

10.2.2　非预算控制

非预算控制主要包括库存控制、进度控制、质量控制、人员控制等。

1. 库存控制

库存控制主要是对大量的原材料、燃料、配件、在制品、半成品和产成品等存货品种和数量进行的控制。库存应当保持在适当的水平，以保证生产和销售的需要。

2. 进度控制

进度控制是根据产品生产或项目建议的进度计划要求，对各阶段活动开始和解释的时间所进行的控制。进度控制可以从一系列相互关联的活动中挑选那些时间冗余幅度小的关键活动路线加以密切关注，避免某些关键活动的一次延误就影响到后续各项活动乃至总体进度的按时完成。

3. 质量控制

质量控制就是以技术为衡量标准来检验产品的质量。为了保证产品质量符合规定标准要求和满足用户使用要求，企业需要在产品设计、试制、生产制造直至使用的全过程中，进行全员参与的、事后检验及预先控制有机结合的全方位的管理活动。

4. 人员控制

人事方面的控制主要集中在对组织内部人力资源的管理上。具体而言有两大方面的内容：一是主要人事比率的控制。也就是分析组织各种人员的比率，这些比率是否维护在合理的水平上以便采取调整和控制手段；二是对管理人员和一般员工在工作中的成绩能力和态度做出客观公正的考核、评价和分析鉴定，这既有利于激励原来表现好的员工继续保持和发扬工作能动性，也有利于使原来表现差的员工朝着好的方向转化和发展。

10.2.3 成本控制

1. 成本控制的含义

成本控制的过程是运用系统工程的原理对企业在生产经营过程中发生的各种耗费进行计算、调节和监督的过程，同时也是一个发现薄弱环节，挖掘内部潜力，寻找一切可能降低成本途径的过程。科学地组织实施成本控制，可以促进企业改善经营管理，转变经营机制，全面提高企业素质，使企业在市场竞争的环境下生存、发展和壮大。

成本控制（cost control）就是指以成本作为控制的手段，通过制定成本总体水平指标值、可比产品成本降低率以及成本中心控制成本的责任等，达到对经济活动实施有效控制的一系列管理活动与过程。

2. 成本控制的内容

成本控制的内容非常广泛，但这并不意味着事无巨细地平均使用力量，成本控制应该有计划有重点地区别对待。各行各业不同企业有不同的控制重点。控制内容一般可以从成本形成过程和成本费用分类两个角度加以考虑。

按成本形成过程划分，成本控制的内容主要包括产品投产前的控制、制造过程中的控制、流通过程中的控制。

（1）产品投产前的控制。这部分控制内容主要包括产品设计成本、加工工艺成本、物资采购成本、生产组织方式、材料定额与劳动定额水平等。这些内容对成本的影响最大，可以说产品总成本的 60% 取决于这个阶段的成本控制工作的质量。这项控制工作属于事前控制方式，在控制活动实施时真实的成本还没有发生，但它决定了成本将会怎样发生，它基本上决定了产品的成本水平。

（2）制造过程中的控制。制造过程是成本实际形成的主要阶段。绝大部分的成本支出在这里发生，包括原材料、人工、能源动力、各种辅料的消耗、工序间物料运输费用、车间以及其他管理部门的费用支出。投产前控制的种种方案设想、控制措施能否在制造过程中贯彻实施，大部分的控制目标能否实现和这个阶段的控制活动紧密相关，它主要属于事中控制方式。由于成本控制的核算信息很难做到及时，会给事中控制带来很多困难。

（3）流通过程中的控制。包括产品包装、厂外运输、广告促销、销售机构开支和售后服务等费用。在目前强调加强企业市场管理职能的时候，很容易不顾成本地采取种种促销手段，反而抵消了利润增量，所以也要作定量分析。

按成本费用的构成划分，成本控制的内容主要包括原材料成本控制、工资费用成本控制、制造费用成本控制、企业管理费用成本控制。

（1）原材料成本控制。在制造业中原材料费用占了总成本的很大比重，一般在60%以上，高的可达90%，是成本控制的主要对象。影响原材料成本的因素有采购、库存费用、生产消耗、回收利用等，所以控制活动可从采购、库存管理和消耗三个环节着手。

（2）工资费用控制。工资在成本中占有一定的比重，增加工资又被认为是不可逆转的。控制工资与效益同步增长，减少单位产品中工资的比重，对于降低成本有重要意义。控制工资成本的关键在于提高劳动生产率，它与劳动定额、工时消耗、工时利用率、工作效率、工人出勤率等因素有关。

（3）制造费用控制。制造费用开支项目很多，主要包括修理费、辅助生产费等，虽然它在成本中所占比重不大，但因不引人注意，浪费现象十分普遍，是不可忽视的一项内容。

（4）企业管理费用控制。企业管理费指为管理和组织生产所发生的各项费用，项目非常多，也是成本控制中不可忽视的内容。上述这些都是绝对量的控制，即在产量固定的假设条件下使各种成本得到控制。在现实系统中还要达到控制单位成品成本的目标。

3. 成本控制的原则

在管理实践中，成本控制的原则大体上可以概括为全面介入原则、例外管理原则和经济效益原则。

（1）全面介入的原则。全面介入原则是指成本控制的全部、全员、全过程的控制。全部是对产品生产的全部费用要加以控制，不仅对变动费用要控制，对固定费用也要进行控制。全员控制是要发动领导干部、管理人员、工程技术人员和广大职工建立成本意识，参与成本的控制，认识到成本控制的重要意义，才能付诸行动。全过程控制，对产品的设计、制造、销售过程进行控制，并将控制的成果在有关报表上加以反映，借以发现缺点和问题，并考虑在今后的管理活动中进行有效的解决和处理。

（2）例外管理的原则。成本控制要将注意力集中在超乎常情的特殊事件中。因为实际发生的费用往往与预算有出入，如发生的差异不大，也就没有必要一一查明其原因，而只要把注意力集中在非正常的例外事项上，并及时进行信息反馈。

（3）经济效益的原则。提高经济效益，不单是依靠降低成本的绝对数，更重要的是实现相对的节约，取得最佳的经济效益，以较少的消耗取得更多的成果。

10.2.4 控制的现代化方法与当前控制的新问题

1. 控制的现代化方法

随着经济的发展，科技的进步，管理方式、方法的日益更新，以通信信息与计算机为媒介并紧密结合的管理手段在管理实践活动中被越来越广泛地应用。现代化的控制方法以信息通讯技术为先导，它是管理控制方法现代化的重要标志，而在具体的管理活动中则以信息系统控制为代表。

（1）信息系统。广义的信息系统是指各种处理信息的系统，狭义的信息系统仅指基于计算机的数据处理系统。信息系统依靠电子计算机技术和通讯技术来实现对信息的收集、加工、处理、存储、分析、研究、检索、传递、提供。管理是否有效，关键在于管理信息系统是否完善，信息反馈是否灵敏、正确、高效。管理信息系统在其中起着连接管理信息的生产源与使用者之间的沟通、媒介作用，同时保证管理信息处理的准确性、时效性的实现，从而提高管理信息的利用效率，以更好地满足各种管理工作的需要。

（2）信息系统的构成。建立一个信息系统通常包括四个基本步骤：分析信息要求，建立信息基础，设计信息处理系统，在信息系统中建立控制。

（3）计算机集成制作系统（CIMS）。CIMS 是在自动化技术、信息技术及制造技术的基础上，通过计算机及其软件，综合生产过程中信息流动和物流的运动，集市场研究、生产决策、经营管理、设计制造和销售服务等功能为一体，是企业走向高度集成化、自动化、智能化的生产和组织方式。通俗的解释就是，用计算机通过信息集成实现现场化的生产制造，以追求企业的总体利益。主要特征是集成化和智能化。一般来说，CIMS 系统由三大单元技术构成，分别是管理信息系统（MIS）、计算机辅助设计（CAD）和计算机辅助制造（CAM）。目前管理信息系统的流行模式是以制造资源计划 MRPII 为核心，包括经营管理、生产管理、物流管理、财务管理和人力资源管理五大功能。CAD 是利用计算机直接对产品参数、结构进行分析，根据国家标准规范并计算数据，自动地绘制图纸，修改、审查产品设计工作。它能缩短产品设计周期，进行产品设计的多方案选择，实现复杂产品、单件小批量产品的设计。主要的发展方向是从以支持计算机绘图为主转向支持工程设计为主的全过程，其主要功能包括设计、需求交换分析及数据格式转换，设计方案生成与选样，产品结构与工程计算。CAM 是负责对生产设备的管理、控制和操作计算机辅助制造的系统。它包括控制机器的运行，处理产品制造中需要的数据，控制材料的流动，测试检验产品性能的功能。它的关键是集成，一是工业企业管理的集成，二是工业企业计算机应用技术的集成。

相天链接 10-1

企业高精度管理——6 西格玛模式

企业运营千头万绪，管理与质量是永远不变的真理。在全球化经济背景下，一项全新的管理模式在美国摩托罗拉和通用电气两大巨头中试行并取得立竿见影的效果，之后逐渐引起了欧美各国企业的高度关注，这项管理便是 6 西格玛模式。西格玛原文为希腊字母 sigma，学过概率统计的人都知道其含义为"标准偏差"。6 西格玛意为"6 倍标准差"，在质量上表示每百万坏品率（partspermillion，简称 PPM）少于 3.4，但是，6 西格玛模式的含义并不简单地是指上述这些内容，而是一整套系统的理论和实践方法。

该模式由摩托罗拉公司于 1993 年率先开发，采取 6 西格玛模式管理后，该公司平均每年提高生产率 12.3%，由于质量缺陷造成的费用消耗减少了 84%，运作过程中的失误率降低 99.7%。该模式真正名声大振是在 1990 年代后期，通用电气全面实施 6 西格玛模式取得辉煌业绩之后。通用电气首席执行官杰克·韦尔奇指出："6 西格玛已经彻底改变了通用电气，决定了公司经营的基因密码（DNA），它已经成为通用电气现行的最佳运作模式。"通用电气 1995 年始引入 6 西格玛模式，此后 6 西格玛模式所产生的效益呈加速度递增，1998 年公司因此节省资金 75 亿美元，经营率增长 4%，达到了 16.7% 的历史最高记录；1999 年 6 西格玛模式继续为通用电气节省资金达 150 亿美元。

2. 当前控制的新问题

管理者在设计一个高效的控制系统时会产生一系列问题。例如，随着计算机硬件和软件技术的进步使控制的过程变得更加容易了，但是这种进步也带来负面的影响，即管理者对雇员有权知道些什么和控制雇员行为方面可以到什么程度？工作场所隐私、员工偷窃、工作场所暴力及电子商务中的控制是当前管理控制中遇到的新问题。

（1）工作场所隐私。如果你工作，你是否想过在你工作的场所你还具有隐私权？你和你的员工可以知道些什么？答案可能会让你大吃一惊！员工可以读你的电子邮件（即便标有"私人或秘密"），听你的电话，通过计算机监视你的工作，存储和检查计算机文件，以及在员工澡堂或更衣室监督你。所有这些行为并不少见。如今，所有公司中的 45% 和《财富》1000 强公司中的 17% 使用某种类型的监视软件。加之其他形式的监视手段的使用，如摄像机，使总数达到 67%，为什么管理者觉得他们必须监视员工在做些什么？一个重要的原因就是员工被雇佣来就是工作的，而不是在网上浏览股票价格、在线赌博或为家庭或者朋友购买礼物。据说每年由于工作时间在网上浏览休闲可造成十亿美元的计算机资源损失和数十亿美元的生产率损失。这是一项巨大的成本。

（2）员工偷窃。最终发现所有组织中的偷窃和欺诈行为中有 85% 是雇员而不是外人所为的，这个事实会让你吃惊吗？而且这是一个价值较高的问题。所谓员工偷窃就是指任何未经允许将公司财产拿出去作为员工个人使用的行为。其范围从贪污到填写虚假报销单，到从公司办公室搬走设备、零部件、软件及办公用品。虽然零售商业长期以来面临严重的员工偷窃潜在损失，但在初创的公司和小公司松懈的财务控制及唾手可得的信息技术使员工偷窃问题逐步上升。不论公司类型及规模如何，这都是一个管理者需要进行自我教育的控制问题，是他们必须准备处理的问题。

员工为什么偷窃？不同领域的专家有不同的看法。例如产业保安人员认为员工偷窃的原因是因为松懈的控制和有利的环境造成偷窃的机会。犯罪学专家说是因为财务方面的原因和恶习造成的，每一个人都这么做，这点东西对公司算不了什么。虽然上述专家都对员工偷窃行为提出了令人信服的深刻见解，但不幸的是偷窃行为仍然在继续。因此管理者可以做些什么呢？我们可以利用前馈、同期和反馈控制的概念来鉴定组织或减少员工偷窃的行为。前馈控制的方法有：仔细进行雇佣前的审查；建立专门关于偷窃和欺诈的规章和纪律；让员工参与规章的制定；对员工进行规章的教育和培训；让专家检查内部安全控制措施。同期控制的方法有：尊重员工的尊严；开诚布公地交流偷窃的代价；定期让员工知道他们防止偷窃和欺诈的成功；如果条件允许使用摄像监控器；在计算机、电话、电子邮件上安装"锁定"选项；使用公司热线报告事故；树立良好典范。反馈控制方法有：当偷窃或欺诈发生后确保员工都知道但不点名，但让人们知道这是不能接受的，让专业调查人员进行调查，重新设计控制方案；评价组织的文化和管理者与员工的关系等。

（3）工作场所暴力。工作场所暴力引起的因素有哪些？员工一定会强调的原因是工作时间过长、信息超载、日常工作中断、不切实际的最后期限及漠不关心的管理者等等。分割成小立方体的办公区域使雇员包围在周围人群的噪声与混乱之中被认为是主要的原因。而一些专家则认为丧失功能的危险工作环境是主要原因，这种工作环境的主要特征如下：

①员工是由时间、数字、危机来驱使工作的。

②快速和不可预测的变化引起的不稳定性和不确定性折磨着员工。

③管理者沟通时采用过分放肆、恩赐、暴躁、过分消极等有害的交流方式；工作场所过度的取笑、戏弄或找替罪羊；独裁领导。

④独裁领导以严厉的方式对待员工，不允许员工提出问题，参与决策或建立工作团队。

⑤很少采取或根本没有绩效反馈的顽固态度；只管数量；以咆哮、恐吓和回避的态度处理冲突。

⑥灾难性的工作环境，如温度、空气质量、重复动作、过度拥挤的空间、噪声水平、加班时间过长等。

⑦由于个人暴力或谩骂的历史使组织有暴力文化；容忍工作时间饮酒或滥用毒品。

管理者可以做些什么来阻止或减少工作场所发生暴力的可能性？可以再一次利用前

馈、同期、反馈控制的概念来找出管理者可以采取的方式。前馈控制方法包括：管理层为实现高效的工作环境而承担责任而不是失职；利用员工支持计划来解决员工出现的严重工作问题；利用组织措施杜绝工作场地的狂怒、侵害或暴力行为；仔细进行雇佣前审查；从不忽略威胁；训练员工遇到紧急情况时如何避免危险；明确同员工交流有关规章制度。同期控制方法包括：利用走动管理来识别潜在的问题，观察员工如何相处；在组织重大变动期间，允许员工或工作小组表明不满；使用公司热线或其他机制报告和调查事故；进行果断干预；发生暴力事件时让专家提供专业帮助；提供必要的设备或程序来处理暴力事件。反馈控制的方法有：公开交流所发生的事件及处理方式、调查时间并采取适当的行动；如果有必要，检查公司规章并调整。

(4) 电子商务中的控制问题。电子商务时代管理者必须应对何种类型的控制问题？最重要的两项内容是控制时的精神溃散和控制潜在的骚扰、偏见及其他有害行为。

由于计算机是所有电子商务的血液，所以员工必须拥有计算机并且接受在线信息。这样员工在为工作而上网时就不可避免有网上冲浪、玩在线游戏或其他类型的在线娱乐之类分散精力的行为。另一方面，这种特殊控制议题还包括电子商务企业的员工根本就不在现场办公的问题。许多电子商务的员工是虚拟的员工，他们在城市的各个地方，甚至在地球的另一边。他们与经理或公司仅仅通过计算机联系。管理者根本没有机会进行走动式管理。假定这种挑战是真实的，电子商务企业的管理者如何能够控制员工的工作绩效？

利用前馈、同期和反馈的机制来控制潜在的工作问题是有帮助的。在前馈控制方面，电子商务中最有效率的员工是那些独自工作能够很好地进行自我控制的员工，因此管理者应该雇佣这种类型的人，制定灵活的工作政策并明确要求工作必须有效和高效率地完成。在同期控制方面，保持公开和持续的沟通，尤其在员工与他们的管理者几周甚至几个月都不能面对面接触的虚拟环境下。沟通方式不能总是以电子邮件的形式，尽管这也是一种不错的选择。即使在最隔绝的电子商务环境下的员工有时也需要语言上的接触。偶尔也需要有选择性地利用监视软件对个别员工的工作进行监督。员工需要意识到他们的工作是可能受到监督的。最后，反馈控制应该包括员工定期地递交报告说明其完成的工作的类型和数量。

电子商务企业管理者的另外一项主要控制议题是与可能通过滥用互联网和电子邮件引起的骚扰、偏见、歧视和性侵犯行为做斗争。越来越多的证据表明许多员工采用电子通信时并不能像传统工作方式时那样保持克制。员工可能会认为工作时通过电子邮件传递关于种族和性别歧视的玩笑或下载色情图片是可接受的。轻松单击"发送"和"下载"按钮看起来确实会丧失他们适当的和合法行为的意识。管理者应该如何来解决这类特殊的控制问题呢？

所有的组织，尤其电子商务企业，需要一项政策来说明哪些是不合适的电子沟通方式。这项政策需要反复说明，而且管理者有权监督员工对互联网和电子邮件的使用。如果骚扰和歧视行为确实发生了，电子记录可以帮助确定发生了什么事情并有助于管理者迅速采取行动。最后，这项政策应该明确说明违反或违背后的记录处罚。管理者监视员工电子邮件和计算机使用情况的另一个原因是由于在同事的计算机屏幕上出现冒犯的信息或不适当的画面造成的一种带有敌意的工作环境，他们不愿意冒这样的风险。

最后，管理者希望确保公司机密不被泄露。尽管知识产权对所有行业来说都是很重要的，但对于高技术产业来说更为突出。管理者希望确认雇员没有泄露公司重要信息，即使无意地将公司信息传送给那些可以利用这些信息来伤害公司的人。

由于潜在的巨大的成本以及当今许多工作都涉及计算机的使用的事实，许多公司开始实行工作场所监视政策。这样做的责任落到了管理者的身上。找出一些可行的工作场所监视方法是非常重要的。管理者应该做些什么才能保持这种控制同时又不降低员工的身份？他们应该制定清晰明确的计算机使用规定，并且确保每位雇员都知道它。预先告诉他们使用的计算机随机会受到监视，并且提供明确具体的原则说明什么是可以接受的网站和电子邮件系统使用方法。

相关链接 10-2

汤姆的目标与控制

汤姆担任这家工厂的厂长已经一年多了。他刚看了工厂有关今年实现目标情况的统计资料，厂里各方面工作的进展出乎意料之外，他为此气得说不出一句话来。他记得就任厂长后的第一件事情就是亲自制定了一系列计划目标。具体地说，他要解决工厂的浪费问题，要解决职工超时工作的问题，要减少废料的运输问题。他具体规定：在一年要把购买原材料的费用降低10%～15%；把用于支付工人超时工作的费用从原来的11万美元减少到6万美元，要把废料运输费用降低3%。他把这些具体目标告诉了下属有关方面的负责人。

然而，他刚看过的年终统计资料却大大出乎他的意料。原材料的浪费比去年更为严重，原材料的浪费竟占总额的16%；职工超时费用也只降低到9万美元，远没有达到原定的目标；运输费用也根本没有降低。

他把这些情况告诉了负责生产的副厂长，并严肃批评了这位副厂长。但副厂长争辩说："我曾对工人强调过要注意减少浪费的问题，我原以为工人也会按我的要求去做的。"人事部门的负责人也附和着说："我已经为消减超时的费用作了最大的努力，只对那些必须支付的款项才支付。"而负责运输方面的负责人则说："我对未能把运输费用减下来并不感到意外，我已经想尽了一切办法。我预测，明年的运输费用可能要上升3%～4%。"

在分别和有关方面的负责人交谈之后，汤姆又把他们召集起来布置新的要求，他说：

"生产部门一定要把原材料的费用降低 10%，人事部门一定要把超时费用降到 7 万美元；即使是运输费用要提高，但也决不能超过今年的标准，这就是我们明年的目标。我到明年底再看你们的结果！"

小　结

1. 控制是由管理人员对组织实际运行是否符合预定的目标进行测定，并采取措施确保组织目标实现的过程。

2. 控制的类型很多，根据控制的性质可以分为预防性控制和纠正性控制；根据控制点位于整个活动过程中的位置可以分为预先控制、过程控制和事后控制；按控制的手段划分为直接控制和间接控制；按照控制信息的性质可以分为反馈控制和前馈控制。

3. 控制工作作为管理工作中相对独立的一个环节，它也是由若干活动步骤组成的。控制工作一般划分为三个具有内在联系的基本步骤：第一步是为拟完成的任务制定标准；第二步是为了衡量实际绩效来对照这些步骤；第三步是如果绩效与标准不符合，则应采取纠偏行动。

4. 在企业管理实践中运用着多种控制方法，管理人员除了利用现场巡视、监督和分析下属依据组织路线传送的工作报告等手段进行控制外，还经常借助预算控制、非预算控制、成本控制和信息系统控制等方法。

5. 管理者在设计一个高效的控制系统时会产生一系列问题。工作场所隐私、员工偷窃、工作场所暴力及电子商务中的控制是当前管理控制中遇到的新问题。

▰▰▰▶ **课堂讨论** ▮▮

1. 结合身边的例子，谈一谈对组织中控制的认识、理解和运用。
2. 当前控制新问题对管理活动会有什么样的影响？

▰▰▰▶ **业务自测** ▮▮

一、单项选择题

1. 在管理过程中引导组织之间、人员之间建立相互协作和主动配合的良好关系，有效利用各种资源，以实现共同目标的活动是（　　　）。

    A. 协调　　　　　　B. 控制　　　　　　C. 决策　　　　　　D. 指挥

2. 2003 年 5 月，SARS 疫情还未解除时，我国政府颁布了《突发公共卫生事件应急条例》，这对以后的公共卫生事件管理来说，属于（　　）。

A. 事前控制　　　　B. 事后控制　　　　C. 事中控制　　　　D. 反馈控制

3. 主管人员应该遵循控制关键点原理，是因为（　　）。

A. 注重每一个细节通常是浪费和没有必要的

B. 关键点都是例外情况

C. 关键点容易出问题

D. 计划是根据关键点制定的

4. "治病不如防病，防病不如讲究卫生"根据这一说法，以下几种控制中，（　　）方式最重要。

A. 预先控制　　　　B. 实时控制　　　　C. 前馈控制　　　　D. 反馈控制

5. 统计分析表明，"关键的事总是少数，一般的事常是多数"，这意味着控制工作最应重视（　　）。

A. 突出重点，强调例外　　　　　　　　B. 调整计划和纠正偏差

C. 客观、精确和具体　　　　　　　　　D. 协调计划和组织工作

二、简答题

1. 控制在管理中有什么样的意义和作用？

2. 控制的过程是怎样的？

3. 控制的方法主要有哪些？

4. 控制是越全面、越严格越好吗？

三、论述题

1. 结合实际说明如何做好管理控制工作？

2. 在管理实践中如何设计有效的控制流程？

▶ **案例分析**

　　背景介绍：X公司是一家专业生产印刷机械的高新技术企业，其某型产品被国家认定为"国家重点创新产品"，并获中国包装总公司科技进步奖。近年来公司发展迅速，年销售额平均增长速度在110%，销售网点遍布全国，市场份额稳步增长。但是在规模扩张、快速发展的同时，企业也面临着许多问题：内部治理结构不完善，独断决策，缺乏制约与平衡；风险评估的固有模式弊端渐显，缺乏足够理性判断与风险决策能力，不能积极采取应对风险的措施；公司内部职责划分模糊，内部控制手段执行力差；信息系统标准不一，难以实现一体化控制，降低了沟通效率；公司一直以来是主要依靠高层个人的亲历亲为进行监督，个别评估居多而缺乏持续健全的监督机制，内部审计职能弱化，也没有采用定期聘请外部检查人员评估的手段。尤其在过去的两年，由于外部环境激烈变化，经济形势复

杂多变，材料价格大幅上升，企业未能采取积极措施而反应迟缓，导致公司经营面临危机。

不难发现，如果内部控制体系没有和企业发展同步进行，不能适应进入价值经营阶段后公司成长的需要，制定有效的风险防范措施，及早建立内部控制体系，企业发展之路将风险重重。

案例分析：基于现状，我们在 COSO 报告框架的基础上，以《企业内部控制基本规范》为指导，对该企业进行内部诊断，发现并提出内部控制方面的问题，确定控制目标，最终从控制环境、控制活动、风险管理、沟通、监督五个方面构建动态演进的 X 公司内部控制体系。

步骤一：诊断。项目组首先对 X 公司的内部控现状进行综合诊断，对其控制环境、控制活动、风险识别与监控、监督情形、信息与沟通等五方面进行评估，并根据各个要素不同的问题提出相应的结论；同时分析对 X 公司内部控制体系构建的影响，为内部控制体系的建立指明方向。

步骤二：确定内部控制目标及原则。在企业管理诊断的基础上，X 公司确立了内部控制建设目标：在 X 公司战略指引下，以 COSO 的内控体系框架为基础，建立持续满足国内相关法律法规要求、符合内部管理实际的内控体系，并有计划、有步骤地分为短期、中期、长期内控体系来构建目标。在体系建立的同时贯彻成本效益原则、动态性原则、制衡原则、重要性原则及全员性原则。

步骤三：以流程为手段，以制度为基础保障，明晰权责，适当授权，对核心流程上的风险点进行分析，控制关键环节，制定相应风险处置措施。由项目组进行组织，在各相关部门的参与和配合下，沿着预算管理、资金管理、资产管理、成本管理、采购与付款业务、生产业务、销售与收款业务七条主线，以流程化的方式分析各个业务类别的管控基础、关键控制点、所需的控制活动和监督方式，识别各控制环节的风险点，对风险点进行归类总结，明确控制要素、控制效果、控制部门，制定了相应的风险处置策略。同时，为保障风险处置措施有效实施，对各个关键业务绘制了流程手册，并相应建立制度作为流程实施的保障，以达到防范风险，提升内部管理的目的。

步骤四：建设沟通平台，构建监督体系。打破各产品部门分散分割的现状，统一信息接口与标准，建立各部门共同参与的信息平台。以制度形式规定了沟通的形式、频率、内容；在完善业务流程体系的基础上，优化制度建设，提高作为信息重要载体的制度文件的有效性；加强和改善现有的纪检审计队伍建设，适度引进外部监督力量参与 X 公司的内控体系建设。

步骤五：持续优化和改进。内控体系建设是一个动态的持续的过程，必须建立相应的持续更新机制。项目组确立了内控体系持续改进的主导部门，明晰了相关部门在持续更新中的职责；制定了制度评估工具、流程评估工具等控制活动评估工具，定期对内控活动进行评估，依据评估结果进行内控体系改进，达到持续优化改进的目标。

效果：X 公司通过建立内部控制体系，实现了管理的专业化和科学化，增强了企业防范风险的能力，保证了各项资产的安全和完整，提高了环境适应能力和核心竞争能力，为企业经营方针和战略目标的实现提供了有力保障。

请分析：

1. X 公司目前存在哪些问题？

2. X 公司在内部控制方面做了哪些努力？还有什么不足之处吗？

3. X 公司的内部控制体系建立发挥管理效果了吗？对管理工作有何启示与借鉴意义？

实训建议

项目 1：专题讲座

聘请企业的相关人员有针对性地对一个具体企业的控制现状及控制制度进行讲解，激发学生更加深入地了解控制这项基本的管理职能，以及该职能在企业管理中的作用。

项目 2：教师精选案例并引导学生进行讨论

教师精选案例并引导学生进行讨论，尤其要研讨如何构建高效的企业控制制度和体系。

任务 11 创   新

学习目标

1. 理解创新的含义和作用；
2. 掌握创新的过程、内容、策略及方法。

任务导读

美的集团前科学战略部总监、现任美的科学技术业务副总裁邓奕威在接受记者采访时强调说："美的一贯注重科技投入，并将科技投入纳入各经营单位的责任制考核体系。'十一五'期间，美的投入研发资金 100 多亿元，占每年固定营业收入的 3%。科技投入的增长与销售收入增长保持同步。"据邓奕威介绍，从 2010 年开始的未来 5 年内（即"十二五"期间），美的将在技术研发上加大投入至 300 亿元。

在空调领域，美的凭借所掌握的高效变频压缩机、超宽频运转控制技术、三管制直流变频多联机热回收技术、变频离心机制热技术、"变频双剑"空调热水二合一技术五大变频核心技术牢牢占据变频空调行业制高点。2011 年，美的还将力推"变频柜机"成为空调业新标杆产品；冰箱方面，美的欧式凡帝罗系列冰箱推出了具有"鲜塔系统"的多重保鲜技术，全面处于行业领先水平，成为中国高端冰箱市场的标杆产品；"滚筒"则成为了美的洗衣机的代名词，美的采用"蒸汽洗涤"、"喷淋水循环"、"全智能烘干"、"D-PLUS 变频技术"四大核心技术，希望引领滚筒行业的发展方向。

截至 2009 年底，美的累计申请专利 5957 项，获得授权专利 4569 项，其中发明专利 477 项，授权 116 项；实用新型专利 2123 项，授权 1978 项。据悉，美的集团每年 67% 的销售额来自专利产品的销售，70% 的利润来自专利产品的销售利润。

11.1 创新概述

当今世界，在全球经济一体化、信息化、网络化的趋势下，科学技术日新月异，人类知识总量五年就翻一番，经济生活瞬息万变，企业是否具有变革能力决定着企业的命运。市场经济的实质是创新经济，谁的产品性能好、价格实惠、有时代性、服务好，谁就受到消费者的欢迎，成为市场的佼佼者。在 20 世纪二三十年代，福特一世以大规模生产黑色轿车独领风骚数十载，但随着时代变迁，消费者的消费需求也发生着变化，人们希望有更多的品种、更新的款式、更加节能省耗的轿车。而福特汽车公司的产品，不仅颜色单调，而且耗油量大、废气排放量大，完全不符合日益紧张的石油供应市场和日趋严重的环境保护状况。此时，通用汽车公司和其他几家公司则紧扣时代脉搏，创新产品，生产了节能省耗、小型轻便的汽车，在 20 世纪 70 年代的石油危机中，跃然居上。所以福特公司的前总裁亨利·福特深有体会地说："不创新，就灭亡。"本任务旨在分析创新的内容及过程，以揭示创新的规律，更好地指导企业创新职能的履行。

11.1.1　创新及其作用

计划、组织、领导与控制职能是保证组织目标实现所不可缺少的。从某种意义上来说，它们同属于管理的"维持职能"，其任务是保证组织按预定的方向和规则运行。但是，任何组织都生存在动态环境中，仅有维持是不够的，还必须不断调整组织的活动内容和目标，以适应环境变化的要求——这就是管理的"创新职能"。

1. 创新的含义

"创新"这一概念的提出源于美籍奥地利经济学家约瑟夫·熊彼特。1912 年，熊彼特在《经济发展论》中提出了著名创新理论，首次从经济学角度阐述了有关创新的理论。他认为，创新是"建立一种新的生产函数，是企业家对生产要素的重新组合"。具体包括以下五种创新形式：

（1）生产一种全新的产品，制造一种消费者还不熟悉的产品，或一种与过去产品有本质区别的新产品。

（2）采用一种新的生产方法，即工艺创新或生产技术创新。

（3）开辟一个新的市场，不管这个市场以前是否存在。

（4）获得一种新的原材料供给，即开发新的资源。

（5）实现一种新的企业组织形式，即组织管理创新。

熊彼特的创新概念主要属于技术创新的范围，也涉及管理创新、组织创新等。但他强调的是，创新不光是指科学技术的发明，还是企业把已发明的科技成果运用到企业中去，形成新的生产能力。

我国学者周三多教授认为：创新首先是一种思想以及在这种思想指导下的实践，是一种原则以及在这种原则指导下的具体活动，是管理的一种基本职能。由此可见，创新并不是一种抽象的东西，而是十分具体的事件。比如，有的东西之所以被称为创新，是因为它提高了工作效率或巩固了企业的竞争地位；有的是因为它改善了人们的生活质量；有的是因为它对经济具有根本性的提高。但值得注意的是，创新并不一定是全新的东西，旧的东西以新的形式出现或以新的方式结合也是创新。总之，创新是从构想新概念开始，到渗透到具体的生产、操作中，形成真正的动力，从而进入市场，最终获得经济效益的全过程。创新概念所包含的范围很广，涉及许多方面。

创新具有以下几个方面的特征：

（1）创新的目的性。管理大师德鲁克把创新和企业家精神视为有目的的任务和系统化的工作。德鲁克认为，检验创新并不是它的新奇、它的科学内容或是它的小聪明，而是它在市场中成功与否。任何创新活动都有一定的目的，或是为了技术突破，或是为了产品性能的改善，或是为了管理水平的提升。总之，目的性贯穿于创新过程的始终。

（2）创新的新颖性。创新实质就是企业把新的要素（如新的管理方法、新的管理手段、新的管理模式等）或要素组合引入企业管理系统以更有效地实现组织目标的活动。创新是对现有的不合理事物的扬弃，革除过时的内容，确立新事物。

（3）创新的前瞻性。拿破仑说过："我的军队之所以长盛不衰，就是因为在与敌人抢占制高点时，我们总是早到 5 分钟。"我国古语也有"先行一步天地宽"、"先发制人"、"捷足先登"等类似的说法，这些经验之谈和思想不仅是战争中的制胜法宝，也同样是创新活动体现价值的必要条件，它要求创新成果与旧事物相比较更先进，在思维方式、实用价值上领先一步。

（4）创新的风险性。创新变革对企业既是一种契机，同时也伴随着一定的风险。因为任何一次创新或变革都是在"破坏一个旧世界，建立一个新世界"，人们是否接受新世界，需要一个观念上的转变和适应过程。因此，企业的创新变革首先要进行观念上的创新，这是创新的基础。企业在开展创新变革时，要通过认真细致的调查分析论证，再瞄准目标实施。同时要准备好排除各种障碍的心理准备和具体措施，不断纠正偏差，这样就能有效地提高成功的几率，降低风险。

2. 创新的作用

创新职能对于一个国家或者企业来说，都有至关重要的意义，其作用可以从宏观和微观两个层面来理解。

（1）从宏观层面来说，指的是创新对于一个国家、一个民族的推动作用，具体包含以下几点：

第一，创新是一个民族进步的灵魂，是国家兴旺发达的不竭动力。一个没有创新能力的民族，难以屹立于世界先进民族之林，要迎接科学技术突飞猛进的挑战，最重要的是坚持创新。当前，我国正面临严峻而复杂的国内外形势。一方面，随着全球经济一体化的不断推进，发达国家利用科技、经济优势，占据了国际竞争的有利地位，使得我国传统产业受到前所未有的挑战和压力；另一方面，我国国民经济正在经历由长期短缺到相对过剩的历史性重大转折，经济发展则由过去主要受资源约束转变为受资源和市场的双重约束。在这种严峻而复杂的国内外新形势下，只有坚持创新才能迎接这种严峻的挑战。

第二，创新是实现可持续发展的有效途径。中国是人口众多、资源相对不足的国家，在现代化建设中必须实施可持续发展战略，坚持走经济、社会、人口、资源和环境相互协调，兼顾当代人和子孙后代利益的可持续发展道路。任何以环境和资源的毁坏为代价换来的所谓"发展"，都只是暂时的或表面的辉煌，不仅不能推动人类的进步，反而会给子孙后代留下沉重的包袱。传统的经济发展方式以"高消耗、高投入、高污染"为特征，是一种不可持续的生产和消费模式，因而也是一种应该摒弃的发展方式。新的可持续的经济发展方式应当是建立在科技创新的基础上，使经济社会发展与资源环境保护相协调。

第三，创新是知识经济的基础。知识经济作为一种新的复杂的经济形态，更加依赖于知识的积累和应用，与其他经济形态相比，知识经济一改过去那种资源、资本的总量和增量决定模式，更加强调创新的作用。只有不断地创新，才能获得持续的竞争优势，弥补资源和资本上的不足，在知识经济时代，创新对可持续发展具有更加特殊的重要作用。在知识经济时代，经济发展将在越来越大的程度上依赖于各种类型的创新。知识经济这个术语的出现，表明了人们对知识在经济增长中的作用有了更充分的认识，创新的重要性也就提高到了从未有过的高度。

（2）从微观层面来说，创新对企业发展至关重要。企业创新是要运用新的思想、新的技术、新的手段、新的方法，或改善经营、或革新技术、或改进管理，使产品适销、优质、价廉、有特色、服务好、效益佳。

第一，创新有助于提高企业的竞争力。如同一个国家、一个民族一样，企业发展的最根本动力是企业的创新能力，只有拥有了高人一筹的创新能力，企业才能不断地提升自己的核心竞争力。创新可以将企业的劣势转化为优势，将不利因素转化为有利因素。例如，洗衣机的载物洗涤容量一般为5千克，而且还呈增大趋势，海尔凭借灵敏的市场触角，巧妙地在产品的细微之处大胆创新，与消费潮流背道而驰，思维逆转，推出2千克装的"小小神童"洗衣机。海尔的"只有淡季的思想，没有淡季的产品"的创新理念，使海尔随时保持创新思维，建立了一整套技术创新制度和相应的科研管理模式，最终赢得了市场。

第二，创新有助于提高企业的经济效益。通过产品创新可以帮助企业有力地拓展市场，展开竞争，提高目前的经济效益。通过技术、制度、文化等方面的创新，从而更合理地配置企业资源，可大大提高企业长远的经济效益。

第三，管理创新将确保企业可持续发展。企业的成长，有赖于不断出现的新技术、新产品与新市场的支撑，管理创新，即全面提升企业的管理水平，为企业技术创新与市场开拓营造一个良好的企业管理环境，无疑将极大地促进企业技术创新等工作进行。因此以管理创新为起点，引领企业各项工作，将确保企业的可持续发展。

相关链接 11-1

富安娜创新精神：成为企业发展源动力

富安娜是中国最早成立的家纺企业之一，多年来围绕创新的发展历史，通过研发、营销、管理等方面的创新，保持了企业的高速发展和丰厚利润。床上用品生产历史悠久，当它融入当今最先进的技术、工艺、设计理念时，一套床品售价超过 2 万元。董事长林国芳称，即使这样高端的售价市场根本不愁卖。富安娜有一支强大的产品创新设计研发团队，保持平均每年推出近 200 种新款花型，抄袭富安娜设计的企业，刚把抄的品种推上市，富安娜已换了另一款新品种。为了保持走在行业最前沿，富安娜不惜重金投入，每年销售收入的 3％用于研发。在亚洲范围内，富安娜是第一家也是唯一一家将具有业内最高水准的平网印染技术应用于床上用品的企业；富安娜首次在国内将具有国际化潮流且得到欧洲 EFC 与国际 FSC 等权威机构认可的天丝面料用于家纺行业；富安娜在国内率先应用最大针数可达 33600 针、最大规格可达 280cm×1000cm 的双龙头双吊提花工艺。17 年来，富安娜积极创新，已成为国内行业中拥有自有知识产权最多的企业之一。（资料来源：富安娜创新精神：成为企业发展源动力．新闻晚报，2010.11.10.）

11.1.2　创新职能的基本内容

创新是管理的重要职能之一。创新要求企业在生产、技术、经营、管理等各个环节，不断创造，应用先进的理念、科学的方法、新颖的技术，取代过时落后的东西，借以达到更高的目标。所以创新的内容十分广泛，大体可分为观念与文化的创新、市场与制度的创新、技术与管理方式的创新等。

1. 文化创新

现代管理发展到文化管理阶段，可以说已到达顶峰。企业文化通过员工价值观与企业价值观的高度统一，通过企业独特的管理制度体系和行为规范的建立，使得管理效率有了较大提高。创新不仅是现代企业文化的一个重要支柱，而且还是社会文化中的一个重要部分。如果文化创新已成为企业文化的根本特征，那么，创新价值观就得到了企业全体员工的认同，行为规范就会得以建立和完善，企业创新动力机制就会高效运转。

2. 技术创新

技术创新是指组织应用创新的知识和新技术、新工艺，对生产和管理的要素、条件等进行变革，建立效能更好、效率更高的新的生产和管理体系，以期创造价值和实现价值增值的过程。技术创新是企业创新的主要内容，在企业中出现的大量创新活动是有关技术方面的。技术水平高低是反映企业经营实力的一个重要标志，企业要在激烈的市场竞争中处于主动地位，就须不断地进行技术创新。企业的技术创新包括引入新的技术或工艺，开发新的或改进老的产品，开辟新的生产线，获取原材料的新供给，采用新的管理方法等。

以柯达的教训为例。柯达是世界各地众人皆知的品牌，曾称雄世界摄影器材市场 100 多年，它的年销售量最高达到近 200 亿美元。但曾几何时，柯达公司却开始陷入困境，步履维艰，呈日薄西山之势。20 世纪 40 年代以前，柯达的发展道路是比较顺利的，但是，进入 50 年代，市场竞争日趋激烈，各种成像和摄影新技术的兴起，使柯达公司受到很大冲击。而此时的柯达公司并没有充分意识到公司所面临的危险，不重视运用最新的科学技术来不断完善和发展自己的产品，而是依旧陶醉在往日的巨大成功所带来的喜悦中。20世纪 50 年代以后，日本的富士公司脱颖而出，后来居上。富士以柯达的同类产品上市，但价格更为低廉，性能更为优越，于是富士公司成了柯达公司的强劲竞争对手。在以后 20多年的较量中，柯达屡屡居于下风，公司不得不大量裁员，并被迫让出一部分市场，以缓解其入不敷出的局面。1988 年，柯达公司看到医药市场生意兴隆，又开始生产和经营医药产品。由于缺乏经验，市场销路难以打开，结果是进入举步维艰的境地。柯达陷入困境的原因，就在于它停步于已经取得的成就而忽视了创新，尤其是技术上的新突破，以至于企业失去了活力，让竞争对手超过了自己。

3. 观念创新

组织的任何一项创新首先是观念创新，无论是组织创新、技术创新、制度创新都离不开观念创新。很难想象，在落后、陈旧的观念下能够开创出一个新局面。观念创新直接表现为一种创新性思维活动，是对旧的思维方式的否定和改变。20 世纪 80 年代以来，经济发达国家的优秀企业家提出了许多新的管理观念，如知识增值观念、知识管理观念、全球经济一体化观念、战略管理观念、持续学习观念等。在我国，企业的经营观念存在着经营不明确、理念不当、缺乏时代创新精神等问题，因此，应该尽快适应现代社会的需要，结合自身条件，构建自己独特的经营管理理念。

4. 管理创新

管理创新是指企业把新的管理要素（如新的管理方法、新的管理手段、新的管理模式等）或要素组合引入企业管理系统以更有效地实现组织目标的创新活动。例如，Intel 总裁葛洛夫的管理创新：产出导向管理——产出不限于工程师和工厂工人，也适用于行政人员及管理人员。在 Intel，工作人员不只对上司负责，也对同事负责。打破障碍，培养主管与员工的亲密关系。管理是否创新，是衡量一个组织是否有活力的表现。一个是被动接受保守，一个是主动进取创新，其产生的效果是截然不同的。凡是"做正确的事"，其取得的效果比"正确做事"的企业都要好，其后续发展潜质也好得多。

5. 市场创新

市场创新是指营销策略、渠道、方法、广告促销策划等方面的创新，Avon 的直销和Amway 的直销皆是市场创新。市场创新更多的是通过企业的营销活动来进行的，即在产品结构、性能、质量等不变的前提下，通过市场策略的转移，或通过广告宣传等促销工作，来影响人们的消费心理，从而诱发和强化消费者的购买动机，增加产品的销售量。

相关链接 11-2

新型汽车的诞生

Marc Klein 是个律师，2006 年在一次去英国旅游的时候他发现在某些出租车上有专门给轮椅使用者设计的上下车装置，于是有了个想法：为美国使用轮椅的人设计一种专门的交通工具。因为在美国很多州有法律规定，公共交通工具必须能够为残疾人服务，所以每个城市的公共交通工具里都需要配备一定数量的给残疾人服务的车辆。比如几乎所有的地铁和公共汽车都有给轮椅留的位置。然而这个规定在出租车行业却行不通，因为缺少这样的交通工具。于是回到美国后，Marc 找到几个很有经验的在福特、奔驰工作的朋友，聊起了设计生产一种新式汽车的想法，结果一拍即合。他们注册了一家叫 VPG 的公司，员工只有 20 多人，多为来自福特、通用汽车公司的工程设计和生产管理人员。他们依据一些自主创新的设计，设计了一种叫 Mobility Vehicle（MV—1）的交通工具，中间用了多项他们自己设计的专利，以方便残疾人使用这种车辆。经过不到一年的开发、设计、生产，在 2007 年著名的纽约国际车展上他们展出了第一辆样车，引起了极大的轰动，很快收到了许多预约订单。随后 2008 年他们与生产悍马的 AM 公司签订合同，由他们在美国的工厂负责批量生产。在 2010 批量生产的汽车设计中，他们又加入了使用清洁能源（天然气）和允许用户在网上定制自己的车子的选项，这些创新都使得这种新兴的汽车受到了消费者的欢迎。很多州的公共交通部门也为自己地区的出租车队选购了多辆 MV—1。VPG 公司也已经迅速地做到了盈利。如果在十年前，谁敢设想一个初创的汽车公司，在只有二十多人的情况下，用不到三年的时间，就将一种新的汽车类别推入了市场，并且取得成功。

MV—1 汽车的成功，充分体现了创新给企业带来的力量，具体体现在以下几个方面：

（1）市场及产品的创新：Marc 最初的灵感来自于一个完全不同的国家，异国一个简单的设计让他发现了一个在北美未被满足的消费群体（公共交通部门，轮椅用户）在特殊用途汽车这个细分市场上的需求。古人说，读万卷书不如行万里路，在全球化的世界格局下这句话更加有道理。

（2）技术创新：对于初创企业，最重要的一个问题就是怎样低成本并迅速地开发出产品原型，这点对于开发一种新式汽车来讲尤其困难。VPG 幸运的地方在于，创业团队能够迅速地利用新型技术将团队的想法转化成产品。

（3）管理模式的创新：全球化使得 VPG 轻资产的发展模式成为可能。VPG 的批量生产采用委托生产的方式，改变了以往汽车企业重资产的发展模式。全球化的细致分工使他们能够找到像 AM 这样的公司实现委托生产。同时，先预约再生产的模式也减少了库存，使得运营资本大大减少。　　（资料来源：马征．什么是全球化创新．网易科技报道，2011.02.14.）

请分析：创新职能在企业创业之初有哪些积极作用？

11.1.3　创新的过程和组织

1. 创新的过程

创新的过程到底有无规律可循，对这个问题目前没有统一的定论。美国是创新活动比较活跃的国家，美国 3M 公司的一位常务副总裁在一次演讲说到："大家必须以一个坚定不移的信念作为出发点，这就是：创新是一个杂乱无章的过程。"事实上，创新是对旧事物的否定，及对新事物的探索。否定、探索要经历无数次的反复，无数次的失败。总结众多成功企业的经验，成功的创新要经历"准备阶段—信息搜集—提出构想—付诸行动—再创新"这五个阶段。

（1）准备阶段。创新不是纯粹的、偶然的"突发奇想"，在"偶然"的背后有"必然"因素在起作用。富有成效的创新必然具备一定的前提条件。

第一，创新者要有广博的知识和经验的积累。知识和经验的积累是人们进行创新的基本条件。不管是从事哪种创造与变革工作，都要具备创新对象的相关知识和经验。创新不是无中生有，而是在已有知识和经验的基础上升华。一个人的发明创造不可能超出他的知识范畴。

第二，要有强烈的好奇心。强烈的好奇心经常会带来一些意想不到的创新。比如苹果成熟了掉到地上在一般人看来是再平常不过的事，但是苹果掉到牛顿的头上，却引发了具有强烈好奇心的牛顿的思考，通过深入研究，牛顿发现了重力，后来又发现了万有引力定律，物理学领域的一项重大创新出现了。总之，好奇心是指引人们探究未知领域的重要力量。

第三，要有敢于推陈出新的勇气。创新者或创新团队应该认识到，人类对世界的认识是在不断否定中深化和提高的，不敢否定"旧的"，"新的"就不可能出现。因此，要敢于突破，甚至否定旧有的"金科玉律"，否则，创新的幼芽必将被僵化的思想所扼杀。

相关链接 11-3

习惯几乎可以绑住一切

一根小小的柱子，一截细细的链子，拴得住一头千斤重的大象，这听起来或许很荒谬。可这荒谬的场景在印度随处可见。那些驯象人，在大象还是小象的时候，就用一条铁链将它绑在水泥柱或钢柱上，无论小象怎么挣扎都无法挣脱。小象渐渐地习惯了不挣扎，直到长成了大象，可以轻而易举地挣脱链子时，也不挣扎。

（2）信息搜集。即发现现在或潜在的创新信息。创新是对原有秩序的破坏。原有秩序之所以要打破，是因为其内部存在着或出现了某种不协调的现象。这些不协调对系统的发展造成了某种不利的影响。创新活动正是从发现和利用旧秩序内部的这些不协调现象开始的，可以说不协调为创新提供了契机。旧秩序中的不协调既存在于企业内部，又可以产生于企业的外部。根据彼得·德鲁克总结的创新来源，这种信息应该包括意外的成功或失败、企业内外部的不协调、过程改进的需要、行业和市场结构的变化、人口结构的变化、观念的改变、新知识的产生七个方面的内容。创新的力量可能是其中一种或者几种力量相互作用的结果。

（3）提出构想。当人们敏锐地观察到了不协调的现象以后，还要透过现象研究原因，并据此分析和预测不协调的未来变化趋势，估计它们可能给企业带来的积极或消极的后果，并在此基础上，努力利用各种方法，消除不协调，提出实现平衡的创新构想。

（4）付诸实施。这一阶段的投入有明确的目标，即从广泛地研究到关注具体方案的解决，最终导致创新结果，并为创新的成果推向市场做准备。在竞争日益激烈的今天，如果决定一项创新方案，就要迅速行动；如果想等到这种创新达到完美的时候再行动，将是看到别人成功的时候。例如，20 世纪 70 年代，施乐公司为了把产品搞得十全十美，在罗彻斯特建造了一座全由工商管理硕士（MBA）占用的 29 层高楼。这些 MBA 们在大楼里为第一种产品设计了拥有数百个变量的模型，编写了一份又一份的市场调查报告。然而，在这些人继续不着边际地进行理论分析时，竞争者已把施乐公司的市场抢走了 50％以上。所以创新的构想只有在不断尝试中才能逐渐完善，企业只有迅速地行动才能有效地利用不协调提供的机会。

（5）再创新。再创新包括两方面的内容：一个方面是这一轮的创新成功。实际上是为下一轮创新提供动力，创新不能静止，必然地要在一个新的起点上实施再创新；另一方面是创新失败。创新必然面临某种风险，不可能每次都成功，因而创新就要从失败中吸取教训，使失败成为创新成功的因子。这一阶段企业主要是从创新过程中吸取经验教训。企业应该经常对创新活动进行总结和评价，在此基础上总结经验、吸取教训，为持续创新提供较好的借鉴。

2. 创新的组织

有效的管理者不仅要根据创新的规律和特点，对自己的工作进行创新，而且更主要的是如何激发下属进行创新。组织下属创新，并不意味着计划和安排某个成员在某段时间去从事创新活动，更为重要的是为下属的创新提供必要的条件、营造创新的环境。为此，有效实现组织内部的创新，要求管理人员从以下几方面努力：

（1）营造良好的创新氛围。营造创新氛围最好的方法是大张旗鼓地宣传创新，激发创新，树立"无功便是过"的新观念，使每个人都奋发向上，努力进取，跃跃欲试，大胆尝试。要造成一种人人谈创新、时时想创新、无处不创新的组织氛围，使那些无创新欲望或有创新欲望却无创新行动的人，感觉到在组织中无立身之处，从而激发每个人都去探索新的方法，找出新的程序。

（2）为员工提供富有挑战性的工作。大量的实践证明，挑战性的工作能够激发员工潜在的创造性才能。员工承担的工作越富有挑战性，他的工作效率越高，并且这种状况会持续存在下去。因此，管理者应制定合理的、具有挑战性的目标，并设定一个时间表，提出阶段性的工作成果。这样能使组织务实而又创新。如英特尔公司，就会直接授予员工较高的位置，促使他们以更快的速度学习，并达到目标。但值得注意的是，这种工作计划必须具有弹性。因为创新需要思考，思考需要时间。如果把每个人的每个工作日都安排得非常紧凑，每个人每时每刻都实行"满负荷工作制"，则创新的许多机遇便不可能发现，创新的构想也无条件产生。

（3）鼓励员工冒险。创新必定会有风险成本，管理者应该允许下属犯错误，并鼓励下属能从失败中汲取经验教训来重新进行实验与变革。总之，创新的过程是一个充满失败的过程。管理者应该认识到这一点。只有认识到失败是正常的，甚至是必需的，管理人员才可能允许失败，支持失败，甚至鼓励失败。当然，支持尝试，允许失败，并不意味着鼓励组织成员马马虎虎地工作，而是希望创新者在失败中取得有用的教训，从而使下次失败到创新成功的路程缩短。

（4）善用创新性人才。创新性人才通常优点明显，缺点也不少，因此管理者在使用创新性人才时应注意：一是让组织中最具创新性的人去解决组织中最难的那些问题。问题越难，工作越有挑战性，就越能发挥创新性人才的创造力和积极性。二是用具有创新激情的人去激发那些缺乏创新热情的人，对创新行为和创新成果给予大力的表彰。这样，创新者自身会感受到激励，缺乏创新热情的人也会受到激发，从而推动组织中创新氛围的形成。作为管理者，对于有创新才能的人，既要根据他的专长和特点敢于启用，又要让他们在自己职责范围内大胆工作。支持他们的工作，珍惜他们的积极性，关心他们的思想、工作和生活，积极为他们创造发挥才干、做好工作的条件，主动为他们"开绿灯"，这是创新管理者的主要工作内容之一。

（5）建立并完善创新工作机制。首先，建立创新工作组织领导机制。管理人员应该自觉带头创新，并努力为组织成员提供和创造一个有利于创新的环境，积极鼓励、支持、引导组织成员进行创新。因此，在必要的情况下由组织管理者参与成立创新工作指导站，以更好地为组织创新工作提供帮助与指导。其次，完善员工创新工作荣誉机制。可在组织内部每年开展各种科技创新先进人物和优秀成果的评选工作，奖励一批科技创新项目、创新团队、创新精英等。建立合理的奖酬制度能激发每个人的创新热情。

11.2　创新的内容

创新涵盖众多领域，包括政治、军事、经济、社会、文化、科技等各个领域的创新。企业创新是现代经济中创新的基本构成部分。企业往往由生产、采购、营销、服务、技术研发、财务、人力资源管理等职能部门组成，因而企业的创新涵盖这些职能部门，企业创新包括产品创新、生产工艺创新、市场营销创新、企业文化创新、管理制度创新、企业管理创新等内容。

11.2.1　企业文化创新

1. 文化创新的含义

企业文化是现代管理的重要资源，反映企业的经营理念与向上精神，对统一员工思想，规范员工行为、指导市场竞争等都具有重要的作用。企业文化创新，就是要在不断发展与变化的市场环境中，将富有时代感的优秀元素注入到企业文化中来，特别是要注重提炼企业在市场竞争与发展中的好的做法、好的理念和企业各方面具有创新精神的举措，从而结合企业与时代两方面的优势，构建良好的企业发展环境，凝聚人心，为企业的进一步发展奠定基础。

企业只有具备了创新型文化、学习型文化、开放型文化、兼容型文化，创新工作才能更具有活力和生命力。充满创新精神的企业文化通常有以下特征：

(1) 兼容性。能接受模棱两可和容忍不切实际。

(2) 学习性。学习是不断创新的源泉。

(3) 开放性。不为原有的成功所约束，不形成创新"惰性"。

(4) 承受风险。一是鼓励大胆实验，二是有危机意识。

(5) 注重结果甚于手段。

(6) 强调开放系统。适应环境变化，并及时做出反应。

2. 文化创新的内容

组织文化决定着一个组织是否具有创新倾向，创新是否能够成功。因此，增强组织的生存能力和创新能力的着眼点应在于进取式或开放式组织文化的塑造上。具体说来，组织文化创新包括以下四个方面的内容：

第一，物质文化的创新。物质文化包括组织的物质产品、劳动环境、娱乐环境等，创新物质文化是组织成员创新价值观的具体反映，又是影响组织创新的直接物质因素，物质文化的创新可以折射出组织的管理思想、管理哲学和工作作风。

第二，制度文化的创新。制度文化包括组织的工作制度、规章和组织结构。制度文化的创新反映出组织的创新价值观和创新精神，良好的创新制度是组织创新的基本保证。

第三，行为文化的创新。行为文化是组织成员在工作活动、管理创新、人际交往中产生的活动文化，这些活动同样反映了组织的创新观念和作风。其中领导者的创新行为特征居于中心位置，组织成员的创新行为特征受到领导者创新行为的重要影响。

第四，精神文化的创新。精神文化是组织文化的核心和灵魂，主要包括组织管理哲学、组织精神、组织风气和组织道德。精神文化的创新是衡量一个组织是否形成了自己的组织文化的一个标准，是组织整个文化创新的本源。正确的管理理念和共同价值观是把组织成员凝聚在一起的精神支柱，是组织的灵魂，是组织长盛不衰的保证。

3. 文化创新的培育

组织要根据自身的特点，积极培育独具特色的创新型组织文化。

首先，根据组织的实际情况，提炼核心价值观。一个组织选择什么样的核心价值观，是组织文化创新的首要问题。组织选择核心价值观要充分考虑组织性质、组织的成员与构成、外部环境等因素。

其次，对组织成员进行培训，让其接受新的组织文化。培训是组织文化创新的一个重要策略。通过培训，使成员了解组织文化的内涵及作用，认识组织现有文化状态与组织文化创新目标的差距。

再次，建立激励机制，巩固组织文化。通过采用科学的激励手段，保障成员的利益，激发他们的积极性和创造性，使他们最终认同创新后的组织文化，真正把自己作为组织的一份子，为实现组织价值与成员利益的最大化而努力工作。

最后，建立跟踪机制，逐步完善创新后的组织文化。组织的内部条件和外部环境是不断变化的，组织文化既要保持相对的稳定性又要在相对稳定中逐步予以完善。要对组织文化执行情况进行摸底调查，综合评价，整理意见，集合思想进行修正、推行，如此往复，组织文化才能日臻完善。

相关链接 11-4

英特尔的企业文化

英特尔在公司中确立了企业文化的六项准则，这六项准则是：客户服务、员工满意、遵守纪律、质量至上、尝试风险和结果导向。这种文化的主要内容是：

包容失败——对待破产就像对待一场过去战争的创伤。

追求风险——把技术问题视为一个机会。

对公司再投资——在硅谷挣的钱绝大部分都用于那里的投资。

对变化充满热情——"不让自己过时，就要参与竞争。"

论功行赏——年龄和经验无足轻重。

沉迷于产品的改进——对新思想和新产品的迷恋。

合作——职员是借来的，思想是共享的，偏爱是互换的。

任何人都可参与——每个人都有挣钱的平等机会。

英特尔在对组织文化实施变革中强调了"冲破旧习惯"、"变低效为高效"、"以文化推进经济增长"的策略。英特尔历史上第四位首席执行官克雷格·巴雷特认为，组织文化的成长是分阶段的，一般分诞生期、青春期和成熟期。要克服组织文化在每个阶段的危机，都需要一个文化的转型。英特尔公司雇员同各级主管之间保持着经常性的交流，涉及重大问题的决策，实行"民主集中制"，先在基层征询意见，表决通过后坚决执行。总裁、副总裁出差一般不坐头等舱，中午同雇员在同一个餐厅就餐，办公室的门从来不关，这样可以同雇员随时沟通，同他们打成一片，了解他们的愿望。充分调动员工的积极性和鼓励他们的创造性已成为英特尔吸引公司外精英的主要因素之一。（资料来源：刘光明．中外企业文化案例．北京：经济出版社，2008.）

11.2.2　企业技术创新

1. 技术创新的内容

技术创新是企业创新的主要内容，在企业中出现的大量创新活动是有关技术方面的。技术水平高低是反映企业经营实力的一个重要标志，企业要在激烈的市场竞争中处于主动地位，就须不断地进行技术创新。技术创新具体有以下几个方面：

（1）要素创新。企业的生产过程是一定的劳动者利用一定的劳动手段作用于劳动对象，使之发生物理、化学形式或性质变化的过程。参与这个过程的要素包括材料、设备以及企业员工。材料是构成产品的物质基础，材料的性能在很大程度上影响产品的质量。设备创新对于减少原材料、能源消耗，对于提高劳动生产率、改善劳动条件、改进产品质量有十分重要的意义。企业的人事创新，不断地从外部取得合格的新的人力资源，更应注重企业内部现有人力的继续教育，提高人的素质，以适应技术进步后的生产与管理的要求。

（2）要素组合方法的创新。利用一定的方式将不同的生产要素加以组合，这是形成产品的先决条件。要素的组合包括生产工艺和生产过程两个方面。工艺创新既要根据新设备的要求，改变原材料、半成品的加工方法，又要求在不改变现有设备的前提下，不断研究和改进操作技术和生产方法，以求得现有设备的更充分利用、现有材料的更合理加工。历史上，福特汽车公司将泰勒的科学管理原理与汽车生产实际相结合而产生的流水线生产方式是一个典型的生产组织创新。

（3）产品创新。产品创新包括品种和结构的创新。品种创新要求企业根据需要的变化，根据消费者偏好的转移，及时地调整企业生产方向和生产结构，不断开发出用户欢迎的产品；结构创新在于不改变原有品种的基本性能，对现有产品结构进行改进，使其生产成本更低、性能更完善、使用更安全、更具市场竞争力。

2. 技术创新的决定因素

根据技术创新理论的代表人物莫尔顿·卡曼和南赛·施瓦茨的研究，决定技术创新的因素有以下三个：

（1）竞争程度。竞争是一种优胜劣汰的机制，技术创新可以给企业带来降低成本、提高产品质量和经济效益的好处，帮助企业在竞争中占据优势。因此，每个企业只有不断进行技术创新，才能在竞争中击败对手，保存和发展自己，获得更大的超额利润。

（2）企业规模。企业规模的大小从两方面影响技术创新的能力。一方面，技术创新需要一定的人力、物力和财力，并承担一定的风险，规模越大，创新能力越强；另一方面，企业规模的大小影响技术创新所开辟的市场前景的大小，一个企业规模越大，它在技术上的创新所开辟的市场也就越大。

（3）垄断力量。垄断力量会影响技术创新的持久性。垄断程度越高，垄断企业对市场的控制力就越强，别的企业难以进入该行业，也就无法模仿垄断企业的技术创新，垄断厂商技术创新得到的超额利润就越能持久。

相关链接 11-5

向乔布斯学习微创新

1976 乔布斯与 Wozinak 一起创立的苹果电脑公司，开启了个人电脑的时代。1984 年苹果推出 Macintosh，开始了电脑的图形化界面时代。但由于 1984 年底的经济危机，电脑销量很差，乔布斯被自己创立的公司解雇，创立了 NeXT 电脑公司，专门为科学界和教育界制作高端电脑，电脑中使用了面向对象的软件设计，内置以太网口，email 系统等极富有创新性的技术。1996 年，苹果电脑将 NeXT 收购，乔布斯又成为苹果电脑的 CEO。此后的十几年间，乔布斯用革命性产品：Mac OS X，iMac，iPod，iTune，iPhone 又将苹果从一家频临破产的公司变成了市值 3200 亿美元世界上最受人尊敬的技术公司。这些，都与乔布斯的商业理念分不开。乔布斯的商业理念之一：创新决定了你是领袖还是跟随者。

乔布斯认为创新是无极限的，有限的是想象力。他认为，如果是一个成长性行业，创新就是要让产品使人更有效率、更容易使用、更容易用来工作。如果是一个萎缩的行业，创新就是要快速地从原有模式退出来，在产品及服务变得过时、不好用之前迅速改变自己。（资料来源：周鸿祎. 向乔布斯学习微创新. 北京：经济参考报，2011.03.22.）

11.2.3　企业观念创新

1. 观念创新的含义

对观念创新的内涵可以从不同角度进行理解。从管理学的角度讲，所谓观念创新，是指管理者具有一种融管理科学性与艺术性于一体的管理哲学、管理理念、管理智慧和管理方法。观念创新直接表现为一种创新性思维活动，是对旧的思维方式的否定和改变。如果管理观念无所创新，新的管理理念在组织内部也无法导入，或遭肢解，或被变形，那么组织要想在已经发生剧变的环境中实现持续发展的可能性几乎为零。因此，我们必须更新观念，积极学习先进国家、先进组织已经探索出的先进的管理思想、观念及管理方法。

2. 观念创新的作用

观念创新在管理中有着十分重要的作用和意义。

首先，观念创新是一切创新的认识源泉。人们的创新活动都是有意识、有目的的活动，总是受一定的思想观念支配，带着头脑中已有的思想观念开始的。放眼世界近百年来的重大科学发现与创新，如基因论、相对论、量子论、计算机和集成电路、杂交水稻和超级稻等，无一不是冲破旧思想、旧观念和已有定见的束缚，不断进行观念创新、标新立异的结果。观念创新对其他一切创新具有根本的指导作用。

其次，观念创新是提高管理水平的有效途径。在管理活动中，无疑有大量的程序性的操作，但管理者每日每时也都会遇到许多新问题。对于这些新问题的解决是没有先例的，管理者必须创造性地处理这些问题，而这一点恰恰是衡量管理者管理水平的标志。

最后，观念创新可以开辟管理活动的新局面。管理者自觉地、主动地运用创新思维从事管理工作就不会满足于管理的现状，就会由于内外环境的压力而改变管理方式和方法，就会主动地探求新的管理方式和方法，不断地开拓进取，为组织的发展注入新的活力。

相关链接 11-6

创新观念营销全新世纪

20 世纪 80 年代，摩托罗拉、诺基亚、爱立信在中国市场形成三足鼎立之势，市场份额不断攀升。进入 21 世纪——一个信息化的时代，手机市场的品牌越来越多了，尤其是国产手机全面出击，手机市场的竞争达到了白热化程度。但各家在营销手法上大同小异，不外乎是大力宣传手机品牌、手机功能等。事实上在手机的功能上，各家做得相去无几，如果营销手法也大同小异，就难以吸引更多的顾客，获得高市场占有率就极其困难。尤其在 21 世纪这个高度信息化又标榜个性化的时代，要想取得成功，就必须发掘创意、开拓思维、改变观念。基于此，摩托罗拉在世纪之交的中国市场做了许多创新的尝试，启用新的营销观念，力争在新的世纪里做得更好。

摩托罗拉将手机品牌进行分化，针对不同群体的消费者"量身定做"产品及其品牌，这样可以使其对消费者的服务更加到位、更加贴切，同时也可以让消费者感受到更具体、更亲切、更友善的形象。这也正是摩托罗拉新的营销观念的核心。因此，摩托罗拉根据新的品牌战略，在 2000 年推出 4 个品牌，其中每个品牌背后都有相应产品做支撑。在这 4 个品牌中，摩托罗拉天拓（ACCOMPLI）品牌是专为科技追求型消费者定位的品牌，这类消费者以男性居多，他们对科技十分着迷，永远希望自己是第一个拥有最酷的革命性产品的人，他们追求的是最超前、最先进的感觉。摩托罗拉 2000 年 12 月推出首款产品——太极 A6188 正是以这类人为目标。摩托罗拉时梭（TIMEPORT）品牌是时间管理型消费者的钟爱，对于讲求效率、经常需要作出决策的管理人员来说，拥有这一品牌的手机，如三频通 L2000、上网手机 L2000www 等产品可以使他在紧张高效的工作中有条不紊、游刃有余。而 V.（V dot）品牌手机的设计定位可将使用者的个性和品位传达得淋漓尽致，像摩托罗拉 V998、V998＋、L2088 及 L2188 这几款机型，就充分满足了形象追求型消费者追求时尚、体现地位和反映生活格调的要求。针对个人交往型的消费者，摩托罗拉公司在千年伊始特别推出"心语"（TALKABOUT）品牌及其首款产品心语 T2688。这一类型的消费者关心家人和朋友，他们使用手机主要用于和家人及朋友的沟通，通过沟通带给亲人温馨的关怀，与朋友共享欢乐，共担忧愁，他们从中得到的是内心的安定与平和。

摩托罗拉针对首款产品心语 T2688，在新千年的第一个春节刚过不久，便迫不及待地召开了这款手机的新闻发布会。发布会匠心独具，地点选在北京一所充满中国传统文化及节日气氛的老四合院里，其新推出的品牌与产品则是以一场室内剧的形式来展示和诠释的。发布会没有一点儿人们司空见惯的发布程序，与会者倒像是在逛庙会。一款普及型手机，没有什么技术上的创新，摩托罗拉却在营销观念上节节创新，取得了良好的效果。
（资料来源：张巨峰．摩托罗拉：创新观念营销全新世纪．销售与市场，2000 年第 5 期．）
　　请分析：上述案例中摩托罗拉的创新体现在哪些方面？

11.2.4　企业制度创新

1. 制度创新的含义

制度是一个组织正常运行的原则、规定、措施、章程、纪律等行为规范的总称，也是管理者对管理成员的权、责、利关系的合理界定。所谓制度创新，是指管理者以新的观念为指导，通过制定新的行为规范，把观念创新和组织创新等活动及其成果加以制度化、规范化，为实现组织新的价值目标而自主进行的创造性活动。这是管理创新的根本保证。简单地说就是用一种效率更高的、效益更好的制度代替旧的制度。制度创新可以分为两类：一类是诱致性制度创新；一类是强制性制度创新。前者是指在现有的制度结构下，由外部性、规模经济、风险和交易费用等因素，所产生的改变现有制度的制度需求。后者是指由政府命令、法规引入而引起的变迁。制度创新是均衡状态—不均衡状态—均衡状态不断演进的动态过程，是内在动力与外在竞争压力的制度需求和制度供给相互作用的结果。

2. 制度创新的内容

（1）决策制度创新。由于环境因素的不断复杂化，决策问题越来越成为管理中的核心问题，它直接影响着组织的绩效。因此管理制度创新首先应是决策制度的创新，具体体现在以下几个方面：第一，管理者要在决策中把科学性和艺术性很好地结合起来。一方面在决策中要把科学决策作为企业管理制度重要的组成部分，提高决策质量；另一方面也要在决策中注意调动员工的积极性，集思广益，加强决策的民主性、多元性。第二，应建立风险决策机制。随着科学技术的高速发展和全球化扩散，人类社会已经进入了一个风险社会时代，建立符合风险社会需要的风险决策和管理体制，已经迫在眉睫。风险决策机制可以分为两个层面：一是建立风险防范与预警机制，在组织的各种活动与决策中充分考虑到风险因素，做到"防患于未然"；二是建立风险应急处理机制，一旦风险发生，即可迅速启动，对风险做出反应和处理。

（2）知识产权管理制度创新。知识产权制度是产权制度的延伸和拓展，是知识经济中最切实际、持久安全的创新激励手段和法律保障措施，其本质是鼓励创新，不鼓励模仿与复制。国外企业大都建立起一整套知识产权管理制度，并已经逐步将知识产权制度演变为一种市场竞争工具，利用知识产权制度为发展中国家的企业参与国际市场竞争设置知识产权壁垒。从国外经验来看，知识产权制度主要包括知识产权归属制度、知识产权保护制度、知识产权激励制度、知识产权纠纷处理制度及知识产权培训制度等。具体到我国企业知识产权制度的设计与安排，应该从以下两方面入手：首先应该完善企业职务发明奖励制度，调动研发人员的创造积极性。当务之急是设计企业研发人员绩效考评指标体系，建立量化职务发明奖励额度的依据和标准。其次是建立专利使用许可制度，加强专利使用许可合同管理，通过建立企业技术创新发展与专利制度的内在关系，从根本上推动企业技术创新的发展。

（3）人力资源管理制度创新。20世纪60年代"人力资本"的概念一提出，便引起了经济学和管理学的重视。人们开始认识到，通过对人力资源有意识的开发和管理，可以形成人力资本，它能够给组织创造价值。从此，人力资源管理制度成为了企业管理制度中不可或缺的一个组成部分。企业的人力资源管理制度的核心是以人为本。以人为本的管理制度体现在以下几个方面：首先，人力资源管理制度要注重员工的个性、自主性的塑造和发挥。管理制度不应再局限于组织内部的强制，局限于对员工的管理，而应侧重于激发员工的潜能，侧重于培养员工的个性和能力。其次，激励制度非常重要。薪酬和福利制度是激励制度的重要组成部分。组织的薪酬制度应与企业的产权制度紧密联系起来，应充分体现人力资本和知识资本的价值。这样才能鼓励员工对人力资本进行投资，鼓励个人知识的创造。最后，管理部门应把员工的发展与组织的发展很好地结合起来，重视员工的培训和发展，给员工提供多种发展的机会，开发员工的创造力。此外，管理者要突破部门界限、突破地域界限等，不拘一格选人才，形成一个合理的人才流动、人才竞争和人才选拔机制。

此外，制度创新涉及企业的方方面面，如建立出资人制度、建立法人财产权制度及企业的配套制度，如分配制度、财务制度、投资管理制度等。总之，企业制度创新是一个多层次的复杂体系，需要各不同主体包括政府、企业和个人，形成"合力"才能完成。

11.2.5　企业市场创新

1. 市场创新的含义

企业市场创新是指企业从微观的角度促进市场构成的变动和市场机制的创造，以及伴随新产品的开发对新市场的开拓、占领，从而满足新需求的行为。如在销售过程中的一种"创新"——分期付款方式的发明，就是经济意义的市场创新。分期付款，也就是用未来的收入购买现在的商品。这种购买方式，使目前暂无购买力的人有了购买力，使看似"没有购买力"的商品有了巨大的购买力。它加速了商品的实现过程，促进了商品经济的发展，并实现了经济类型由"供给导向型"向"需求导向型"的重大变革，极大地改变了人类经济的面貌。因而，分期付款这一市场创新意义重大。

2. 市场创新的内容

市场创新包含两个方面的内容。

（1）开拓新市场。开拓新市场包括这样三层意思：

第一，地域意义上的新市场。指企业的产品进入以前不曾进入过的市场。它包括老产品进入新市场，如由国内向海外拓展、由城市向农村拓展，也包括新产品进入新市场。

第二，需求意义上的新市场。指现有的产品和服务都不能很好地满足潜在需求时，企业以新产品满足市场消费者已有的需求欲望，如向农户推销廉价的、功能较少的彩电，向工薪阶层推销低价位汽车等。

第三，产品意义上的新市场。将市场上原有的产品，通过创新变为在价格、质量、性能等方面具有不同档次的、不同特色的产品，可以满足或创造不同消费层次、不同消费群体需求。如福特汽车公司变换汽车式样，向其顾客供应不同档次的汽车，向富豪供应凯迪拉克，向一般人供应雪佛兰，向中等富裕的人供应奥尔兹莫比尔。正如托马斯·彼得斯所言："不要老是分享市场，而要考虑创造市场。不是取得一份较大馅饼，而是要设法烙出一块较大的馅饼，最好是烘烤出一块新的馅饼。"

（2）创造市场"新组合"。市场组合创新是市场各要素之间的新组合，它既包括产品创新和市场领域的创新，也包括营销手段的创新，还包括营销观念的创新。在营销过程中，任一因素的变化都会出现新的市场营销组合。

3. 市场创新的方式

市场创新的方式很多，概括起来有产品方式、价格方式、广告方式、公关方式等。

（1）市场创新的产品方式。市场创新的产品方式就是以一种新异的、独具一格的产品或服务来开拓新的市场，这是企业市场创新的一个重要内容。企业家用新产品进行市场创新的例子不胜枚举。

在计算机行业中，日本的佐佐木明，以研制一种专门供中小学生用的"学习机"，即一部类似微型计算机的学习机配上小学四、五、六年级的数学、英语、国语软件，来代替家庭教师或补习学校，从而开辟出一个"智慧市场"。

在汽车行业，美国人乔·恩格尔贝格在 20 世纪 50 年代研制出了第一代工业机器人，从而彻底改变了汽车制造业的面貌，提高了生产效率，降低了生产成本。

（2）市场创新的价格方式。市场创新的价格方式就是指创业家如何利用价格这个工具来应付竞争和开拓市场。价格创新方式可分为高价和低价两种。

相关链接 11-7

米歇尔·戴尔的创新

美国戴尔计算机公司创始人米歇尔·戴尔，就是以低价来开拓创新学生计算机市场的。当米歇尔考入德克萨斯大学时，他发现校园里许多人都想拥有一台个人电脑，但商店里的电脑标价令他们望而却步，而且当时计算机的性能也不太适合学生使用。米歇尔还了解到，IBM 公司的推销商们很少有人能完成公司的"定额"。于是，米歇尔与推销商们联系，以进价买下剩余的计算机，搬回自己的寝室，自己着手进行一些小小的改进，使之更适合大学生使用。为了适应学生市场的特点，他采取了低价战略，售价比当时当地的同类机型低 15%。由于价格低廉和性能适用，这种计算机很快赢得了市场。校园里的大学生、公司的写字间、诊所及律师事务所都有了他的改装机，从而形成了一个学生型计算机市场。所有这些都是在他的大学寝室里实现的。1984 年 5 月，米歇尔拿出自己的所有积蓄创办了戴尔计算机公司，他的戴尔计算机公司日后也成为整个计算机行业的骄子。（资料来源：常修泽. 创新论. 天津：南开大学出版社，1994.）

（3）市场创新的广告方式。推出一种能满足顾客需要的新产品并不代表企业可以从此坐享其成，因为顾客能否了解和接受这种新产品还是一个未知数。能否解开这个未知数直接关系到这种新产品乃至整个产品营销计划的成败。可口可乐的例子很好地证明了这一点。

可口可乐的诞生纯属偶然。1886 年的一天，约翰·彭巴顿的药店里来了一位头痛患者，他要买一种由彭巴顿自制的糖浆。店员因为没有找到水，便随手拿了一杯苏打水为那位顾客冲调了糖浆，客人饮后对其口味赞不绝口。彭巴顿把这种用可可叶和可拉桑以及苏打水等为原料配制的新饮料命名为"可口可乐"，并注册了商标"Con—Cds"。就这样，可口可乐诞生了。但可口可乐并没有给彭巴顿带来财富。彭巴顿一年间做了 46 美元的广告以销售这种"饮料"，而销售额却只有可怜的 50 美元。追究彭巴顿的失败原因，除了产品自身的问题之外，广告推销不得法是失败的最重要因素。

直到亚特兰大另一位药剂师柯勒买下可口可乐的制造、销售权利，可口可乐才真正迎来了春天。应该说他才算得上是真正的可口可乐之父，因为他为可口可乐创造了一个世界市场，让可口可乐成为了当今头号的大众饮料。广告是柯勒手中的一把利器，柯勒将过去"静的"商业广告变为"动的"。他设计了带有可口可乐广告的扇子，向所有用得着扇子的人分发。他自己也将这些扇子抱在手上，搭在肩膀上，从办公楼的最上一层向下走，见人就送。可口可乐广告几乎无处不在，大街上、电视上、汽车上、店门上、球场上随处可见。就这样，可口可乐从亚特兰大席卷了美国，征服了全世界。

小　　结

1. 创新是一种思想以及在这种思想指导下的实践，是管理的一种基本职能。创新职能具有目的性、新颖性、前瞻性、风险性等特征。创新职能对于国家、企业的发展意义重大。

2. 创新涉及企业管理的方方面面，具体内容有文化创新、技术创新、制度创新、组织创新、市场创新、观念创新等。

3. 创新一般要经历"准备阶段—信息搜集—提出构想—付诸行动—再创新"这五个阶段。创新工作是一个复杂的、循序渐进的过程。

▶ 课堂讨论

1. 创新职能与管理中其他职能如计划、组织、领导、控制有何关系？

2. 大学生如何实现创业项目、创业途径的创新？

▶ 业务自测

一、单项选择题

1. 以下对于创新的定义更为准确的是（　　　）。

    A. 创新就是发明创造

    B. 创新是组织的变革

    C. 创新是引进一种新产品

    D. 创新是对原有事物的改变或新事物的引入，是创造新的理念并将其付诸实践的过程

2. 以下不属于市场创新方式的是（　　　）。

    A. 生产新产品　　　　　　　　　　B. 创新广告宣传方式

    C. 提高生产效率，降低产品的价格　　D. 改进生产工艺

二、简答题

(1) 观念创新在整个创新领域中有何重要意义？

(2) 创新的过程包括哪些步骤？

三、论述题

(1) 结合计划职能，试论如何更有效地组织企业的创新工作。

(2) 请结合实际谈谈市场创新的策略有哪些？

▶ 案例分析

丰田汽车（Toyota）

丰田公司创立于 1933 年，是日本最大的汽车公司，2003 年首度超越福特，成为世界第二大汽车制造商，仅次于通用汽车公司。目前已发展成为以汽车生产经营为主，业务领域涉及住宅、信息通讯、智能交通系统、电子商务、海洋、生物绿化工程、金融等。丰田汽车公司有很强的技术开发能力，而且十分注重研究顾客对汽车的需求。因而在其发展的各个不同历史阶段创出不同的名牌产品。而且以快速的产品换型击败美欧竞争对手。早期的丰田牌、皇冠、光冠汽车曾名噪一时，近来的克雷西达、雷克萨斯豪华汽车也极负盛名。丰田 2004 年的市值升至 1370 亿美元，是通用、福特、戴姆勒—克莱斯勒、雷诺和大众的总和。丰田汽车公司的创新发展历程如下：

一、初创阶段（创业～20 世纪 40 年代末）

丰田的初创期以制造纺织机械为主。1933 年丰田创始人丰田喜一郎遵从其父"自动纺织机之王"丰田佐吉的意愿，在纺织机械制作所设立汽车部，从而开始了丰田汽车公司制造汽车的历史。1935 年，丰田 AI 型汽车试制成功，第二年即正式成立汽车工业公司。

1938 年 11 月在爱知县举母镇（即现在的丰田市）建成日本最早的汽车综合装配厂——举母工厂（现丰田汽车公司总厂）。但在整个 20 世纪 30 和 40 年代，公司发展缓慢。

二、规模化发展阶段（20 世纪 50 年代～20 世纪 70 年代初）

第二次世界大战以后，丰田汽车公司曾一度面临破产危机，该公司领导人决心重整旗鼓，制定重建计划。几经投资，在 1959 年，建成了拥有当时最新设备的、日本第一个大批量生产小轿车的专业厂——元町工厂。20 世纪 60 年代丰田汽车公司加快了发展步伐，多次进行了大量的设备投资。1966～1970 年设备投资总和达 3114 亿日元，先后建成了 4 个现代化轿车厂和汽车部件厂。同时，在美国的汽车技术专家和管理专家的指导下，通过引进欧美技术，很快掌握了先进的汽车生产和管理技术，并根据日本民族的特点，创造了著名的丰田生产管理模式，大大提高了工厂生产效率。1951 年，丰田公司开始推行"动脑筋，提方案"制度。设立动脑筋创新委员会，制定了建议规章、奖励办法等。在各车间设置建议箱，成立"动脑筋创新"小组，组长对提建议的员工进行有计划的帮助，使员工可以自由、轻松、愉快地提出建议；在各部门则分别设立建议委员会，把鼓励提建议的方针贯彻到公司的各个角落。为鼓励员工积极提建议，丰田公司将提建议制度与奖励制度紧密相连，其审核标准分为有形效果、无形效果、利用程度、独创性、构想性、努力程度、职务减分共 7 个项目，每个项目以 5～20 分的评分等级来评定分数，满分为 100 分。相应的奖金最高为 20 万日元，最低为 500 日元，对于特别优秀的建议，则给予特别奖励。"动脑筋创新"建议制度在丰田公司实施第一年，就征集了 183 条建议。1998 年有 70 多万条建议，平均每个员工 10 个建议，而且 90％以上被采纳了。2002 年度，丰田采纳 61 万条合理化建议，平均每条建议奖励 700 日元。使丰田生产方式不断进化发展，也激发了员工的创新积极性和主动性。

三、质量—效益发展阶段（20 世纪 70 年代～20 世纪 80 年代初）

20 世纪 70 年代是丰田汽车公司飞速发展的黄金期。1972～1976 年，仅四年时间就生产了 1000 万辆汽车，平均年产汽车达 200 多万辆。在日本 11 家大公司中，丰田公司连年稳居首位。在日本全国汽车历年总产量中，丰田公司每年约占 30％，有的年份曾达 33.7％。这样的高产，在世界上也属少见。从 1975 年开始，车间的员工自己组织互相启发小组，进行"自主活动"的质量管理小组活动。

四、全球化发展阶段（20 世纪 80 年代至今）

进入 20 世纪 80 年代，丰田汽车公司的产销量仍然直线上升，开始了全面走向世界的国际化战略。先后在美国、英国以及东南亚建立独资或合资企业，并将汽车研究发展中心合建在当地，实施当地研究开发、设计和生产的国际化战略。

（1）战略创新——国际化战略。进入 20 世纪 80 年代，丰田汽车公司意识到像以前那样在日本国内自我成长已无法满足公司的发展要求及市场竞争的压力。为此，公司制定了全面走向世界的国际战略。到 90 年代初，丰田汽车公司的产销量直线上升，年产汽车已经超过了福特汽车公司。2004 年丰田汽车公司全年产量增加到 754 万辆；全球销量（含大发和日野汽车）达 747 万辆，稳稳处于坐二望一的优势地位，仅次于通用汽车公司，汽车产量名列世界第二。自 1994 年至今，丰田已在内地投资了 500 亿日元，在天津、上海、昆山、成都等地建立了 30 多家合资企业，其中大多数是汽车零部件生产企业。

（2）技术创新——卫星式结构的新产品开发。丰田新产品开发系统是以 3 个汽车开发中心为基础，每个中心都有 6～10 名首席工程师，每人负责一个车型。每个汽车开发中心负责一类车型：后轮驱动、前轮驱动和多用途及商务车，丰田卫星式结构的新产品开发兼顾了技术开发和项目管理。各项目管理部门如技术管理部、知识产权部、零部件和系统开发中心等，都为新产品开发给予了强有力的支持。它们同 3 个汽车开发中心同在一个地方，但又是独立工作的。丰田这个“卫星结构”式的新产品开发系统，是一个分开但又共存的结构，以便一方面专注于技术而让另一方面集中精力搞项目管理，这样可以推进技术专长而又不致减慢产品开发速度。

（3）市场创新——开发年轻人的用车市场。1991 年日本泡沫经济开始崩溃，经济景气指数急速下降，经济活动全体处于低潮。丰田汽车也到处弥漫着“大企业病”。1996 年，丰田汽车的国内销售市场占有率下降到 39.8%，跌破 40% 大关，到 1999 年也没能恢复。究其原因：没能开发出年轻人喜爱的汽车。为此，丰田汽车公司实施针对年轻人用车的开发计划。2000 年 1 月，针对女性的南瓜马车为原型制造的“WiL. L”投放市场。4 月，宣扬年轻男性精悍风格的“WiLI. VS”投放市场。11 月，考虑男女双方需求的“WiLI. VC”在“东京汽车展”亮相。与此同时，“丰田汽车会馆”（MEGAWEB）于 1999 年 3 月开馆，让顾客体验游戏模拟试驾，盛况空前，85% 都是年轻人，结果丰田顾客中 20～30 岁的比率从 1998 年 32% 上升到 2000 年 39%，女性比率更是从 36% 上升到 47%。

（4）制度创新——激发员工创新。丰田公司全面招聘体系的目的就是招聘最优秀的有责任感的员工，在招收新职工时，将考核重点放在“人品”上，重视面试。汽车工业公司要求新招收的人总是“有远见和思考灵活”的人，既要有朝气，又要能求同存异、顾全大局。汽车销售公司则以“努力、诚实、谦虚”等为其招收的重点。新人—骨干—副课长—课长，职员每升一级都要进行与各自岗位相应的进修。根据人力资源部的规定，10 年之内每人都要变换岗位。平均而言，经理每 3 年、工程师每 5 年都要换岗位。新招募来的工程师在培训期的前 3 个月要到生产厂的生产线工作。

（5）文化创新——创新气氛弥漫在每一个岗位。丰田生产方式已不仅仅是一种生产方式、改善方式，其本质是一种企业文化创新。而人们所熟知的准时生产制、看板管理、目视管理等只是丰田企业文化创新方式在实施过程中所创造、使用的一些表面化的工具、方法和技术。在丰田生产方式中，“工作”被定义为“作业”＋“改善”，从而要求员工自主创新，提倡员工向高目标挑战，鼓励成功但容忍失败，并以此作为员工的评价标准，并逐渐形成了一种被企业全员所接受的价值观。“首先，干起来”是丰田智慧的源泉。丰田认为人的智慧是无尽的，人的智慧一定能够出现，但通常只有在最困难、最紧急的时候才会突然闪现。因此，在企业的非常规的创新活动中，丰田鼓励员工首先去干干看、去试试看，在尝试中、在混乱中突发灵感，解决问题，实现创新。（资料来源：胡延新．汽车王国的骄子——丰田．兰州：兰州大学出版社，1997.）

　　请分析：

　　1. 从管理学的角度，谈谈丰田的发展历程能给我们哪些有益的启示？

　　2. 从丰田的创新工作看，如何在组织内部富有成效地开展创新活动？

任务 12 组织文化

学习目标

1. 理解组织文化的含义和特征；
2. 理解组织文化的结构；
3. 熟悉组织文化的功能；
4. 理解组织文化的建设及塑造途径；
5. 学会分析与评价组织文化。

任务导读

对香烟近乎诗意的描绘里，有一句尤其隽永："鹤舞白沙，我心飞翔"。

也许有一天，香烟在地球上消失了，但人的精神、意志和思想永远向上飞翔——这就是白沙集团在树立品牌的同时，也在刻意向人们展示的企业精神。这正如许多品牌研究论者所指出的：品牌时代的到来，使"企业精神已经比品牌自身更为重要，因为消费者所要依赖的是公司本身，而不是产品，公司比产品本身更具体、传达的信息更多。"

"白沙"品牌知名度的迅速提升及其品牌内涵、品牌文化的广为传播，都与其倡导的品牌概念与品牌主题息息相关，那就是一个"飞"字。对"飞翔"的渴望，成为品牌的核心诉求，也成为企业的理想，"白沙"的生产和发展空间随"飞翔"而拓展。

12.1 组织文化及其特征

12.1.1 文化和组织文化

1. 文化

一般而言，文化有广义和狭义两种理解。广义的文化是指人类在社会历史实践过程中所创造的物质财富和精神财富的总和。狭义的文化是指社会的意识形态，以及与之相适应的礼仪制度、组织机构、行为方式等物化的精神。文化具有民族性、多样性、相对性、积淀性、延续性和整体性的特点。

对于任何一种组织来说，由于每个组织都有自己特殊的环境条件和历史传统，从而也就形成自己独特的哲学信仰、意识形态、价值取向和行为方式，于是每种组织也都具有自己特定的组织文化。

2. 组织文化

何谓组织文化？对组织文化的界定向来众说纷纭，影响比较大的西方学者的观点主要有以下几种：

希思：组织文化是特定组织在适当处理外部环境和内部整合过程中出现的种种问题时，所发明、发现或发展起来的基本假说的规范。这些规范运行良好、相当有效，因此被用作教导新成员观察、思考和感受有关问题的正确方式。

威廉·大内：传统和气氛构成一个企业的文化，同时，文化意味着一个企业的价值观，如进取、保守或灵活，这些价值观成为企业员工活动、建议和行为的规范。管理人员以身作则，把这些规范灌输给员工，再一代一代地传下去。

特雷斯·E·迪尔和阿伦·A·肯尼迪：企业文化由价值观、神话、英雄和象征凝聚而成，这些价值观、神话、英雄和象征对公司的员工具有重大的意义。

唐·荷尔瑞格等：组织文化代表着组织成员所共同拥有的信仰、期待、思想、价值观、态度以及行为的一种复合模式。

我们认为，组织文化是一种群体文化，是组织或组织成员所共同拥有的总的行为方式、共同的信仰和价值观。它是组织长期经营与培育而形成的一种有别于其他组织的、能反映本组织特有管理风格的、被组织成员所共同认可和自觉遵守的价值观念与群体行为规范。具体地讲，组织文化是指组织全体成员共同接受的价值观念、行为准则、团队意识、思维方式、工作作风、心理预期和团体归属感等群体意识的总称。

12.1.2　组织文化的内容

从最能体现组织文化特征的内涵来看，组织文化的基本内容包括以下几个方面：

1. 组织精神

组织精神是指组织群体的共同心理定势和价值取向。它是组织的组织哲学、价值观念、道德观念的综合体现和高度概括，反映了全体职工的共同追求和共同认识。组织精神是组织职工在长期的生产经营活动中，在组织哲学、价值观念和道德规范的影响下形成的。

美国管理学家劳伦斯·米勒在《美国企业精神》中说过："一个组织很像一个有机体，它的机能和构造更像它的身体，而坚持一套固定信念、追求崇高的目标而非短期的利益是它的灵魂。"作为组织灵魂的组织精神，一般是指经过精心培养而逐步形成的并为全体组织成员认同的思想境界、价值取向和主导意识。

2. 组织价值观

组织价值观是指组织评判事物和指导行为的基本信念、总体观点和选择方针。组织价值观具有不同的层次和类型，而优秀的组织总会追求崇高的目标、高尚的社会责任和卓越创新的信念。

价值观是组织文化的核心。它制约和支配着组织的宗旨、信念、目标和行为，影响和决定着组织成员的信念、理想和行为。

相关链接 12-1

价值观是核心

我拿着一把枪对准你的脑袋，能够强迫你改变行为，但当我把枪拿开时，你就可能故态复萌，对此我不会感到丝毫的惊讶。如果我真地想要将你彻底改变，我就必须从你的价值观、成见和信念着手，因为控制和操纵你的行为的根源是它们。（资料来源：大卫·弗思. 变革管理. 上海：上海远东出版社，2002.）

3. 组织形象

组织形象是指社会公众和组织成员对组织、组织行为与组织各种活动成果的总体印象和总体评价，反映的是社会公众对组织的承认程度，体现了组织的声誉和知名度。组织形象包括人员素质、组织风格、人文环境、发展战略、文化氛围、服务设施、工作场合和组织外貌等内容，其中对组织形象影响较大的因素有以下五个方面。

（1）产品（服务）形象。对于企业来说，社会公众主要是通过产品和服务来了解企业的，又是在使用产品和享用服务的过程中不断形成对企业的感性化和形象化的认识。

（2）环境形象。环境形象主要指组织的工作场所、办公环境、组织外貌和社区环境等，它反映了整个组织的管理水平、经济实力和精神风貌。

（3）成员形象。这是指组织的成员在职业道德、价值观念、文化修养、精神风貌、举止言谈、装束仪表和服务态度等方面的综合表现，是组织形象人格化的体现。

（4）组织领导者形象。组织领导者（也指企业家）的形象是指体现在其领导行为、待人接物、决策规划、指导监督、人际交往乃至言谈举止之中的文化素质、敬业精神、战略眼光、指挥能力。

（5）社会形象。这是指组织对公众负责和对社会贡献的表现。组织要树立良好的社会形象，一方面有赖于与社会广泛的交往和沟通，实事求是地宣扬自己的社会形象，另一方面在力所能及的条件下积极参与社会公益活动。这样，良好的社会形象就会使组织在社会公众的心目中更加完美，使之增加对组织的认同理解。

12.1.3　组织文化的特征

1. 独特性

每个组织都有其独特的组织文化，这是由不同的国家和民族、不同的地域、不同的时代背景以及不同的行业特点所形成的。

2. 稳定性

组织文化是组织在长期的发展中逐渐积累而成的，具有较强的稳定性，不会因组织结构的改变、战略的转移或产品与服务的调整而变化。一个组织中，精神文化又比物质文化具有更多的稳定性。

3. 融合继承性

每一个组织都是在特定的文化背景之下形成的，必然会接受和继承这个国家和民族的文化传统和价值体系。但是，组织文化在发展过程中，也必须注意吸收其他组织的优秀文化，融合世界上最新的文明成果，不断地充实和发展自我。也正是这种融合继承性使得组织文化能够更加适应时代的要求，并且形成历史性与时代性相统一的组织文化。

4、发展性

组织文化随着历史的积累、社会的进步、环境的变迁以及组织变革逐步演进和发展。强势、健康的文化有助于组织适应外部环境和变革，而弱势不健康的文化则可能导致组织的不良发展。

12.2　组织文化的结构和类型

12.2.1　组织文化的结构

组织文化是一个有着丰富内涵的系统体系，其中包括许多相互联系、相互制约的基本要素。一般认为，组织文化有四个层次结构，即物质层、行为层、制度层和精神层。

1. 物质层

物质层是组织文化的表层部分，它是组织创造的组织的物质文化，是一种以物质形态为主要研究对象的表层组织文化，是形成组织文化精神层和制度层的条件。优秀的组织文化是通过重视产品的开发、服务的质量、产品的信誉和组织生产环境、生活环境、文化设施等物质现象来体现的。

2. 行为层

行为层即组织行为文化，它是组织员工在生产经营、学习娱乐中产生的活动文化。包括组织经营活动、公共关系活动、人际关系活动、文娱体育活动中产生的文化现象。组织行为文化是组织经营作风、精神风貌、人际关系的动态体现，也是组织精神、核心价值观的折射。

3. 制度层

制度层是组织文化的中间层次，它把组织物质文化和组织精神文化有机地结合成一个整体。制度层主要是指对组织和成员的行为产生规范性、约束性影响的部分，是具有组织特色的各种规章制度、道德规范和员工行为准则的总和。它集中体现了组织文化的物质层和精神层对成员和组织行为的要求。制度层规定了组织成员在共同的生产经营活动中应当遵守的行为准则，主要包括组织领导体制、组织机构和组织管理制度等三个方面。

4. 精神层

精神层即组织精神文化，它是组织在长期实践中所形成的员工群体心理定势和价值取向，是组织的道德观、价值观（组织哲学）的总和体现和高度概括，反映全体员工的共同追求和共同认识。组织精神文化是组织价值观的核心，是组织优良传统的结晶，是维系组织生存发展的精神支柱。主要是指组织的领导和成员共同信守的基本信念、价值标准、职业道德和精神风貌。精神层是组织文化的核心和灵魂。

相关链接 12-2

海尔的组织文化

（1）创新为大。一个人才辈出而生机盎然的企业，一定要有人尽其才、才尽其用的优良环境，而这种环境的形成离不开创新性的政策开发思路。海尔在十几年的发展历程中，先后创新性地提出了"斜坡球理论"、"三工并存、动态转换"、"OEC管理法"等多项企业组织文化的管理制度，这些政策制度符合企业自身特点，强化了员工的外部约束，提高了人员的利用效率，同时内部激励机制在开发员工的能动性与创造性、形成企业合力等方面也发挥了激励作用。

（2）人才使用与开发并举。海尔将使用人才与开发人才并举，视全体员工素质的提高为企业长远发展的动力保证，切实在人才培训上投资，认识到员工的学习和提高与企业的生存发展息息相关，应不断满足员工对知识技能的补充和更新的需要，努力使员工与企业同步成长，争做学习型企业。

（3）建立系统化的员工激励机制。使每位员工处于良好的激励环境中是人力资源开发与管理所追求的理想状态，这就要求企业建立起系统化的激励机制。海尔的激励措施多种多样，其中物质激励是基础，精神激励是根本，在两者结合的基础上，逐步过渡到以精神激励为主。

（4）培训是企业的永恒主题和核心环节。海尔建立了培训、使用、选拔、奖惩等良性循环的企业人才开发机制。加大教育投资，建立系统的培训机制，优化育才环境，实施全方位的人才培训计划。通过"实战技能"、"脱产培训"等形式，不断提高员工的工作技能；通过内部网络教学等培训形式，不断提高干部的管理水平；通过全员、全过程的持续性培训与支持，其组织文化资本存量和综合素质均得到了提高。

(5) 重视和发挥企业组织文化的凝聚功能。海尔一直很重视企业组织文化这一无形资产，将其分为表层、中层、深层三个层次，从物质到精神博大精深。人力资源中心通过《海尔企业文化手册》等企业内部刊物，以对新员工的教育、日常的案例教学、漫画教学、即时教学等多种形式向员工灌输独特的海尔文化，并将其融入公司管理体系，用企业理念、企业精神激发和培养员工的企业荣辱感、价值追求、参与需要等，加强员工对企业组织文化的认同感。

12.2.2 组织文化的类型

根据不同的标准和不同的用途，理论界目前对组织文化有着不同的划分方法，其中最常见的划分方法有以下几种：

1. 按照组织文化的内在特征划分

艾莫瑞大学的杰弗里·桑南菲尔德提出了一套标签理论，它有助于我们认识组织文化之间的差异，认识到个体与文化合理匹配的重要性。通过对组织文化的研究，他确认了四种文化类型：

(1) 学院型组织文化。学院型组织是为那些想全面掌握每一种新工作的人而准备的地方。在这里他们能不断地成长、进步。这种组织喜欢雇佣年轻的大学毕业生，并为他们提供大量的专门培训，然后指导他们在特定的职能领域内从事各种专业化工作。桑南菲尔德认为，采用学院型组织文化的有 IBM 公司、可口可乐公司、宝洁公司等。

(2) 俱乐部型组织文化。俱乐部型公司非常重视适应、忠诚感和承诺。在俱乐部型组织中，资历是关键因素，年龄和经验都至关重要。与学院型组织相反，它们把管理人员培养成通才。采用俱乐部型组织文化的有联合包裹服务公司、德尔塔航空公司、贝尔公司、政府机构和军队等。

(3) 棒球队型组织文化。棒球队型组织鼓励冒险和革新。招聘时，从各种年龄和经验层次的人中寻求有才能的人。薪酬制度以员工绩效水平为标准。由于这种组织对工作出色的员工给予巨额奖酬和较大的自由度，员工一般都拼命工作。在会计、法律、投资银行、咨询公司、广告机构、软件开发、生物研究领域，这种组织比较普遍。

(4) 堡垒型组织文化。棒球队型公司重视创造发明，而堡垒型公司则着眼于公司的生存。这类公司以前多数是学院型、俱乐部型或棒球队型的，但在困难时期衰落了，现在尽力来保证企业的生存。这类公司工作安全保障不足，但对于喜欢流动性、挑战的人来说，具有一定的吸引力。堡垒型组织包括大型零售店、林业产品公司、天然气探测公司等。

2. 按照组织文化对其成员影响力的大小划分

哈佛商学院的两位著名教授约翰·科特（John P. Kotter）和詹姆斯·赫斯科特（James L. Heskett）于 1987 年 8 月至 1991 年 1 月，先后进行了四个项目的研究，依据组织文化与组织长期经营之间的关系，将组织文化分为以下三类：

（1）强力型组织文化。在具有强力型组织文化的公司中，员工们方向明确，步调一致，组织成员有共同的价值观念和行为方式，所以他们自愿为企业工作或献身，而这种心态又使得员工们更加努力。强力型组织文化提供了必要的企业组织机构和管理机制，从而避免了组织对那些常见的、窒息组织活力和改革思想的官僚们的依赖，因此，它促进了组织业绩的提升。

（2）策略合理型组织文化。具有这种组织文化的企业，不存在抽象的、好的组织文化内涵，也不存在任何放之四海而皆准、适合所有企业的"克敌制胜"的组织文化。只有当组织文化"适应"于企业环境时，这种文化才是好的、有效的文化。不同的组织，需要不同的组织文化，只有文化适应于组织，才能发挥其最大的功能，改善企业经营状况。

（3）灵活适应型组织文化。市场适应度高的组织文化必须具有同时在公司员工个人生活中和公司企业生活中都提倡信心和信赖感、不畏风险、注重行为方式等特点，员工之间相互支持，勇于发现问题、解决问题。员工有高度的工作热情，愿意为组织牺牲一切。

3. 按照组织文化所涵盖的范围划分

组织作为一个系统，是由各种子系统构成的，各个子系统又是由单个的具有文化创造力的个体组成。在一个组织中，除了整个组织作为一个整体外，各种正式的、有严格划分的子系统或非正式群体，相对于组织来说都能够作为一个小整体。从这个角度来说，组织文化又可以分为两类：

（1）主文化。主文化体现的是一种核心价值观，它为组织大多数成员所认可。当我们说组织文化时，一般就是指组织的主文化。正是这种宏观角度的文化，使组织具有独特的个性。

（2）亚文化。亚文化是某一社会主流文化中一个较小的组成部分。在组织中，主文化虽然为大多数成员所接受，但是，它不能包含组织中所有的文化。组织中有各种小整体，在认同组织主文化的前提下，它们也有自己独特的亚文化。亚文化或者是对组织主文化的补充，或者是与主文化相悖的，或者虽然与主文化有区别，但对组织来说是无害的，在一定条件下又有可能替代组织的主文化。

4. 按照权力的集中或分散划分

卡特赖特（Cartwright）和科伯（Cooper）于1992年提出四种文化类型。这四种组织文化的区别在于权力是集中的还是分散的，以及政治过程是以关键人物还是以要完成的职能为中心的。

（1）权力型组织文化。权力型组织文化也叫独裁文化，由一个人或一个很小的群体领导这个组织。组织往往以企业家为中心，不太看重组织中的正式结构和工作程序。随着组织规模的逐渐扩大，权力文化会感到很难适应，开始分崩离析。

（2）作用型组织文化。作用型组织文化也叫角色型组织文化。在这样的组织里，你是谁并不重要，你有多大能力也不重要，重要的是你在什么位置，你和什么人的位置比较近，做每件事情都有固定的程序和规矩，人们喜欢的是稳重、长期和忠诚，有的甚至是效忠。这种文化看起来安全和稳定，但是当组织需要变革的时候，这种文化则会受到较大的冲击。

（3）使命型组织文化。使命型组织文化也叫任务文化。在这种文化中，团队的目标就是要完成设定的任务。成员之间的地位是平等的，这里没有领导者，唯一的老板就是任务或者使命本身。有人认为这是最理想的组织模型之一，但这种文化要求公平竞争，而且当不同群体争夺重要的资源或特别有利的项目时，很容易产生恶性的政治紊乱。

（4）个性型组织文化。个性型组织文化是一种既以人为导向，又强调平等的文化。这种文化富于创造性，孕育着新的观点，允许每个人按照自己的兴趣工作，同时保持相互有利的关系。在这样的组织里，组织实际上服从个人的意愿，很容易被个人左右。

5. 按照组织实践和价值划分

弗恩斯·特朗皮纳斯（Fonts Trompenaars）根据他的组织文化纬度将组织文化分为四种类型：家族文化、保育器文化、导弹文化、埃菲尔铁塔文化。

（1）家族型组织文化。家族文化可能是最古老的一种文化，这是一种与人相关的文化，而不是以任务为导向的。在这种文化中，组织的领导者就像是组织的"父亲"，有较高的权威和权利。组织更倾向于直觉的学习而不是理性的学习，更重视组织成员的发展而不是更好地利用员工。当组织出现危机，通常都不会被公布出来，所以尽管在组织内部温暖、亲密和友好，但是这种内部一体化是以较差的外部适应性为代价的，他们能够在相互拥抱和亲吻之中破产倒闭。属于这类型组织文化的国家有日本、巴西、土耳其、巴基斯坦、西班牙、意大利、菲律宾。

（2）保育器型组织文化。保育器型组织文化是一种既以人为导向，又强调平等的文化，典型的代表就是在硅谷。这种文化富于创造性，孕育着新的观点。由于强调平等，所以这种文化的组织结构是最精简的，等级也是最少的。在这样的文化中，组织成员共同承担责任并寻求解决办法。

（3）导弹型组织文化。导弹型组织文化是一种平等的、以任务为导向的文化。在这种文化中，任务通常都是由小组或者项目团队完成的，但是这种小组都是临时性的，任务完成，小组就会解散。成员们所做的工作都不是预先设定好的，当有需要完成的任务时，便必须去做。属于这种类型组织文化的国家有美国、英国、挪威、爱尔兰。

（4）埃菲尔铁塔型组织文化。之所以称之为埃菲尔铁塔文化就是因为具有这种类型文化的组织结构看起来很像埃菲尔铁塔，等级较多，且底层员工较多，越到高层人数越少。每一层对于其下的一层都有清晰的责任，所以组织员工都是小心谨慎的。对组织的任何不满都要通过一定的章程和实情调查才有可能反映到高层管理者。在这种文化的组织中，组织成员都相信需要必需的技能才能保住现在职位，也需要更进一步的技能才能升迁。属于这类型组织文化的国家有德国、法国、苏格兰、澳大利亚、加拿大。

12.3　组织文化的功能和作用

12.3.1　组织文化的功能

组织文化作为一种自组织系统，具有许多独特的功能，其中突出的功能有以下几点：

1. 凝聚功能

组织文化通过培育组织成员的认同感和归属感，建立起成员与组织之间的相互依存关系，使个人的行为、思想、感情、信念、习惯与整个组织有机地统一起来，形成相对稳固的文化氛围，凝聚成一种无形的合力与整体趋向，以此激发出组织成员的主观能动性，指向组织的共同目标而努力。

2. 约束功能

组织文化能从根本上改变员工的旧有价值观念，建立起新的价值观念，使之适应组织正常实践活动的需要。尤其对于刚刚进入组织的员工来说，为了减少他们个人带有的家庭、学校、社会所养成的心理习惯、思维方式、行为方式与整个组织的不和谐或者矛盾冲突，就必须接受组织文化的约束，使他们的行为趋向一致和谐。

3. 调控功能

组织文化作为团体共同价值观，并不对组织成员具有明文规定的具体硬性要求，而只是一种软性的理智约束，它通过组织的共同价值观不断地向个人价值观渗透和内化，使组织自动生成一套自我调控机制，以"看不见的手"操纵着组织的管理行为和实务活动。这种以尊重个人思想、感情为基础的无形的非正式控制，会使组织目标自动转化为个体成员的自觉行动，达到个人目标与组织目标在较高层次上的统一。

4. 完善功能

组织在不断的发展过程中所形成的文化积淀，通过无数次的辐射、反馈和强化会随着实践的发展而不断地更新和优化，推动组织文化从一个高度向另一个高度迈进。反过来，组织的进步和提高又会促进组织文化的丰富、完善和升华。

5. 延续功能

组织文化的形成是一个复杂的过程，往往会受到社会的、人文的和自然环境等诸多因素的影响，因此，它的形成和塑造不是一蹴而成的，必须经过长期的耐心倡导和精心培育，以及不断地实践、总结、提炼、修改、充实、提高和升华。同时，正如任何文化都有历史继承性一样，组织文化一经固化形成之后，也会具有自己的历史延续性而持久不断地起着应有的作用，并且不会因为组织领导层的人事变动而立即消失。

12.3.2　组织文化的作用

由于组织文化涉及分享期望、价值观念和态度，它对个体、群体及组织都有影响。组织文化除了提供组织的身份感之外，还有稳定感。具体表现在以下几个方面：

1. 整合作用

传统的科学管理法或科学管理职能约束住员工的行为，但不能赢得员工的心。而强有力的组织文化却能成为激发员工积极性、使员工全心全意工作的动力。在一个富有凝聚力的组织文化中，组织价值观念深入人心，员工把组织当成自己的家，愿意为了组织目标共同努力、贡献自己的力量，使得员工和组织融为一体。

组织文化能从根本上改变员工的旧有价值观念并建立起新的价值观念，使之适应组织正常实践活动的需要。一旦组织文化所提倡的价值观念和行为规范被接受和认同，成员就会做出符合组织要求的行为选择，倘若违反了组织规范，就会感到内疚、不安或者自责，会自动修正自己的行为。从这个意义上说，组织文化具有很强的整合作用。

2. 提升绩效作用

管理学大师彼得·德鲁克（Peter F. Drucker）说过："企业的本质，即决定企业性质的最重要的原则，是经济绩效。"如果组织文化不能对企业绩效产生影响，那么也就凸显不出它的重要性了，我们知道组织文化在组织内部整合方面确实发挥着积极作用，但是它是否能够提高企业的经济效益呢？答案是肯定的。

瑞士洛桑国际管理学院（IMD）对企业国际竞争力的研究显示，组织文化与企业管理竞争力的相关系数最高，为 0.946。

科特和赫斯科特经过研究认为：

（1）组织文化对企业长期经营业绩有着重大的作用。

（2）组织文化在下一个 10 年内很可能成为决定企业兴衰的关键因素。

（3）对企业良好的长期经营业绩存在负面作用的组织文化并不罕见，这些组织文化容易蔓延，即便在那些汇集了许多通情达理、知识程度高的人才的企业中也是如此。

（4）尽管不易改变，但组织文化完全可以转化为有利于企业经营业绩增长的组织文化。

3. 完善组织作用

组织在不断的发展过程中所形成的文化积淀，通过无数次的辐射、反馈和强化，会随着实践的发展而不断地更新和优化，推动组织文化从一个高度向另一个高度迈进。也就是说，组织文化不断地深化和完善，一旦形成良性循环，就会持续地推动组织本身的上升发展。反过来，组织的进步和提高又会促进组织文化的丰富、完善和升华。国内外成功组织的事实表明，组织的兴旺发达总是与组织文化的自我完善分不开的。

4. 塑造产品作用

组织文化作为一种人类的创造物，它最好的表现形态是企业的产品。当企业的产品都浸润了组织文化时，其产品的生命力将会是其他任何企业不能相提并论的。组织文化对于塑造企业产品有极为重要的作用，企业依据组织文化进行产品设计、生产和销售，只有符合企业文化的产品才能在市场上立足。反过来，企业产品的畅销则会使消费者进一步了解企业的组织文化，这是一种相互促进和发展的关系。

12.4　组织文化的建设及其塑造途径

12.4.1　组织文化建设的内容

根据组织文化的结构及其构成要素，组织文化建设的主要内容包括以下三大方面：

1. 物质文化建设

物质文化的建设是组织文化的表层建设，其目的在于树立良好的组织形象。以企业为例，企业文化建设的内容主要包括：

（1）产品文化价值的创造。运用各种文化艺术和技术美学手段，作用于产品的设计和促销活动，使产品的物质功能与精神功能达到统一，使顾客得到满意的产品和服务，从而加强企业的竞争能力。

（2）厂容厂貌的美化、优化。要能体现企业的个性化，要有好的厂名、厂徽，有合理的企业空间结构布局，有与人的劳动心理相适应的工作环境，从而促进员工的归属感和自豪感，有效地提高工作效率。

（3）企业物质技术基础的优化。要注重智力投资和对企业物质技术基础的改造，以使企业技术水平不断提高。

2. 制度文化建设

制度文化的建设是组织文化的中间层建设，目的是使物质文化更好地体现精神文化的要求。其内容主要包括：

（1）确立合理的领导体制。要明确组织的领导方式、领导结构和领导制度，理顺组织中党、政、工、团等各类组织的关系，以做到领导体制的统一、协调和通畅。

（2）建立和健全合理的组织结构。要明确组织作为一个正式组织，其内部各组成部分及其相互关系，以及组织内部人与人之间的相互协调和配合的关系，建立高效精干的结构，以利于组织目标的实现。

（3）建立和健全开展组织活动所必需的规章制度。要以明确合理的规章制度，规范员工的行为，使员工的行动服从于组织目标的要求，以提高组织系统运行的协调性和管理的有效性。

3. 精神文化建设

精神文化的建设是组织文化核心层的建设。它决定着组织物质文化和制度文化的建设。其内容主要包括：

（1）明确组织所奉行和追求的价值观念。使之形成组织生存的思想基础和组织发展的精神指南。

（2）塑造组织精神。在借鉴中外古代文化的成果、总结历史、展望组织未来的基础上，精炼概括组织精神，并利用各种手段使之渗透于组织的各个方面，成为组织生存和发展的主体意识。

（3）促进组织道德的形成和优化。形成良好的道德风气和习俗，以规范组织及其成员的行为。

12.4.2　组织文化的塑造途径

1. 选择价值标准

由于组织价值观是整个组织文化的核心和灵魂，因此选择正确的组织价值观是塑造组织文化的首要战略问题。

选择组织价值观有两个前提：一是要立足于本组织的具体特点。不同的组织有不同的目的、环境、习惯和组成方式，由此构成干差万别的组织类型，因此必须准确地把握本组织的特点，选择适合自身发展的组织文化模式，否则就不会得到广大员工和社会公众的认同与理解。二是要把握住组织价值观与组织文化各要素之间的相互协调性，因为各要素只有经过科学的组合与匹配才能实现系统整体优化。

2. 强化员工认同

一旦选择和确立组织价值观和组织文化模式之后，就应把基本认可的方案通过一定的强化灌输方法使其深入人心，具体做法包括：

（1）充分利用一切宣传工具和手段，大张旗鼓地宣传组织文化的内容和要求，使之人人皆知，以创造浓厚的环境氛围。

（2）树立英雄人物。典型榜样和英雄人物是组织精神和组织文化的人格化身与形象缩影，能够以其特有的感染力、影响力和号召力为组织成员提供可以仿效的具体榜样，而组织成员也正是从英雄人物和典型榜样的精神风貌、价值追求、工作态度和言行表现之中深刻理解到组织文化的实质和意义。

（3）培训教育。有目的的培训与教育，能够使组织成员系统接受和强化认同组织所倡导的组织精神和组织文化。

3. 提炼定格

（1）精心分析。在经过群众性的初步认同实践之后，应当将反馈回来的意见加以剖析和评价，详细分析和仔细比较实践结果与规划方案的差距，必要时可吸收有关专家和员工的合理化意见。

（2）全面归纳。在系统分析的基础上，进行综合的整理、归纳、总结和反思，采取去粗取精、去伪存真、由此及彼、由表及里的方法，删除那些落后的、不为员工所认可的内容与形式，保留那些进步的、卓有成效的、为广大员工所接受的内容与形式。

（3）精练定格。把经过科学论证和实践检验的组织精神、组织价值观和组织文化予以条理化、完善化、格式化，再加以必要的理论加工和文字处理，用精练的语言表述出来。

建构完善的组织文化需要经过一定的时间。如我国的东风汽车公司经过将近 30 年的时间才形成"拼搏、创新、竞争、主人翁"的企业精神。因此，充分的时间、广泛的发动、认真的提炼、严肃的定格是创建优秀的组织文化所不可缺少的因素。

4. 丰富发展

任何一种组织文化都是特定历史的产物，当组织的内外条件发生变化时，不失时机地调整、更新、丰富和发展组织文化的内容和形式总会经常地摆上议事日程。这既是一个不断淘汰旧文化和不断生成新文化的过程，也是一个认识与实践不断深化的过程，组织文化由此经过循环往复达到更高的层次。

组织文化的形成是一个复杂的过程，往往会受到社会、人文和自然环境等诸多因素的影响。因此，它的形成和塑造不是一蹴而成的，必须经过长期的耐心倡导和精心培育，以及不断地实践、总结、提炼、修改、充实、提高和升华。

小　结

1. 组织文化是指组织全体成员共同接受的价值观念、行为准则、团队意识、思维方式、工作作风、心理预期和团体归属感等群体意识的总称。

2. 从最能体现组织文化特征的内涵来看，组织文化的基本内容包括组织精神、组织价值观、组织形象。

3. 一般认为，组织文化有四个层次结构，即物质层、行为层、制度层和精神层。

4. 组织文化作为一种自组织系统，具有许多独特的功能，其中突出的功能有凝聚功能、约束功能、调控功能、完善功能、延续功能。

5. 根据组织文化的结构及其构成要素，组织文化建设的主要内容包括物质文化建设、制度文化建设、精神文化建设。

▶▶ **课堂讨论**

1. 为什么说组织价值观是组织文化的核心？
2. 如何塑造优秀的组织文化？

▶▶ **业务自测**

一、单项选择题

1. 重视团队精神的发挥是下列（　　）国家的企业文化。

A. 日本　　　　　B. 美国　　　　　C. 加拿大　　　　　D. 英国

2. 以下几项内容中属于企业文化深层部分的是（　　　）。

　　A. 产品形象　　　　　　　　　　B. 厂风厂貌

　　C. 职工价值观　　　　　　　　　D. 组织效率等组织特征

3. 关于组织文化功能不正确的是（　　　）。

　　A. 导向功能　　　　B. 领导功能　　　C. 约束功能　　　D. 凝聚功能

4. 下列关于组织文化正确理解的是（　　　）。

　　A. 是一种软实力　　　　　　　　B. 是一种硬实力

　　C. 是组织的核心竞争力　　　　　D. 总是发挥正能量

5. 影响组织文化变革最大的障碍是（　　　）。

　　A. 员工素质　　　　B. 领导素质　　　C. 文化本身　　　D. 财力的限制

二、简答题

1. 组织文化的基本特征有哪些？

2. 组织文化的结构和基本内容有哪些？

3. 组织形象包括哪些主要内容？

4. 组织文化有哪些重要功能？

5. 谈谈你对组织文化的认识。

三、论述题

联系实际谈谈如何进行组织文化的建设。

▶▶▶案例分析

IBM：电脑帝国的企业文化

IBM（国际商用机器）公司是有明确原则和坚定信念的公司。这些原则和信念似乎很简单、很平常，但正是这些简单、平常的原则和信念构成了 IBM 特有的企业文化。

IBM 拥有 40 多万员工，年营业额超过 500 亿美元，几乎在全球各国都有分公司，其分布之广让人惊叹，其成就令人向往。若要了解该企业，你必须要了解它的经营观念。许多人不易理解，为何像 IBM 这么庞大的公司会具有人性化的性格，但正是这些人性化的性格，才使 IBM 获得不可思议的成就。老托马斯·沃森在 1914 年创办 IBM 公司时设立过"行为准则"，正如每一位有野心的企业家一样，他希望他的公司财源滚滚，同时也希望能借此反映出他个人的价值观。因此，他把这些价值观标准写出来，作为公司的基石，任何为他工作的人都要明白公司要求的是什么。老汉森的信条在其儿子的时代更加发扬光大，小托马斯·沃森在 1956 年担任 IBM 公司的总裁，老沃森所规定的"行为准则"由总裁至收发室没有一个人不知晓，如"必须尊重个人"、"必须尽可能给予顾客最好的服务"、"必须追求优异的工作表现"。

这些准则一直牢记在公司每位人员的心中，任何一个行动及政策都直接受到这三条准则的影响。"沃森原则"对公司的成功所贡献的力量比技术革新、市场销售技巧或庞大财力所贡献的力量更大。IBM 公司对公司的"规章"、"原则"或"哲学"并无专利权。"原则"可能很快变成空洞的口号，正像肌肉若无有效的运动将会萎缩一样。在企业运营中，任何处于主管职位的人必须彻底明白"公司原则"。他们必须向下属说明，而且要一再重复，使员工知道"原则"是多么重要。IBM 公司在会议中、内部刊物中、备忘录中、集会中所规定的事项或在私人谈话中都可以发现"公司哲学"贯彻其中。如果 IBM 公司的主管人员不能在其言行中身体力行，那么这一堆信念都成了空话。主管人员需要勤于力行，才能有所成效。全体员工都知道，不仅是公司的成功，个人的成功也一样都是取决于员工对"沃森原则"的遵循。若要全体员工一致对你产生信任，是需要很长的时间才能做到的。但是一旦你能做到这一点，你所经营的企业在任何一方面都将受益无穷。

第一条准则：必须尊重个人。

任何人都不能违反这一准则。至少，没有人会承认他不尊重个人。毕竟在历史上的许多文化与宗教戒律中，也一再呼吁尊重个人的权利与尊严。虽然几乎每个人都同意这个观念，但列入公司信条中的却很少见，更难说遵循。当然 IBM 并不是唯一呼吁尊重个人权利与尊严的公司，但却没有几家公司能做得彻底。沃森家族都知道，公司最重要的资产不是金钱或其他东西，而是员工。自从 IBM 公司创立以来，他们就一直推行此行动。每一个人都可以使公司变成不同的样子，所以每位员工都认为自己是公司的一分子，公司也试着去创造小型企业的气氛。分公司永保小型编制，公司一直很成功地保持一个主管管辖十二个员工的效率。每位经理人员都了解工作成绩的尺度，也了解要不断地激励员工士气。有优异成绩的员工就获得表扬、晋升、奖金。在 IBM 公司里没有自动晋升与调薪这回事。晋升调薪靠工作成绩而定。一位新进入公司的市场代表有可能拿的薪水比一位在公司工作多年的员工要高。每位员工以他对公司所贡献的成绩来核定薪水，绝非以资历而论。有特殊表现的员工，也将得到特别的报酬。

自从 IBM 公司创业以来，公司就有一套完备的人事运用传统，直到今天依然不变。拥有 40 多万员工的今日与只有数百员工的昔日，完全一样。任何一位有能力的员工都有一份有意义的工作。在将近 50 年的时间里，没有任何一位正规聘用的员工因为裁员而失去 1 小时的工作。IBM 公司如同其他公司一样，也有不景气的时候，但 IBM 都能很好地计划并安排使所有员工不致失业。IBM 成功的安排方式是再培训，而后调整新工作。例如，在 1969 年到 1972 年经济大萧条时，有 1.2 万 IBM 的员工由萧条的生产工厂、实验室、总部调整到需要他们的地方，有 5000 名员工接受再培训后从事销售工作、设备维修、外勤行政工作与企划工作，大部分人反而因此调到了一个较满意的岗位。有能力的员工应该给予其具有挑战性的工作。当他们工作时能够体会到公司对他们的关怀，从而都愿意为公司的成长贡献一技之长。IBM 公司管理人员永远在自己公司员工中挑选。如果一有空缺就从外界找人来担任，那么对那些有干劲的员工是一种打击，而且令其深受挫折、意志消沉。IBM 公司有许多方法让员工知道，每个人都有能力使公司变成不同的样子。在纽约州阿蒙克的 IBM 公司里，每间办公室、每张桌子上都没有任何头衔字样，洗手间也没有写着什么长官使用，停车场也没有为长官预留位置，没有主管专用餐厅，总而言之，那是一个非常民主的环境，每个人都同样受人尊敬。

IBM 公司的管理人员对公司里任何员工都必须尊重，同时也希望每一位员工尊重顾客，即使对待同行竞争对象也应同等对待。公司的行为准则规定，任何一位 IBM 的员工都不可诽谤或贬抑竞争对手。销售是靠产品的品质和服务的态度，推销自己产品的长处时，不可攻击他人产品的弱点。

第二条准则：为顾客服务。

老托马斯·沃森要使 IBM 的服务成为全球第一，不仅是在他自己的公司，而且每一个销售 IBM 产品的公司也要遵循这一原则。他特别指出 IBM 将是一个"顾客至上"的公司，即 IBM 的一举一动都要以顾客需要为前提，因此，IBM 公司对员工所做的"工作说明"中特别提到，要对顾客及未来可能的顾客都要提供最佳的服务。为了让顾客感觉到自己的重要性，顾客的任何问题一定在 24 小时之内解决，如果不能立即解决，也要给予一个圆满的答复，如果顾客打电话要求服务，通常都会在 1 个小时之内派人去服务。此外，IBM 的专家们随时在电话旁等着提供服务或解决软件方面的问题，而且是由公司承担电话费用。此外，还有邮寄或专人送零件等服务来增加服务范围。IBM 公司还要求任何一个 IBM 新零件一定要比原先换下来的好，而且要比市场上同级产品好。服务的品质取决于公司训练及教育，在这方面，IBM 已经在全球所属公司投下了大量的钱财，其提供的训练与教育是任何公司都无法比拟的。在 IBM 公司受训所花费的时间超过任何一所大学的授课时间。每年，每一位 IBM 的经理都要接受 40 个小时的训练课程，而后回到公司内教导员工。有时甚至会邀请顾客前来一同上课。经营任何企业，一定要有老顾客的反复惠顾才能使企业成长，所以一定要设法抓住每一位顾客。最优异的服务是能使顾客再来惠顾。

第三条准则：优异。

对任何事物都要有追求其最理想的观念，无论是产品或服务都要永远保持完美无缺，当然完美无缺是永远不可能达到的，但是目标不能放低。公司设立一些满足工作要求的指数，定期抽样检查市场以设立服务的品质。从公司挑选员工开始就注重优异的准则，IBM 公司认为由全国最好的大学挑选最优秀的学生，让他们接受公司的密集训练课程，必定可以收到良好的教育效果，日后定有优异的工作表现。为了达到优异的水准，他们必须接受优异的训练，使他们有一种一定要达到成功的使命感。IBM 是一个具有高度竞争环境的公司，它创造出来的气氛可以培养出优异的人才。在 IBM 公司里，每个人争取工作成绩，同时公司又不断地强调教育的重要，因此每个人都不可以自满，都要力争上游。每个人都认为只要有可能做到的事，都能做得到。这种态度令人振奋。小托马斯·沃森说："对任何一个公司而言，若要生存并获得成功的话，必须有一套健全的原则可供全体员工遵循，但最重要的是大家要对此原则产生信心。"

在企业经营中，公司的任何运营都有可能改变。有时地址变更，有时人事变更，有时产品变更，有时公司的名称也变更，世界上的事就是这样不断变迁。在任何一家公司里，一个人若要生存，一定要有应变的能力。在科技高速进步的今日，社会形态与环境变化很快，倘若营销计划不能随机应变，就可能毁灭整个公司。你不是往前进，就是往后退，不可能在原处不动。在任何一个发达的公司里，唯一不能改变的就是"原则"。不论此"原则"的内容是什么，它永远是指引公司航行的明灯。当然公司在许多方面要保持弹性、随机应变，但对"原则"的信念不可变更。由于 IBM 有这三条基本原则作为基石，业务的成功是必然的。公司内部必须不断地将其信念向员工灌输，在 IBM 的新进入人员训练课程中，就包含了公司经营哲学、公司历史及传统这些课程。公司的信念与价值观不能仅是空谈而已，至于能否让其在公司里发生作用，那是另外一回事。在公司里空谈无益，最重要的是运用策略、采取行动、切实执行；衡量效果，重视奖赏，以示决心。

　　IBM 的新进销售学员无论在办公室里还是外出接洽业务，都能遵守公司的准则。他们懂得 IBM 准则"必须尊重个人"的真谛，他们一进公司就感到别人对待他们的方式是基于尊重原则，只要他们一有问题，别人再忙也会来帮助他们。他们也看到公司人员是怎样对待顾客的，也亲耳听到顾客对市场代表、系统工程师及服务人员的赞美。他们周围环境的人都在努力寻求优异的成绩。有关 IBM 公司的信念，常在其所属公司中定期刊载；有关 IBM 优异服务的实例，亦常在公司训练课程中讲授，在分公司会议中特别提出、在邀请顾客参加的讨论会中介绍。

　　请分析：

　　沃森父子的管理手法符合哪一种管理原理？

任务 13　组织变革与发展

学习目标

1. 理解组织变革的含义和类型；
2. 了解组织变革的动力和阻力；
3. 掌握降低变革阻力的对策；
4. 熟悉组织变革模型；
5. 理解组织发展的特征和类型。

任务导读

张庆毕业于北京中医药大学六年制本科，随后被分配至北京中医医院中医妇科工作，得到了著名中医妇科专家吴玉宁教授的高度肯定，预言她将成为北京中医医院未来的妇科主任。但十六年后，她却成为同仁堂中医医院的妇科主任，尽管这家医院刚刚成立一年，而且是同仁堂三百多年来首次从药到医的尝试。

吸引张庆的是"同仁堂"三个字。"炮制虽繁必不敢省人工，品味虽贵必不敢减物力"，铸就了"同仁堂"的金字招牌，也让文化成为同仁堂最核心的竞争力。

因此，尽管同仁堂历史上从未涉足过医疗领域，但凭借中医医药不分家的传统，"同仁堂"在中国人心中就是质量、医德和中医文化的代名词。所以，同仁堂中医医院才会在没有成功经验借鉴、没有现成医疗人才储备的情况下，用短短一年多时间从筹备期的 14 人，发展成为 70 余名国家级、市级名老中医专家坐诊，拥有 7 名副主任以上医师及学科带头人、22 名主治医师、8 名住院医师、15 名护理人员、30 余名中西药学人员等组成的 150 多人的医疗团队，并顺利成为医保定点医疗机构，在中医行业打出了较高的知名度。

与一般企业"做大、做强、做长"的思路不同，同仁堂的发展思路是"做长、做强、做大"，即首先考虑企业的长远计划，企业只有做长了才可能做强、做大。

这种三百余年的坚持，不但造就了同仁堂今日的辉煌，也为在领导力建设方面亟待提升的中国企业贡献了一个极具特色、引人深思的独特样本。

13.1　组织变革

13.1.1　组织变革及其类型

1. 组织变革的含义

组织变革是指对组织功能方式的转换或调整。所有的组织都会不断地进行一定的变革。组织管理部门需要不断调整工作程序，录用新的干部或员工，设立新的部门或机构，改革原有的规章与制度，实施新的信息技术等。组织总是面临各方面的变革压力，如来自竞争对手的、信息技术的、客户需求的各种压力。因此，组织变革已经成为管理的重要任务之一。

2. 组织变革的类型

组织变革可以大致分成三种类型：

（1）适应性变革。这是指引入已经过试点的比较熟悉的管理实践，属于复杂性程度较低、确定性较高的变革，适应性变革对员工的影响较少，潜在的阻力较小。

（2）创新性变革。这是指引入全新的管理实践，例如，实施"弹性工时制"或股份制，往往具有较高的复杂性和不确定性，因而容易引起员工的思想波动和担忧。

（3）激进性变革。这是指实行大规模、高压力的变革和管理实践，包含高度的复杂性和不确定性，变革的代价也很大。

13.1.2　组织变革的动力

组织变革的动力不仅来自组织的外部环境，而且来自组织内部。

1. 外部动力

组织变革的外部环境推动力包含政治、经济、文化、技术、市场等方面的各种因素和压力，其中与变革动力密切相关的有以下几方面：

（1）社会政治特征。全国的经济政策、企业改革、发展战略和创新思路等社会政治因素是最为重要的因素，对于各类组织形成强大的变革推动力。国有企业转制、外资企业竞争、各种宏观管理体制改革、加入 WTO 等，都成为组织变革的推动力。

（2）技术发展特征。机械化、自动化特别是计算机技术对于组织管理产生广泛的影响，成为组织变革的推动力。由于高新技术的日益采用，计算机数控、计算机辅助设计、计算机集成制造以及网络技术等的广泛应用，对组织的结构、体制、群体管理和社会心理系统等提出了变革的要求。尤其是网络系统的应用显著缩短了管理和经营的时间和距离，电子商务打开了新的商业机会，也迫使企业领导人重新思考组织的构架和员工的胜任力要求，知识管理成为重点。

（3）市场竞争特征。全球化经济形成新的伙伴关系、战略联盟和竞争格局，迫使企业改变原有经营与竞争方式。同时，国内市场竞争也日趋激烈，劳务市场正在发展深刻的变化，使得企业为提高竞争能力而加快重组步伐，大量的裁员和并购，管理人才日益成为竞争的焦点。

2. 内部动力

组织变革的内部推动力包括组织结构、人力资源管理和经营决策等方面的因素。

（1）组织结构。组织变革的重要内部推动力是组织结构。由于外部的动力带来组织的兼并与重组，或者因为战略的调整，要求对组织结构加以改造。这样往往还会影响到整个组织管理的程序和工作的流程。因此，组织再造工程也成为管理心理学与其他学科研究的新领域。

（2）人员与管理特征。由于劳动人事制度的改革不断深入，员工来源和技能背景构成更为多样化，企业组织需要更为有效的人力资源管理。管理无疑成为组织变革的推动力。为了保证组织战略的实现，需要对企业组织的任务作出有效的预测、计划和协调，对组织成员进行多层次的培训，对企业不断进行积极的挖潜和创新等。这些管理活动是组织变革的必要基础和条件。

（3）团队工作模式。各类企业组织日益注重团队建设和目标价值观的更新，形成了组织变革的一种新的推动力。组织成员的士气、动机、态度、行为等的改变，对于整个组织有着重要的影响。随着电子商务的迅猛发展，虚拟团队管理对组织变革提出了更新的要求。

相关链接 13-1

福特汽车企业变革四部曲

谈起福特汽车，那真是一家充满光荣历史的企业，身为全球第二大的汽车厂，福特汽车确有独到的经营之处，但也有包袱存在。福特汽车以生产为导向的企业文化，在世界各地逐步建立起了生产基地，却逐步形成了全球各分公司各自为政的心态。并且在面临来自日本汽车公司"低价高质"的大举入侵后，福特汽车公司展开了第一波的改造，除了用裁员来降低成本外，还陆续引进了多项产品质量改革计划。

经过20世纪80～90年代的改革阵痛，福特公司开始面对"文化改革"的新挑战。1998年，董事会决定任命纳瑟担任首席执行官，在纳瑟的倡导下福特汽车描绘出了新的企业文化四要素：具有全球化想法、注重顾客需求、持续追求成长，以及深信"领导者是老师"等4项概念，并逐步进行企业文化的改革。主要由四个部分组成：

第一部分：颠峰（capstone）课程

这是一个为期半年的学习过程，对象是企业内较高层的管理人员。首先学员必须参加一个5天的密集训练。在这5天当中，由高层主管团队担任讲师，与这些学员经历团队建立的过程，讨论福特所面对的挑战，并且分配未来6个月所需进行的项目任务。

随后的 6 个月，学员必须花费 1/3 的时间，通过电子邮件、视频会议甚至面对面方式，讨论、分析与完成所指派的任务。在这个过程中，学员会一起与讲师，也就是高层主管团队再见一次面，讨论项目的困难和进度。

最后，学员会再参加一个密集训练，提出改革的想法，并与高层主管团队再进行分享、讨论与学习。于是，在这次的密集训练中，会立刻决定改革计划，并且在一周之内执行。这项计划在 1996 年，纳瑟刚接手福特时就开展了，不仅让福特 100 多位高层主管成为企业内的种子讲师，也实际推动了福特的全球改革计划。

第二部分：领导者工作间（business leader initiative）

这类似于颠峰课程，但所教育的对象扩展到了中层与基层主管，执行时间大约是 100 天。进行的方式还是从 3 天的密集课程开始，而后分配专项任务，运用 100 天的时间进行学员间的讨论、分享与发展改革计划。最后，再通过密集训练，讨论与确定改革计划。

在整个领导工作间中，有两个地方相当特别：首先，所有的学员都必须在 100 天之内，参加半天的社区服务。这项做法的主要目的，除了可以让这些未来领导者，了解福特所强调的"企业公民"精神，也让他们感受到生活中有这么多更需要帮助的人，进而不再有抱怨或不满的心态。另外，所有的学员要以拍摄影带的方式，呈现"新福特"与"旧福特"，以突出新旧文化的差异性。

第三部分：伙伴课程（executive partnering）

伙伴课程则是专为培养年轻却深具潜力的经理人成为真正的领导者而设立的。基本上，每次都是 3 位学员组成 1 个实习小组。这个实习小组必须花费 8 周的时间，与 7 位福特汽车的高层主管每天一起工作、开会、讨论或拜访客户。针对一些企业问题或挑战，高层主管甚至会请实习小组提出可行的解决方案。对于实习小组而言，这是一个绝佳的观察和学习的机会。通过 8 周实际的工作，这些年轻主管不仅可以学习高层主管的思考观点，更可以了解公司的资源分配，长短期目标，以及策略挑战与问题。

第四部分：交谈时间（let us chat about the business）

交谈时间由纳瑟自己进行。每周五的傍晚，他会寄一封电子邮件给全世界大约 10 万名福特员工，分享自己经营事业的看法。同时，他也会鼓励所有的员工，回寄任何的想法、观点或是建议。

纳瑟认为，福特要转变为顾客导向的文化，必须要培养每一位员工了解如何经营一家企业。因此，在每周一次的电子邮件中，他会谈全球的发展趋势，谈克莱斯勒与奔驰的合并，谈福特的亚洲市场发展等主题，让员工了解高层主管的经营观点，进而让他们也能有类似的思考角度。

自从福特的改革教学计划实行以后，福特汽车公司的文化逐渐产生一些化学变化，不仅有更多的员工参与了公司的改革，还有更多的主管承诺了自己曾经传授的观念。虽然对福特这样一家大型公司而言，改革的确是漫长艰巨的历程。但是，运用上述模式，福特公司正逐步完成改革计划，为成为顾客导向的企业而努力。

13.1.3　组织变革的阻力

组织变革作为战略发展的重要途径，总是伴随着不确定性和风险，并且会遇到各种阻力。管理心理学研究发现，常见的组织变革阻力可以分为三类：

1. 组织的阻力

在组织变革中，组织惰性是形成变革阻力的主要因素。这是指组织在面临变革形势时表现得比较刻板、缺乏灵活性，难以适应环境的要求或者内部的变革需求。造成组织惰性的因素较多，例如，组织内部体制不顺、决策程序不良、职能焦点狭窄、层峰结构和陈旧文化等都会使组织产生惰性。此外，组织文化和奖励制度等组织因素以及变革的时机也会影响组织变革的进程。

2. 群体的阻力

组织变革的阻力还会来自群体方面，研究表明，对组织变革形成阻力的群体因素主要有群体规范和群体内聚力等。群体规范具有层次性，边缘规范比较容易改变，而核心规范由于包含着群体的认同，难以变化。同样，内聚力很高的群体也往往不容易接受组织变革。Lewin 的研究表明，当推动群体变革的力和抑制群体变革的力之间的平衡被打破时，也就形成了组织变革。不平衡状况"解冻"了原有模式，群体在新的、与以前不同的平衡水平上重新"冻结"。

3. 个体阻力

人们往往会由于担心组织变革的后果而抵制变革。一是职业认同与安全感。在组织变革中，人们需要从熟悉、稳定和具有安全感的工作任务，转向不确定性较高的变革过程，其"职业认同"受到影响，产生对组织变革的抵制。二是地位与经济上的考虑。人们会感到变革影响他们在企业组织中的地位，或者担心变革会影响自己的收入。或者，由于个性特征、职业保障、信任关系、职业习惯等方面的原因，产生对于组织变革的抵制。

13.1.4　降低变革阻力的对策

管理心理学提出了若干有效的途径，以降低组织变革的阻力。

（1）参与和投入。研究表明，人们对某事的参与程度越大，就越会承担工作责任，支持工作的进程。因此，当有关人员能够参与有关变革的设计讨论时，参与会导致承诺，抵制变革的情况就显著减少。参与和投入方法在管理人员所得信息不充分或者岗位权力较弱时使用比较有效。但是，这种方法常常比较费时间，在变革计划不充分时，有一定风险。

（2）教育和沟通。加强教育和沟通，是克服组织变革阻力的有效途径。这种方法适用于信息缺乏和对未知环境的情况，其实施比较花费时间。通过教育和沟通，分享情报资料，不仅带来相同的认识，而且在群体成员中形成一种感觉，即他们在计划变革中起着作用，他们会有一定的责任感。同时，在组织变革中加强培训和信息交流，对于成功实现组织变革是极为重要的。这既有利于及时实施变革的各个步骤，也使得决策者能够及时发现实施中产生的新问题、新情况，获得有效的反馈。这样才能随时排除变革过程中遇到的抵制和障碍。

（3）组织变革的时间和进程。即使不存在对变革的抵制，也需要时间来完成变革。干部员工需要时间去适应新的制度，排除障碍。如果领导觉得不耐烦，加快速度推行变革，对下级会产生一种受压迫感，产生以前没有过的抵制。因此，管理部门和领导者需要清楚地懂得人际关系影响着变革的速度。

（4）群体促进和支持。许多管理心理学家提出，运用"变革的群体动力学"，可以推动组织变革。这里包括创造强烈的群体归属感，设置群体共同目标，培养群体规范，建立关键成员威信，改变成员态度、价值观和行为等。这种方法在人们由于心理调整而不良产生抵制时使用比较有效。

相关链接 13-2

如何策划和进行变革

几年间，陈俊就将一个几个人的小作坊发展成今天数百人的 D 公司。随着公司的飞速发展，也不断地制订了不少规章制度来规范内部的管理，但是陈俊依然感到管理上力不从心，制度倒是不少，但大多不能够贯彻落实。到底该怎样加强管理，陈俊一时不知从何入手。一次偶然的机会，陈俊在中央教育电视台看到了正在播出的 A 管理模式，这种简单易懂的管理模式深深地吸引了他。他立即邮购来一套 A 管理模式的 VCD 培训教程，并为公司内每一位管理干部购置了一本《A 管理模式》书，通过组织管理干部学习和讨论，大家一致认为 A 管理模式很不错。陈俊决定进行变革，推倒原来的那一套管理办法，在 D 公司全面推广 A 管理模式。于是以办公室王主任为首的 A 管理模式推广小组成立了，按 A 管理模式的九大系统，他们加班加点花了三个多月的时间，推出了本公司的 D 管理模式。陈俊非常高兴，下令宣布 D 管理模式正式在公司运行，然而事与愿违，这套陈俊极为重视的 D 管理模式仍然不能够贯彻落实，不到两星期，管理干部就带头违反规定、员工抵触情绪日益滋长，使 D 管理模式流于形式。

陈俊对此深感困惑，如果说以前制订的管理制度存在缺陷不能很好执行是可以理解的，但按 A 管理模式制订的 D 管理模式为什么同样流于形式，得不到贯彻落实呢？企业的管理变革到底该如何进行呢？

点评：企业管理存在问题，阻碍了企业的发展，需要进行变革；企业快速成长，原有管理模式落后了，也需要进行变革；企业面对变化万千的激烈竞争，要确保优势，更需要进行变革。因此，如何策划和进行变革，这是每个企业都不得不面对的课题。认识到以下几点，或许能为我们变革的成功增加几分把握。

第一，要有充分的物质和精神准备。首先，变革需要人力、物力、资金和时间的投入，没有投入就没有产出，而投入少了的结果往往是不会得到重视，也就谈不上得到执行了。其次，变革是一个过程，开始带给人的往往是痛苦，只有在经过痛苦的蜕变之后才会得到新生。成功需要坚持不懈的信心和毅力。

第二，要讲科学、实事求是、量体裁衣。变革需要从实际出发，弄清本企业所处的阶段和现状，在科学分析和总结的基础上采用适合本企业的管理模式，而不是盲目套用所谓先进的管理方式和方法。

第三，要抓住主要矛盾。首先，变革触及每个人的利益，不仅是企业所有者、经营管理者的事，也是全体员工的事，因此，得到全体员工的理解、支持和参与，对确保变革的成功是极其重要的。其次，变革最为重要的环节不是设计，而是执行，设计出的方案再有可操作性，如果没有得到贯彻落实，也只能是"一摞纸"。

第四，借助"外脑"，请专业咨询公司。每个人都会盖一座小木屋，但要盖一座大厦，只能请专业的建筑设计师。首先，专业咨询公司见多识广，有多次变革的经验。其次，专业咨询公司站在客观、公正的立场，容易发现企业中存在的本质问题。再者，专业咨询公司能够处理一些企业内部不好解决的问题。

13.2　组织变革模型

组织变革是一个复杂、动态的过程，需要有系统的理论指导。管理心理学对此提出了行之有效的理论模型，适合于不同类型的变革任务。其中影响最大的有 Lewin 变革模型，系统变革模型和 Kotter 变革模型。

13.2.1　Lewin 变革模型

组织变革模型中最具影响的也许是 Lewin 变革模型。Lewin 提出一个包含解冻、变革、再冻结三个步骤的有计划组织变革模型，用以解释和指导如何发动、管理和稳定变革过程。

（1）解冻。这一步骤的焦点在于创设变革的动机。鼓励员工改变原有的行为模式和工作态度，采取新的适应组织战略发展的行为与态度。为了做到这一点，一方面，需要对旧的行为与态度加以否定；另一方面，要使干部和员工认识到变革的紧迫性。可以采用比较评估的办法，把本单位的总体情况、经营指标和业绩水平与其他优秀单位或竞争对手加以一一比较，找出差距和解冻的依据，帮助干部和员工"解冻"现有态度和行为，迫切要求变革，愿意接受新的工作模式。此外，应注意创造一种开放的氛围和心理上的安全感，减少变革的心理障碍，提高变革成功的信心。

（2）变革。变革是一个学习过程，需要给干部员工提供新信息、新行为模式和新的视角，指明变革方向，实施变革，进而形成新的行为和态度。这一步骤中，应该注意为新的工作态度和行为树立榜样，采用角色模范、导师指导、专家演讲、群体培训等多种途径。

Lewin 认为，变革是个认知的过程，它由获得新的概念和信息得以完成。

（3）再冻结。在再冻结阶段，利用必要的强化手段使新的态度与行为固定下来，使组织变革处于稳定状态。为了确保组织变革的稳定性，需要注意使干部员工有机会尝试和检验新的态度与行为，并及时给予正面的强化；同时，加强群体变革行为的稳定性，促使形成稳定持久的群体行为规范。

13.2.2　系统变革模型

系统变革模型是在更大的范围里解释组织变革过程中各种变量之间的相互联系和相互影响关系。这个模型包括输入、变革元素和输出等三个部分。

（1）输入。输入部分包括内部的强点和弱项、外部的机会和威胁。其基本构架则是组织的使命、愿景和相应的战略规划。企业组织用使命表示其存在的理由；愿景是描述组织所追求的长远目标；战略规划则是为实现长远目标而制订的有计划变革的行动方案。

（2）变革元素。变革元素包括目标、人员、社会因素、方法和组织体制等元素。这些元素相互制约和相互影响，组织需要根据战略规划，组合相应的变革元素，实现变革的目标。

（3）输出。输出部分包括变革的结果。根据组织战略规划，从组织、部门群体、个体等三个层面，增强组织整体效能。

13.2.3　Kotter 变革模型

领导研究与变革管理专家 Kotter 认为，组织变革失败往往是由于高层管理部门犯了以下错误：没有能建立变革需求的急迫感；没有创设负责变革过程管理的有力指导小组；没有确立指导变革过程的愿景，并开展有效的沟通；没能系统计划，获取短期利益；没有能对组织文化变革加以明确定位等。Kotter 为此提出了指导组织变革规范发展的八个步骤：建立急迫感；创设指导联盟；开发愿景与战略；沟通变革愿景；实施授权行动；巩固短期得益；推动组织变革；定位文化途径。Kotter 的研究表明，成功的组织变革有 70％～90％是由于变革领导的成效，还有 10％～30％是由于管理部门的努力。

13.2.4　Kast 的组织变革过程模型

Kast 提出了组织变革过程的六个步骤：

（1）审视状态：对组织内外环境现状进行回顾、反省、评价、研究。

（2）觉察问题：识别组织中存在问题，确定组织变革需要。

（3）辨明差距：找出现状与所希望状态之间的差距，分析所存在问题。

（4）设计方法：提出和评定多种备择方法，经过讨论和绩效测量，作出选择。

（5）实行变革：根据所选方法及行动方案，实施变革行动。

（6）反馈效果：评价效果，实行反馈。若有问题，再次循环此过程。

13.2.5　Schein 的适应循环模型

Schein 认为组织变革是一个适应循环的过程，一般分为六个步骤：

（1）洞察内部环境及外部环境中产生的变化。

（2）向组织中有关部门提供有关变革的确切信息。

（3）根据输入的情报资料改变组织内部的生产过程。

（4）减少或控制因变革而产生的负面作用。

（5）输出变革形成的新产品及新成果等。

（6）经过反馈，进一步观察外部环境状态与内部环境的一致程度，评定变革的结果。

上述步骤与方法和 Kast 主张的步骤和方法相似，所不同的是，Schein 比较重视管理信息的传递过程，并指出解决每个过程出现困难的方法。

13.3　组织发展

13.3.1　组织发展的含义

20 世纪 60 年代以来，管理心理学家和企业家都特别关注"有计划变革"，即从零散的变革活动，转向系统的、战略性的有计划变革，重视变革的理论指导和方法途径。由此，发展出一个新的管理心理学领域，即组织发展，简称为 OD。

组织发展是指以人员优化和组织气氛协调为思路，通过组织层面的长期努力，改进和更新企业组织的过程，实现系统的组织变革。进行组织发展，往往要在一些专家的指导和帮助下，运用管理心理学和其他学科的理论和技术，以实现预定的组织变革计划和目标。组织发展比较强调正式的工作群体的作用，它的主要对象包括管理人员和员工。这一点不同于传统方式的组织改进活动，传统的办法集中于个别管理人员，而不是群体。全面的组织发展还包括群体间的相互关系以及整个组织系统的问题。

组织发展与组织变革有十分密切的关系，组织发展可以看成实现有效组织变革的手段。与组织变革和组织发展密切相关的另一个概念是组织创新，这是指运用多种技能和组织资源，创造出所在行业或市场上全新的思路、产品或服务。通过在人力资源管理、管理机构和体制等方面的有计划的组织干预活动，帮助管理人员计划变革，组织和促进各级干部与员工形成高度的承诺、协调和岗位胜任力，从而增强组织效能和员工综合胜任力。

13.3.2　组织发展的特征

组织发展是提高全体员工积极性和自觉性的手段，也是提高组织效率的有效途径。组织发展有以下五个特征：

（1）组织发展包含深层次的变革，包含高度的价值导向。组织发展意味着需要深层次和长期性的组织变革。例如，许多企业为了获取新的竞争优势，计划在组织文化的层次实施新的组织变革，这就需要采用组织发展模型与方法。由于组织发展涉及人员、群体和组织文化，这里包含着明显的价值导向，特别是注重合作协调而不是冲突对抗，强调自我监控而不是规章控制，鼓励民主参与管理而不是集权管理。

（2）组织发展是一个诊断—改进周期。组织发展的思路是对企业进行"多层诊断"、"全面配方"、"行动干预"和"监控评价"，从而形成积极健康的诊断—改进周期。因此，组织发展强调基于研究与实践的结合。组织发展的一个显著特征是把组织发展思路和方法建立在充分的诊断、裁剪和实践验证的基础之上。组织发展的关键部分之一就是学习和解决问题，这也是组织发展的一个重要基础。

（3）组织发展是一个渐进过程。组织发展活动既有一定的目标，又是一个连贯的不断变化的动态过程。组织发展的重要基础与特点是强调各部分的相互联系和相互依存。在组织发展中，企业组织中的各种管理与经营事件不是孤立的，而是相互关联的；一个部门或一方面所进行的组织发展，必然影响其他部门或方面的进程，因此，应从整个组织系统出发进行组织发展，既要考虑各部分的工作，又须从整个系统协调各部分的活动，并调节其与外界的关系。组织发展着重于过程的改进，既解决当前存在的问题，又通过有效沟通、问题解决、参与决策、冲突处理、权力分享和生涯设计等过程，学习新的知识和技能，解决相互之间存在的问题，明确群体和组织的目标，实现组织发展的总体目标。

（4）组织发展是以有计划的再教育手段实现变革的策略。组织发展不只是有关知识和信息等方面的变革，更重要的是在态度、价值观念、技能、人际关系和文化气氛等管理心理各方面的更新。组织发展理论认为，通过组织发展的再教育，可以使干部员工抛弃不适应于形势发展的旧规范，建立新的行为规范，并且使行为规范建立在干部员工的态度和价值体系优化的基础之上，从而实现组织的战略目的。

（5）组织发展具有明确的目标与计划性。组织发展活动都是订立和实施发展目标与计划的过程，需要设计各种培训学习活动来提高目标设置和战略规划的能力。大量的研究表明，明确、具体、中等难度的目标更能够激发工作动机和提高工作效能。目标订立与目标管理活动，不但能够最大限度地利用企业的各种资源，发挥人和技术等两个方面的潜力；而且还能产生高质量的发展计划，提高长期的责任感和义务感。因此，组织发展的一个重要方面就是让组织设立长远学习目标和掌握工作计划技能，包括制订指标和计划、按照预定目标确定具体的工作程序，以及决策技能等。

13.3.3　组织发展的类型

1. 技术与结构方面的组织发展

组织发展大体可以分为两大类，即技术与结构方面的组织发展和个人与群体方面的组织发展。这里先讨论技术与结构方面的主要组织发展思路和方法。

（1）社会技术系统思路。社会技术系统思路来自英国塔维斯托克研究所进行的经典研究。这项社会技术系统的研究提出，技术系统与社会心理系统的交互影响比各自系统的效应更为重要，在组织发展中，应该把社会与技术这两个方面的协调作为重要的任务，以便使组织在技术、组织结构和社会相互作用诸方面达到最佳的配合。

塔维斯托克研究所于 20 世纪 70 年代在一家纺织厂进行过一项运用社会技术系统理论的组织发展研究。该厂由于安装了自动织机并使工作任务高度专门化，而且没有很好地协调群体与组织结构，因而降低了产品的质量。管理心理学家为此对该厂进行了一系列的改革，重新设计了工作任务和流程，使任务可以经常变换；还建立了自主性的工作群体等。在此后的两年中，生产率不断上升，质量持续提高，员工工作劲头也大大提高。这个例子说明，在技术创新和新技术应用的同时，必须重视群体和文化建设，加强任务本身的变换，才能收到事半功倍的效果。

（2）任务设计和工作内容丰富化。技术与结构方面组织发展的另一种方法是改革任务设计和加强工作内容丰富化程度，同时，增强整个任务的多样性、完整性和意义，提高岗位责任授权和自主性，加强各种工作结果信息的及时反馈，从而利用工作的内在激励因素，提高工作满意感和工作效能。任务设计的研究与实践主要开始于早期的科学管理运动，当时，Taylor 和 Gilberth 等运用时间和动作分析技术，系统地考察了不同类型的工作，试图最大限度地提高工作效率。然而，通过任务设计来进行组织发展的研究，还是近年的事。

需要指出的是，有关技术与结构方面的组织发展研究也存在不少争议。批评的意见认为，社会技术系统和工作设计等组织发展方式，比较机械地处理社会群体和个体因素，而且把组织看成了封闭系统，忽视了组织与环境之间的重要联系。

（3）结构服从战略，创造支撑环境。组织结构的改变需要服从组织战略的要求，从而成为组织战略发展的支撑环境。因此，技术与结构方面的组织发展还在战略层面上进行。根据组织战略的变化，需要及时调整和设计相适应的组织结构。通过组织重新设计，包括划分和合并新的部门、协调各部门工作、调整管理幅度与管理层次，以及给基层单位一部分自主权等，有可能实现组织变革和组织发展。这种方法比较直接，见效快，常常可以使组织发生根本性的转变。例如，随着新产品战略和新工艺优化工作的迅速增长，某电器公司的集中化组织结构的效率越来越低，不能适应各种新的变化，阻碍了生产的进一步发展。于是，该公司开始进行组织结构改革，采用分散化的、矩阵式的结构与部门，并进一步采用虚拟组织形式，使企业组织效率大大提高，并通过组织变革，不断发展壮大。对于不同的组织变革要求、战略目标和组织状况，应采取不同的组织结构变革与发展方式。

（4）调节与控制外部环境，实现组织变革。组织不但要适应外部环境的迅速变化，而且需要主动地调节和控制环境，从而在最大程度上有利于组织目标的实现。因此，除了改革组织结构和内部管理制度及规范等以适应环境以外，还应重视调节和创造新的组织环境，例如开辟新的市场，加强外部经营信息获取、加工和整合等。

综上所述，技术与结构方面的组织发展涉及组织的各个方面，对于提高工作效率，增强管理效能和推动组织战略发展都起着重要的作用。

2. 人与群体方面的组织发展

个人与群体方面的组织发展着重于组织成员和群体活动的整个过程，主要的理论依据来源于心理学和社会心理学的许多研究，以及人际关系活动。这类组织发展的基本假设是，通过一些专门的组织发展程序，提高组织成员的心理素质和人际过程质量（人际知觉、人际关系等），进而改进组织绩效。这些方法是以早期所采用的实验室训练方法为基础，以后被广泛应用于组织发展活动，其中比较重要的技术是"敏感性训练"和"管理方格图训练"方法。

（1）敏感性训练。个人与群体方面的组织发展方法中比较流行的是敏感性训练。这是通过面对面的"无结构式"的小组互动，使参加者深入地了解和认识自己及他人的情感和意见，从而增强自我意识和认知能力，提高对人际互动的敏感性。实践证明，敏感性训练注重诚实、开放、分享、交流，可以提高群体关系意识，促进个人价值观念。敏感性训练的主要对象包括一般员工和管理人员。在敏感性训练中，参加人员可以自由地讨论感兴趣的问题，表达意见，分析行为和感情，并接受他人的反馈意见。

通常，干部员工都可以参加这种训练，每次一般不超过 15 人，外加一名训练主持人。训练时间一般为三天至两个星期，大致可以分以下四个阶段：

①不规定正式的讨论议程和召集人，由参加者自由讨论，相互启发，增进彼此间的了解。

②训练者不加评论地、坦率地谈出自己的看法，并就学员行为作出反馈。但是，对参加者的反馈信息，主要来自其他参加者在训练期间的行为。

③着重增进人际关系，相互学习，促进新的合作行为。

④根据实际工作中的情景和问题，巩固学习效果。

由于敏感性训练的具体办法各异，针对的问题也不同，因此，对训练的评价并不一致。研究表明，作为管理心理学中的一种训练方法，这种方法可以有效地用于管理培训和团队建设活动，在组织发展目标的指导下，采取这种群体讨论、畅所欲言的办法，可以解决组织与群体中在人际关系方面的许多问题。

（2）管理方格图训练。领导行为的管理方格图训练是从领导行为的管理方格理论发展而来的组织发展方式。在 Blake 和 Mouton 等的管理方格中，9－9 的位置表示对人员和任务都表现出最大的关心，因此，9－9 管理方式成为方格训练的一项目标。管理方格图训练与敏感性训练的不同之处在于：敏感性训练是组织发展的一种工具或手段；管理方格图训练则不只是工具或手段，而且更是用于管理发展的一项全面计划。管理方格图训练包括六个阶段：

①实验室讨论会式的训练。介绍训练用的资料和几种领导作风的概念。

②小组发展阶段。同一部门的成员在一起，讨论如何达到方格中 9－9 的位置，把上

一阶段学到的知识运用于实际情景。

③群体间发展阶段。这个阶段开始了整个组织的发展，确定和分析群体之间的冲突和问题。

④订立组织目标阶段。讨论和制订组织的重要目标，增强参加者的义务感。

⑤完成目标阶段。参加者设法完成所订立的目标，并一起讨论主要存在的问题。

⑥稳定效果阶段。对思想和行为方面的训练结果作出评价。

在我国的企业组织中，重要的任务就是加强社会主义精神文明建设，加强理想、信念和道德教育，提高员工的主人翁、责任感和集体主义思想，增强社会主义的权利义务观念和组织纪律观念，培养献身精神、敬业精神和正面工作态度。这六个阶段所需要的时间，因实际情况而异，有的可以几个月，有的需要 3～5 年。实际研究表明，这种训练对于提高组织效率有显著作用，并得到广泛应用，方格训练成为最流行的组织发展方式之一。

（3）调查反馈。调查反馈式组织发展的基本方法，是由独立的评价机构或委托有关单位，运用专门设计的问卷表评估和分析员工的态度与组织气氛，从而系统地识别可能存在的问题，收集解决问题的意见和方法，并把调查结果反馈给各个层次的干部员工，也可以举行调查反馈会议，运用所得到的资料，诊断存在的问题，制订解决问题的行动计划。调查反馈所采用的标准工具，是由密执安大学社会研究所设计与开发的。问卷表包括三方面：领导行为评价，组织沟通、决策、协调与激励情况，以及员工对组织中各方面工作的满意感。实践证明，这种方法可以比较准确地发现存在的问题，找到解决的办法，并且促进参加者的态度和行为的转变，改善整个组织的气氛，实现组织发展的目标。

3. 其它方式的组织发展

这些方式的组织发展主要在人际水平和群体间水平上进行。

（1）过程咨询。过程咨询的组织发展主要通过群体内部或者群体与咨询顾问之间的有效交流与工作过程而进行，从而帮助诊断和解决组织过程中所面临的重要问题。可见，过程咨询的显著特点是有内部或外部的咨询顾问与管理人员共同工作。过程咨询与敏感性训练及调查反馈的不同之处是，其目的不是解决组织存在的问题，而是帮助大家改变观念。过程咨询实施的范围包括管理沟通、群体角色、群体决策、群体规范与发展，以及领导和群体之间关系等。实践表明，过程咨询有两个主要的优点：一是可以解决组织面临的重要人际协调工作或群体间问题；二是可以帮助组织解决自身存在的问题。但是，过程咨询的不足之处在于，组织成员不能像在其他组织发展活动中那样广泛参与整个过程，而且过程咨询一般时间较长、费用较高。

（2）团队建设。组织发展中把相当大的注意力集中于团队建设。团队是指目标协调、职能整合的班组或工作部门及群体。团队建设的目的是以群体成员的相互作用来协调群体工作的步调与规范，提高群体的工作效率。团队建设分为四个步骤：

①预备活动。在团队建设正式进行之前，需要有一些预备的活动。例如，一些生产班组在参加团队建设的组织发展之前，先参加两天的训练班，讨论存在的问题。管理心理学

称之为"解冻"，即把问题摆出来，准备接受变革。

②诊断活动。对第一线的管理人员进行调研和诊断(问卷或访谈)，了解有关组织文化、工作与管理内容、存在的问题等，并且把所收集的资料与各组讨论，坦率地分析问题，提出初步的改革建议。

③团队参与。在团队建设过程中，整个班组或部门一起参与确定解决问题的办法，制定完成目标的计划，同时还在各班组或部门之间举行会议，从而在班组、部门之间建立合作关系，并把组织发展活动扩展到整个组织。

④顾问促进。团队建设方案的实施通常要花几个月到一年的时间，在这当中，外来的顾问起着重要的促进与协调作用。团队建设可以在一种开诚布公的、合作的气氛中提高班组或部门的效率，不但会改进沟通过程，而且增强处理人际方面问题的能力。

（3）目标管理。在组织发展中，目标管理已作为一个重要内容。目标管理可简写为MBO。目标管理可以说是从目标论发展起来的，通过设置和实施具体的、中等难度目标的过程，提高员工积极性和工作效率。目标管理的参加者已由早先的只限于管理人员，发展到可以由工作群体或个人参与，成为组织发展的有效手段之一。目标管理一般有以下四个步骤：

①由管理部门提出总体目标，包括对组织中主要缺点的了解(如市场问题、产量、服务质量等方面)，决定成绩考核的客观标准或尺度以及考核办法。这些往往是从结果的方面来考虑的。

②从上到下制定目标管理子系统，每个部门都根据总体目标和部门的情况，订立各部门的目标。

③订立个人目标，会同管理人员订立自己的工作目标及行动计划，以形成目标体系。

④定期评价结果，对照目标，评定工作成绩，另外，每年由管理部门和员工共同进行一次总体评定，届时对所订目标作必要的调整，以适应变化了的情况和新的要求。

作为比较有效的组织发展手段，目标管理具有显著的优点：改进组织计划和控制程序，提高员工动机、责任感和义务感，明确工作角色和所负责任，改进组织沟通质量。

小　　结

1. 组织变革是指对组织功能方式的转换或调整。组织变革可以大致分成三种类型：适应性变革、创新性变革、激进性变革。

2. 组织变革的动力来自各方面，不仅来自组织的外部环境，还来自组织内部。

3. 组织变革作为战略发展的重要途径，总是伴随着不确定性和风险，并且会遇到各种阻力。

4. 管理心理学提出了若干有效的途径以降低组织变革的阻力，主要包括参与和投入、教育和沟通、组织变革的时间和进程、群体促进和支持。

5. 组织变革是一个复杂、动态的过程，需要有系统的理论指导。管理心理学对此提出了行之有效的理论模型，适合于不同类型的变革任务，其中影响最大的有 Lewin 变革模型、系统变革模型和 Kotter 变革模型。

6. 组织发展是指以人员优化和组织气氛协调为思路，通过组织层面的长期努力改进和更新企业组织的过程，实现系统的组织变革。

课堂讨论

组织变革有哪些类型？各有什么适应性？

业务自测

一、简答题

1. 什么是组织变革？为什么要进行组织变革？
2. 组织变革有哪些阻力？如何降低变革的阻力？

二、论述题

试述组织变革与组织发展的关系。

案例分析

新新公司的组织变革

新新公司在国内是一家很有规模的广告公司，最初是从国内的一个沿海城市起家的。在创建初期，该公司总部设在远离市区的开发区内，为了业务开拓的方便，公司在市区内设立了一个业务部和一个广告设计部，其中业务部负责联系业务、调查客户的基本需求以及开展商务谈判等，然后将接获的广告业务交给广告设计部设计。广告设计部除了听从业务部在具体业务内容上的指示以外，也需要直接与客户打交道，听取他们的意见和建议，以获得他们对于设计认可。但在与客户打交道的过程中，他们经常发现业务部的一些指示与客户的实际要求出入很大。因此，两个部门经常发生矛盾，甚至经常需要公司总经理亲自出面才能够解决。为此，公司在总部又专门设立了一个市场研究部，专门从事市场信息收集和顾客想法的收集工作。但是运行了一段时间以后，新成立的市场研究部受到了另外两个部的许多指责，认为市场研究部收集的信息全是垃圾，不但对他们的工作没有帮助，而且还带来了许多误导。市场研究部则抱怨说这不能怪他们，是客户的问题，因为客户经常是："说要的不是真正想要的，想要的不是他们真正需要的。"结果该公司的第一次组织变革失败了。

随后公司撤销了市场研究部，并且投资在市区买了一栋小楼，然后将总部和业务部与设计部都搬迁到了新的地址。这样一来原有的业务部和设计部因为可以直接由公司总经理"面授机宜"和通过会议进行协调，效率大大提高。公司的业务有了很大的发展，公司的效益也大幅提高。在后来将近 3 年的高速增长期中，公司先后成立了专门的财务部、总务部、客户关系部、媒体协作部等部门，但是随着公司业务的发展总经理越来越感到公司的组织结构存在问题，因为经常会出现客户抱怨他们不知道应该找哪个部门去处理他们的广告项目中出现的各种问题。而且还出现了公司的业务越多，需要协调的问题就越严重的现象，公司总经理不得不经常停下许多工作去解决各部门之间发生的冲突。对此，公司总经理认为主要是他手下各部门的主管不太懂得现代管理知识，跟不上形势造成的，但是由于他们都是公司创业的元老，既有功劳又有苦劳，实在不好将他们撤换掉，所以公司总经理一直找不到很好的解决办法。

后来公司总经理专门找人研究了一些国外现代广告公司的经营与管理，研究者告诉他国外的广告公司有一种组织管理体制叫做"广告客户经理制（Ad Account Manager）"，总经理认为这是个好办法，于是就在自己的公司当中任命了一批广告客户经理，并让他们每个人专门负责几个客户的广告业务。开始大家觉得这种办法很新鲜也很支持，所以推行得不错。但是过了一段之后，这些广告客户经理相继找总经理提出了辞职，他们的主要理由是各个部门的主管不支持他们的工作，他们几乎是"光杆司令"，没有什么资源可用，而且他们在为客户服务中很难协调各部门所管辖的业务，而客户却将全部抱怨都集中在他们身上，所以没法干了。同时，各个部门的主管也不断地向总经理抱怨说那些广告客户经理们经常不通过他们就找他们的部下干活，弄得他们对于部下的控制受到了削弱，而且本部门的许多工作出现了无序状态。对此，总经理又束手无策了，他实在想不通究竟是什么地方出了毛病，最终该公司的第二次组织变革又陷入了困境。

请分析：

如果请你为这家广告公司做管理咨询，请找出该公司两次组织变革中出现的问题，并分析产生问题的原因，同时列出你的解决措施。

参考文献

［1］周三多，陈传明，鲁明泓．管理学—原理与方法［M］．4 版．上海：复旦大学出版社，2006.

［2］李录堂．管理学原理［M］．西安：陕西人民出版社，2003.

［3］单凤儒．管理学基础［M］．北京：高等教育出版社，2004.

［4］李建峰．管理学基础［M］．北京：中国财政经济出版社，2004.

［5］孙晓琳，吴玺玫．管理学［M］．北京：科学出版社，2006.

［6］王社民．管理基础与实务［M］．北京：北京理工大学出版社，2009.

［7］王重鸣．管理心理学［M］．北京：人民教育出版社，2004.

［8］李海峰，张莹．简明管理学教程［M］．北京：科学出版社，2004.

［9］席酉民．管理研究［M］．北京：机械工业出版社，2000.

［10］周健临．管理学教程［M］．上海：上海财经大学出版社，2004.

［11］周三多．管理学［M］．上海：上海复旦大学出版社，2007.

［12］陈传明，周小虎．管理学［M］．北京：清华大学出版社，2003.

［13］成思危，赵曙明．人力资源管理研究［M］．北京：中国人民大学出版社，2001.

［14］艾伦·杰伊查·伦巴．组织沟通：商务与管理基石［M］．北京：电子工业出版社，2004.

［15］彼得·圣吉．第五项修炼——学习型组织的艺术与实务［M］．上海：上海三联书店，1998.

［16］斯蒂芬·P. 罗宾斯．管理学［M］．4 版．北京：中国人民大学出版社，2001.

［17］托马斯·S. 贝特曼．管理学［M］．4 版．北京：北京大学出版社，2001.

［18］海因茨·韦里克，哈罗德·孔茨．管理学［M］．北京：经济科学出版社，2004.

［19］丹尼尔·A. 雷恩．管理思想的演变［M］．北京：中国社会科学出版社，2002.

［20］德鲁克．管理：任务、责任和实践［M］．北京：中国社会科学出版社，1994.

［21］J.P. 科特，J.L. 赫斯克特．企业文化与经营业绩［M］．北京：华夏出版社，1997.

［22］弗朗西斯·福山．信任：社会道德与繁荣的创造［M］．呼和浩特：远方出版社，1998.

［23］斯坦雷·M. 戴维斯．企业文化的评估与管理［M］．广州：广东教育出版社，1991.

［24］大卫·弗思．变革管理［M］．上海：上海远东出版社，2002.